イラストでわかる 消防訓練マニュアル

消防教育訓練研究会　菊地　勝也　編著

東京法令出版

改 訂 に 寄 せ て

　4訂版を発行するに当たり、まず私どもが目指したのは、消防という専門性が高く、分かりにくい資機材や操法を少しでも理解しやすくするため、図・イラストを多用した訓練の実態に即した手引書の提供です。また、消防を取り巻く環境は複雑・多様化し、その対応を図るため技術革新が進んでいます。これらのことを念頭に置き、定番の資機材等に限定することなく、最新の情報を組み入れることで、災害現場で活躍する消防職団員の皆様の手助けとなるテキストといたしました。

　今回の改訂作業では、消防隊が現場で使用することを想定していないため消防職団員には馴染みの薄い「易操作性1号消火栓」の項目を新たに追加し、内容の一層の充実を図りました。

　また、JRC蘇生ガイドライン2015の公表に伴い応急手当についても改訂作業をし、傷病者が心停止かどうかの判断に自信が持てない場合でも、直ちに胸骨圧迫をすることとなりました。さらに、JRC蘇生ガイドライン2015では「ファーストエイド」の章が設けられたため、本書では「その他の応急手当（ファーストエイド）」といたしました。

　今後も、読者の皆様からご意見を賜りながら必要な改善に努め、更に良い教本となるよう努力してまいります。

　平成28年7月

消防教育訓練研究会　菊　地　勝　也

注　4訂版7刷からJRC蘇生ガイドライン2020に対応しました。

は じ め に

消防の初心者にとっては、消防訓練等は専門用語が多く、なかなかその内容を理解しにくいものがあります。

現在、消防教科書をはじめとして参考書や解説書が刊行されていますが、解説書の解説が欲しいくらい難解であることから、初心者の悩みは尽きないところです。

消防の入り口のところでは、いろいろな解説書を読んではみたが、何かもう一つイメージできず、釈然としない、いわゆるストレス兆候の出る段階でもあるのです。

そこで、この本は全体像を明らかにしながら、部分的な解説を行うとともに、基本的な事柄を確実に理解することをねらいとして工夫してみました。

本書は、イラストレーションを中心にそれらの動きを解説したもので、これならば、初心者の方々にも親しみを感じながら、抵抗感なく消防訓練等に入門していただけるものと思っております。

この本を基にして、ある程度理解を深めて、次のステージへ階段を上がっていただくための入門書として活用されるよう希望するものです。

平成13年 6 月

消防教育訓練研究会　菊　地　勝　也

目次

第1章 訓練礼式

第1節 各個訓練……………………1
1 基本の姿勢……………………1
2 整列休めの姿勢………………2
3 休めの姿勢……………………2
4 右(左)向け動作………………3
5 後ろ向き動作…………………3
6 速足行進の要領………………4
7 速足行進の停止要領…………4
8 右(左)向け発進………………5
9 行進中の右(左)向け…………5
10 右(左)向け停止の要領………6
  1 右向け停止の場合…………6
  2 左向け停止の場合…………6
11 斜行進…………………………6
12 行進中の後ろ向きの要領……7
13 かけ足行進の要領……………7
14 かけ足行進の後ろ向きの要領……8
15 かけ足行進の停止の要領……8
16 速足行進からかけ足行進への移行の要領……9
17 足踏み及び足踏みの停止の要領……9
18 足踏みから速足(かけ足)への移行の要領……10
19 足の踏みかえの要領…………10
20 速足で行動中の右(左)向き停止の要領………11
21 度の深い右(左)向き要領……11

第2節 礼式……………………12
1 敬礼の種類……………………12
2 敬礼動作………………………12
  1 挙手注目の敬礼……………12
  2 最敬礼………………………12
  3 かしら右(中、左)及び注目の敬礼……12
  4 姿勢を正す敬礼……………13
  5 注目の敬礼…………………13
3 目迎目送の要領………………13
4 室内で辞令・賞状等の受領…14
5 室外で辞令・賞状等の受領…15
6 旗の敬礼………………………15
  1 停止間の旗の敬礼…………15
  2 行進中の旗の敬礼…………15

第3節 部隊訓練………………16
1 小隊編成未了時の集合要領…16
2 横隊の整頓……………………17

  1 右へ─ならえの姿勢………17
  2 左へ─ならえの姿勢………17
3 人員の掌握……………………18
4 縦隊の集合……………………19
5 縦隊の整頓……………………20
6 縦隊の人員掌握………………20
7 横隊の整頓の的確性…………21
8 小隊の編成……………………23
9 横隊の右(左)向き……………25
10 横隊の直行進…………………27
  1 行進中の右向き……………28
  2 行進中の左向き……………28
11 側面縦隊から同方向への横隊変換……28
12 行進間の側面縦隊から同方向へ横隊変換……28
13 行進中の横隊の側面縦隊への変換……29
14 小隊の解散……………………29
15 側面縦隊及び縦隊の方向変換……30
  1 側面縦隊及び縦隊の半ば方向変換……30
  2 45度以外の方向変換………30
16 側面縦隊の行進及び停止……31
  1 側面縦隊の行進中の左向き……31
  2 側面縦隊の行進中の右向き……31
17 縦隊の行進中の方向変換……32
  1 縦隊の行進中の左向き……32
  2 縦隊の行進中の右向き……32
18 縦隊の停止間から縦隊の右(左)向け発進……32
19 側面縦隊の行進中の左(右)向き停止……33
  1 側面縦隊の行進中の左向き停止……33
  2 側面縦隊の行進中の右向き停止……33
20 斜行進の要領…………………33
21 みち足行進の要領……………34
22 小隊の行進の停止……………34
23 方向変換、隊形変換等………35
  1 横隊が停止間において方向変換する場合……35
  2 横隊が行進間において方向変換する場合……35
  3 行進方向を変え停止する場合……36
  4 行進中に半ば右(左)に方向を変換する場合……36

第4節 通常点検………………37
1 隊員の集合及び部隊編成……37
2 点検者の臨場…………………37
3 人員等の報告…………………38
4 点検準備………………………38
5 手帳の点検……………………40

6	点検実施上の留意点	41
7	点検の終了	42

第5節 部隊行進 43
1 分列行進 43
2 観閲の隊形 45
  1 徒歩での観閲 46
  2 車両での観閲 46

第2章 消防用設備

第1節 消防用設備 47
1 火災事例 47
2 屋内・屋外消火栓設備の構造 49
3 消火栓ポンプの起動装置の種類 50
  1 消火栓始動用押ボタン 50
  2 P型発信機 50
4 屋内消火栓の種類 51
  1 1号消火栓 51
  2 易操作性1号消火栓 53
  3 2号消火栓 54
  4 消火栓の停止要領 54
  5 防火戸 55
  6 防火シャッター 55
第2節 屋内消火栓操法 56
1 消火栓操法の基本的事項 56
  1 屋内消火栓の基本的な取扱い 56
  2 用語の意義 56
  3 操作実施上の留意事項 57
  4 ホースの結合及び離脱要領 58
  5 操法の人員 58
  6 使用ホース 58
  7 意図の伝達及び要領 58
  8 集合、点呼等の号令及び要領 59
  9 ホースの取扱要領 60
2 屋内消火栓基本操法 62

第3章 応急手当（救急法）

1 救命処置 66
  1 心肺蘇生法 66
  2 AED（自動体外式除細動器）の使用 71
  3 気道異物の除去 75
2 その他の応急手当(ファーストエイド) 76
  1 傷病者の管理方法 76
  2 搬送法 78
  3 止血法 80

  4 傷に対する応急手当 82
  5 やけど(熱傷)に対する応急手当 89
  6 その他の応急手当 90
3 感染症の対応 92

第4章 消防ポンプ

第1節 消防ポンプの概要 99
1 ポンプの定義 99
2 ポンプの種別 99
3 ポンプの型式 100
4 渦巻ポンプの特徴 100
  1 長所 100
  2 短所 100
5 渦巻ポンプの構造 100
6 呼び水 101
7 消防ポンプの呼水装置 102
  1 真空ポンプ 102
  2 止水弁 103
  3 逆止弁 104
  4 真空ポンプクラッチ及び自動切断弁 104
  5 自動放口閉塞弁(逆止弁) 106
8 遠心ポンプの構造 107
  1 羽根車(インペラー) 108
  2 案内羽根 109
  3 渦巻室(ケーシング) 109
  4 密封装置(パッキン類) 109
9 消防ポンプの各装置 110
  1 ポンプ駆動装置 111
  2 主ポンプ(ポンプ本体) 111
10 消防ポンプの構造と機能 112
  1 メインポンプ(主ポンプ) 112
  2 放水配管 114
  3 吸水配管 114
  4 冷却装置 114
  5 エジェクター装置 116
  6 流量計 117
  7 エンジンガバナ 117
  8 ポンプ圧力制御装置 118
第2節 ポンプの取扱い要領 120
1 使用前の点検 120
2 無圧水利による操作 120
3 有圧水利(消火栓)による操作 121
4 放水一時停止 121
5 放水停止操作 121
6 中継送水操作 122

7 ポンプの取扱い上の注意事項……………… 122	第15条（注水補助）………………………… 146
8 ポンプの故障と原因……………………… 123	第16条（注水姿勢の変換）………………… 146
9 漏気箇所…………………………………… 124	第17条（注水方向の変換）………………… 147
10 キャビテーション(cavitation)現象 …… 124	第18条（注水位置の変換）………………… 149
11 エンジン出力…………………………… 125	第19条（注水形状の変換）………………… 149
12 給油脂…………………………………… 125	第19条の2（筒先員の交替）……………… 149
13 放水量の測定…………………………… 126	第20条（筒先の収納）……………………… 150
14 凍結防止装置…………………………… 126	第21条（ホースの各部の名称及び定位）… 151
15 乾燥真空試験…………………………… 126	第22条（二重巻ホースをつくる要領）…… 151
16 計器類…………………………………… 127	第23条（折りたたみホースをつくる要領）… 152
17 ブルドン管……………………………… 128	第24条（ホースの結合要領）……………… 152
18 流量計…………………………………… 128	第25条（ホースの離脱要領）……………… 153
第3節 可搬消防ポンプ(小型ポンプ) … 129	第26条（二重巻ホースの延長）…………… 153
1 2サイクルエンジンの潤滑装置………… 130	第27条（折りたたみホースの延長）……… 153
■ 潤滑装置……………………………… 130	第28条（ホースの格納）…………………… 154
■ 燃料の取扱上の注意事項…………… 131	第29条（ホースカー各部の名称及び定位）… 155
2 放水部…………………………………… 131	第30条（ホースをホースカーに積み込む要領）… 155
■ 主ポンプ……………………………… 131	第31条（ホースカーによるホース延長）… 155
■ 真空ポンプ…………………………… 132	第32条（ホース及びホースカーの収納）… 156
■ 止水弁・逆止弁……………………… 132	第33条（吸管各部の名称及び定位）……… 157
第4節 ポンプの故障と原因……………… 133	第34条（消防ポンプ自動車の吸管伸長）… 157
1 揚水しない……………………………… 133	第35条（消防ポンプ自動車の吸管収納）… 158
2 揚水する………………………………… 134	第36条（小型ポンプの吸管伸長）………… 159
3 計器に現れる異常とその原因………… 135	第37条（小型ポンプの吸管収納）………… 160
4 騒音、振動の発生……………………… 136	第38条（とび口各部の名称及び定位）…… 161
5 発熱……………………………………… 136	第39条（とび口搬送）……………………… 161
6 保守・点検……………………………… 136	第40条（とび口の基本のかまえ）………… 161
	第41条（とび口の収納）…………………… 161
	第42条～第63条 ［略］
第5章 消防ポンプ操法	**第2節 消防ポンプ操法**…………………… 162
	第64条（消防ポンプ操法の種別）………… 162
第1節 消防ポンプ操法の基準…………… 137	第65条（ポンプ車、タンク車及び小型ポンプ
第1条（目的）……………………………… 137	各部の名称及び定位）……………… 162
第2条（用語の意義等）…………………… 137	第66条（水利、使用ホース数及び余裕ホース）… 163
第3条（操法実施上の留意事項）………… 139	第67条（放水開始及び放水中止の伝達要領）… 164
第4条（指揮者の留意事項）……………… 140	第68条（放水開始及び放水中止の受達要領）… 166
第5条（意図の伝達及び要領）…………… 141	第69条（操法の開始）……………………… 167
第6条（集合、点呼、想定、定位、点検、解	第70条（放水中止）………………………… 167
散及び休憩の号令並びに要領）……… 142	第71条（収納）……………………………… 168
第7条（消防用器具操法の種別）………… 142	第72条（第2線延長）……………………… 168
第8条（器具操作の姿勢）………………… 143	第73条（放水中止）………………………… 169
第9条（筒先各部の名称及び定位）……… 143	第74条（収納）……………………………… 169
第10条（筒先を背負う要領）……………… 143	**第3節 第1線延長**………………………… 170
第11条（筒先をおろす要領）……………… 144	開始報告要領………………………………… 170
第12条（筒先の結合要領）………………… 144	想定の付与…………………………………… 170
第13条（筒先の離脱要領）………………… 144	待機・集合等………………………………… 171
第14条（基本注水姿勢）…………………… 145	

自主整頓要領……………………………… 172

点呼…………………………………………… 172

乗車…………………………………………… 172

乗車要領……………………………………… 174

下車…………………………………………… 174

第4節　第2線延長…………………………… 183

点検報告……………………………………… 200

終了報告……………………………………… 200

退場…………………………………………… 201

解散…………………………………………… 201

第5節　小型ポンプ操法………………………… 202

待機・集合等………………………………… 203

自主整頓要領………………………………… 204

点呼…………………………………………… 204

開始報告要領………………………………… 204

想定付与……………………………………… 205

定位…………………………………………… 205

第1節　各個訓練

第1章　訓　練　礼　式

第1節　各個訓練

1. 基本の姿勢

　基本の姿勢は、訓練及び礼式における隊員の動作の基本となる姿勢であると同時に、隊員の日常動作においても基礎となるものである。この姿勢は、単に形態だけのものではなく、真に基本の姿勢としての精神が内に充実した厳格かつ、完全なものであり、また行儀正しいものであるとともに、いついかなる命令にも直ちに応じられる心構えができていなければならない。

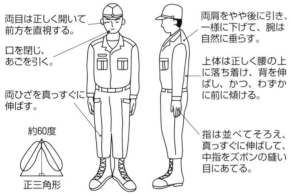

基本の姿勢
- 両目は正しく開いて前方を直視する。
- 口を閉じ、あごを引く。
- 両ひざを真っすぐに伸ばす。
- 約60度　正三角形
- 両肩をやや後に引き、一様に下げて、腕は自然に垂らす。
- 上体は正しく腰の上に落ち着け、背を伸ばし、かつ、わずかに前に傾ける。
- 指は並べてそろえ、真っすぐに伸ばして、中指をズボンの縫い目にあてる。

両かかとを一線上にそろえて付け、両足先はおおむね60度に開いて、等しく外に向ける。

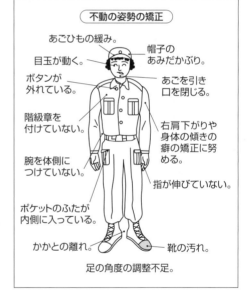

不動の姿勢の矯正
- あごひもの緩み。
- 目玉が動く。
- 帽子のあみだかぶり。
- ボタンが外れている。
- あごを引き口を閉じる。
- 階級章を付けていない。
- 右肩下がりや身体の傾きの癖の矯正に努める。
- 腕を体側につけていない。
- 指が伸びていない。
- ポケットのふたが内側に入っている。
- かかとの離れ。
- 靴の汚れ。
- 足の角度の調整不足。

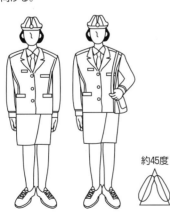

約45度

女性の基本の姿勢
両手の位置は中指をおおむねスラックス等の縫い目にあてる。他にスカート、パンタロン等が考えられ、特にスカート等のように縫い目のないことが考えられるものについては、中指を体側の中心線にあてるものとする。
ショルダーバッグは左肩にかけ、バッグとつり革の結着部のうち、前方向にある方の結着部を左手で外側から軽く握り、左ひじを体側に添って自然に曲げる。

❶ 訓練礼式

2. 整列休めの姿勢

休めの姿勢には、「整列ー休め」の姿勢と単なる「休め」の姿勢の2種類がある。

「整列ー休め」の姿勢は、儀式等が始まる前の「基本姿勢」に準じた心構えでの休めの姿勢である。「休め」の姿勢は、一時的に緊張を緩和する際に用いられる姿勢である。

両手を後ろに回し、バンドの中央で重ねて組む。

左足をおおむね25cm横に開く。

休めの姿勢又は整列休めの姿勢から基本の姿勢への移行は**「気をつけ」**の号令による。

(整列休めの姿勢)
号令は**「整列ー休め」**。
手のひらは横に向けて開き、左手の親指と四指で右手の四指を軽く握る。
バンドの中央に重ねた位置とする。

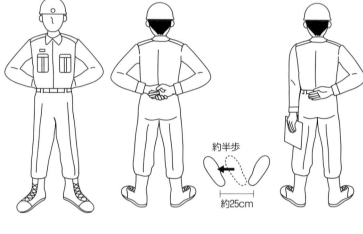

(女性の「整列ー休め」の姿勢)
両手を後ろに回し、スラックス等のバンドに相当する位置に重ねて組む。
左足をおおむね20cm横に開く。

3. 休めの姿勢

(休めの姿勢)
号令は**「休め」**。
説明や指示等を受ける場合に、いったん整列休めの姿勢をとり、手を組んだままの位置で自然に下げる。
女性は、かばん等を所持している場合には右手のみ後ろ手にする。
さらに休む必要がある場合は、**「別れ」**の号令で隊列が解かれる。

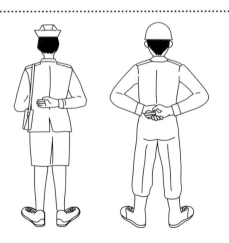

第1節　各個訓練

4. 右(左)向け動作

　右（左）向けの動作は、「**右（左）向け－右（左）**」の号令による。
　旧正面から新正面に向きを変えるときの角度は正確にとるようにしなければならない。旋回するときは、左（右）足の親指付け根の膨らみと右かかとを軸とし、ひざを伸ばして右（左）へ90度まわったのち、左（右）を活発に右（左）足に引きつけ、かかとを同一線上にそろえる。

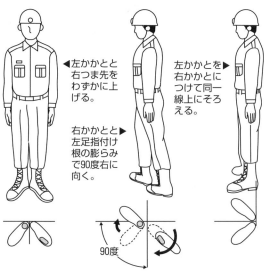

左（右）かかとと右（左）つま先をわずかに上げる度合は、舗装された路上等では、僅少ですが、砂や砂利の上又は草原等の上、あるいは不整地においては、大きくする。

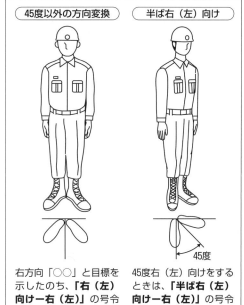

右方向「○○」と目標を示したのち、「**右（左）向け－右（左）**」の号令をかける。

45度右（左）向けをするときは、「**半ば右（左）向け－右（左）**」の号令による。

5. 後ろ向き動作

　後ろ向きの動作は、「**まわれ－右**」の号令による。
　この動作は、180度旋回して全く背面に向きを変えるものである。旋回の角度は正確を期すこと。動作終了後速やかに基本姿勢をとること。

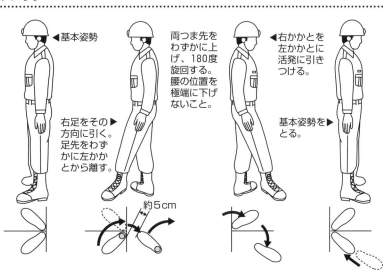

3

❶ 訓練礼式

6. 速足行進の要領

　隊員は、「前へー」の予令で重心をわずか前に移す。動令がかかったら、すぐに行進動作に移れる状態にし、「進め」の動令で左足から前進するものである。
　歩行は、元気よく節度をつけて、基準の1分間おおむね120歩、1歩の歩幅おおむね70cmで行う。
　左ももを少し上げ、左足から踏み出す。
　上体は腰に正しく保ったまま、重心も移し、左足を踏みつけると同時に、右足を地面から離して前に踏み出す。

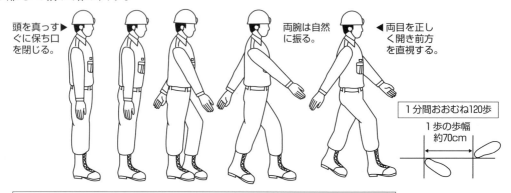

緊張の余り、踏み出した足と手が一緒にならないように注意すること。
発進と同時に右手を前におおむね45度、円弧を描くように振る。

7. 速足行進の停止要領

　隊員は、「速足ー止まれ」の号令で停止する。動令が左足が地面につこうとするときにかかった場合は、後ろになっている足を1歩前に踏み出し、次の足を引きつけて止まる。
　この場合ことさら、あと足を上げて引きつけることなく、地面に近いところを、迅速に節度をつけて元気よく引きつける。
　足を引きつけたときに重心の移動で、上体を動揺させないこと。

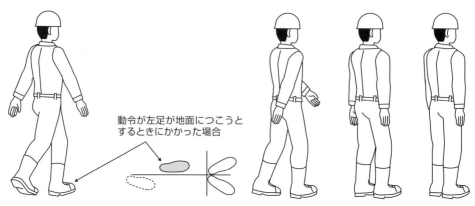

8. 右(左)向け発進

　停止間より行進を起こすと同時に右（左）へ方向変換するには、「**右（左）向け前へー進め**」の号令による。停止間より行進を起こすと同時に右向きをする場合は、進めの動令により第1動で左足をおおむね半歩前に、足先を内にして踏み出す。第2動で身体を右90度又は所望の方向（90度までの角度）に向け、右足から右又は所望の方向に行進する。

　停止間より行進を起こすと同時に左向きをする場合は、進めの動令により第1動で左足を1歩前に踏み出し、第2動で右足をおおむね半歩前に足先を内にして踏み出し、第3動で身体を左90度又は所望の方向に向け、左足から左又は所望の方向に行進する。

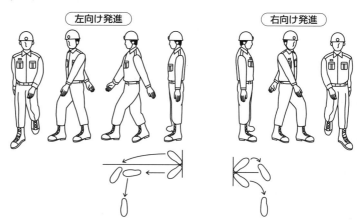

9. 行進中の右(左)向け

　行進中に右（左）へ方向を変換するには、「**右（左）向け前へー進め**」の号令による。

　左足が地面につこうとするときに動令がかかった場合は、まず第1動で右足を1歩前に踏み出し、第2動で左足をおおむね半歩前に足先を内にして踏み出し、第3動で身体を右90度又は所望の方向に向け、右足から右又は所望の方向に行進する。

　行進中に左向きをする場合は、左足が地面につこうとするときに動令がかかったときは、第1動で右足をおおむね半歩前に足先を内にして踏み出し、第2動で身体を左90度又は所望の方向に向け、左足から左又は所望の方向に行進する。

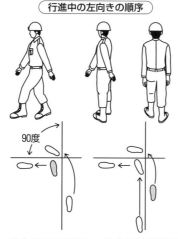
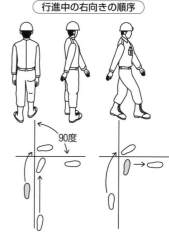

❶ 訓練礼式

10. 右(左)向け停止の要領

行進中停止と同時に右（左）に向く要領は、「右（左）向けー止まれ」の号令による。

❶ 右向け停止の場合

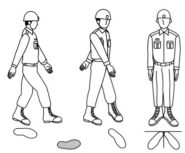

【右向け停止の要領】
右足が地面につこうとしたときに動令がかかった場合は、第1動で左足をおおむね半歩前に足先を内にして踏み出す。第2動で身体を右方に向け、次いで右足を引きつけて停止する。

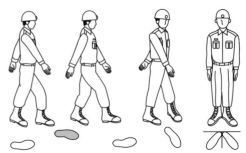

【右向け停止の要領】
左足が地面につこうとしたときに動令がかかった場合は、第1動で右足を1歩前に踏み出し、第2動で左足をおおむね半歩前に足先を内にして踏み出す。第3動で身体を右方に向け、次いで右足を引きつけて停止する。

❷ 左向け停止の場合

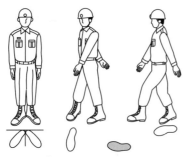

【左向け停止の要領】
左足が地面につこうとしたときに動令がかかった場合は、第1動で右足をおおむね半歩前に足先を内にして踏み出す。第2動で身体を左方に向け、次いで左足を引きつけて停止する。

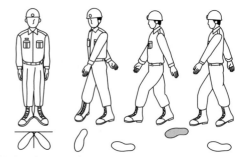

【左向け停止の要領】
右足が地面につこうとしたときに動令がかかった場合は、第1動で左足を1歩前に踏み出し、第2動で右足をおおむね半歩前に足先を内にして踏み出す。第3動で身体を左方に向け、次いで左足を引きつけて停止する。

11. 斜行進

行進中の斜行進は、「斜めに右（左）へー進め」の号令による。

斜行進から直行進に移行するには、「斜め左（右）へー進め」の号令による。

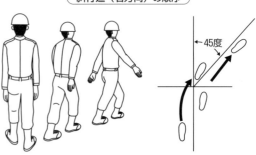

斜行進（右方向）の順序

12. 行進中の後ろ向きの要領

　行進中の後ろ向きは、「まわれ右前へー進め」の号令による。停止間の後ろ向きの要領と同様に180度の旋回を行う。

　行進中に左足が地面につこうとするときに動令がかかった場合は、まず第1動で右足を1歩踏み出し、第2動で左足をおおむね半歩前に足先を内にして踏み出す。第3動で停止間の場合とは異なり、両足親指付け根の膨らみを軸にして180度右に旋回する。

　この際、両手は自然に垂れ、手のひらはももにつけたままとする。第4動で左足を正しく踏み出して行進を続行する。

　行進中に右足が地面につこうとするときに動令がかかった場合は、まず第1動で左足をおおむね半歩前に足先を内にして踏み出す。第2動で180度右に旋回する。

　第3動で左足を正しく踏み出して行進を続行する。

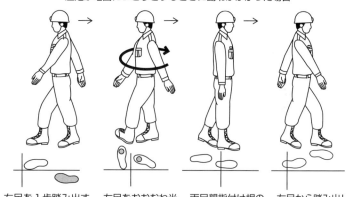

行進中の後ろ向きの順序（左足動令の場合）
左足が地面につこうとするときに動令がかかった場合

右足を1歩踏み出す。　左足をおおむね半歩前に足先を内にして踏み出す。　両足親指付け根の膨らみを軸に180度右に旋回する。　左足から踏み出し行進を続行する。

13. かけ足行進の要領

　かけ足行進は「かけ足ー進め」の号令による。停止間からかけ足行進に移行する場合は予令で、両手の親指を上側にして甲が外側になるように握り、そのまま腰に上げ、同時に身体の重心をわずかに前に移し前傾姿勢となる。動令によって左足からももを少し上げるようにして前に踏み出す。

　最初の踏み出しは、かけ足の歩幅の基準80cmより多少短くなる。次の足からは基準どおりの歩幅で踏み出し、歩調は1分間おおむね180歩の速度で行進する。

　行進中は両腕を自然に振り、両手の握りを腰につけたままでのかけ足は行わないようにする。

←歩幅は約80cm→
1分間約180歩
次いで右足を踏み出す。

動令で左ももを少し上げ、左足から前に踏み出す。

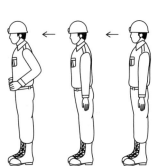

予令で両手を握って、前傾姿勢となって手を腰に上げる。

14. かけ足行進の後ろ向きの要領

かけ足行進の後ろ向きは、「**まわれ右前へー進め**」の号令による。

左足が地面につこうとするときに動令がかかった場合は、右足、左足、右足と3歩前進し、左足先を内にしておおむね半歩前に踏み出して、両足の親指付け根の膨らみを軸にして、両手を握って腰に上げたまま180度旋回し、身体の重心を前に移し反動をつけて、左足から踏み出してかけ足行進を続行する。

右足が地面につこうとするときに動令がかかった場合は、左足、右足と2歩前進し、左足の動令と同じ動作を行う。

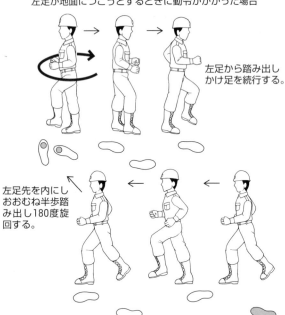

かけ足行進の後ろ向きの順序
左足が地面につこうとするときに動令がかかった場合

左足から踏み出しかけ足を続行する。

左足先を内にしおおむね半歩踏み出し180度旋回する。

15. かけ足行進の停止の要領

かけ足行進の停止は、「**かけ足ー止まれ**」の号令による。

かけ足行進の停止の諸動作は、速足行進の諸動作に準じた行為をする。

かけ足行進は加速度がついているため、速足行進より2歩多く前進して停止し、両手は指を並べて開いて下ろす。

かけ足行進の停止順序
左足が地面につこうとするときに動令がかかった場合

かけ足行進から速足行進への移行の要領
かけ足行進から速足行進への移行は、「**速足ー進め**」の号令による。
かけ足行進中に進めの動令で、2歩前進して両手を開いて下ろし、3歩目から速足行進に移行する。

16. 速足行進からかけ足行進への移行の要領

速足行進からかけ足行進への移行は、「**かけ足ー進め**」の号令による。

速足行進中に進めの動令で、最初の第１歩を反動にしてかけ足行進に移行するため、基準の歩幅より多少短くなる。

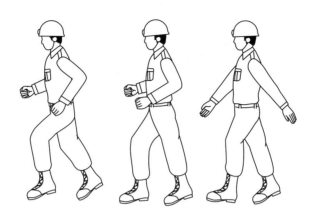

17. 足踏み及び足踏みの停止の要領

足踏みは、「**足踏みー始め**」又は「**かけ足足踏みー始め**」の号令による。

停止間に行う足踏みは、動令で左足から開始し、交互に両足を踏みつけて行う。

行進中に足踏みに移行するときは、動令で後の足を１歩（かけ足の場合は３歩）前に踏み出して、足の親指の付け根の膨らみを地面から、おおむね10cm上げ交互に両足を踏みつけて行う。停止間の場合は、左足から速足調又はかけ足調で足踏みを行う。

かけ足足踏みは、予令で手を握って腰に上げる。

足踏みの停止は、「**足踏みー止まれ**」の号令による。動令から２回足踏みして止まり、速やかに基本の姿勢をとる。

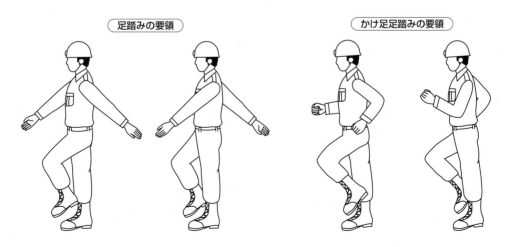

18. 足踏みから速足（かけ足）への移行の要領

　足踏みから速足（かけ足）への移行は、「前へ（かけ足）一進め」の号令による。
　足踏みから速足行進又はかけ足行進の移行は、動令がかかった次の足から行進する。

19. 足の踏み変えの要領

　足の踏み変えは、「足を変え」の号令による。
　速足行進中の足の踏み変えは、送り足の要領で右（左）足を1歩踏み出し、右（左）足のかかとの近くに左（右）足先をつけると同時に右（左）足で踏み出して行進を続行する。
　かけ足行進中の足の踏み変えは、左（右）足は上げたまま右（左）足で1回跳躍して、地面についた左（右）足からかけ足行進する。
　停止間の足踏みの踏み変え要領は、上がっている方の足を連続2回踏みつけて行う。

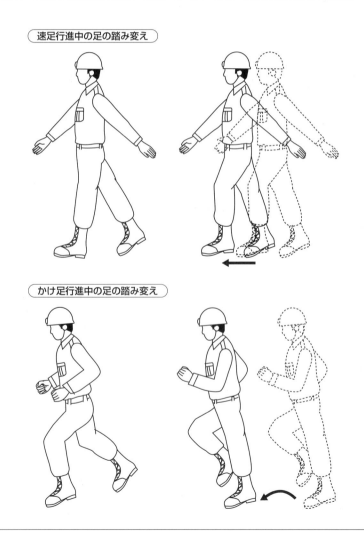

速足行進中の足の踏み変え

かけ足行進中の足の踏み変え

第1節　各個訓練

20. 速足で行動中の右(左)向き停止の要領

　速足で行動中の右（左）向きの停止は、通常点検の際に、点検者と指揮者が点検を終了し、元の位置等につくときに回り込む要領で右（左）向きに停止する場合に用いられる動作である。

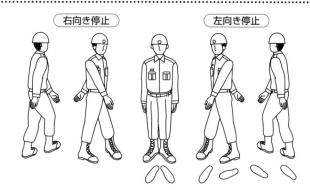

【かけ足で行動中の右（左）向き停止の要領】

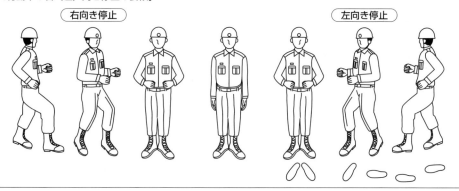

> かけ足で行動中の右（左）向きの停止は、通常点検の際に、指揮者が点検者の前方おおむね5mの点検開始報告の位置等につくとき、回り込む要領で右（左）向きに停止する場合に用いられる動作である。

21. 度の深い右(左)向き要領

　度の深い右向きは、通常点検の際に、指揮者が点検者に点検終了の報告後、度の深い右向きをし左足を引きつけたのち、左足から隊列の右端の指揮者の指揮位置に戻る際や45度以外の隊員の方向変換の場合に、指揮者が目標○○と示した方向に向きを変える際等に用いられる動作である。

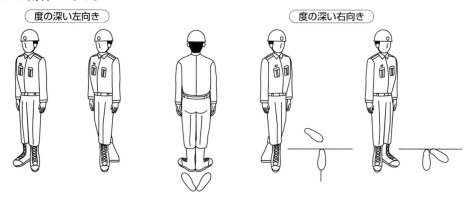

11

❶ 訓練礼式

第2節　礼　　式

1. 敬礼の種類

消防における敬礼の種類は、各個の敬礼、部隊の敬礼及び旗の敬礼とがある。
- 各個の敬礼は、隊員各自が行う敬礼である。
- 部隊の敬礼は、部隊編成したときに行う敬礼の総称である。
- 旗の敬礼は、儀式等において消防機関の礼として、旗を持って敬礼するのを礼としたものである。

2. 敬礼動作

❶ 挙手注目の敬礼

受礼者に向かって姿勢を正し、右手を挙げ、指を接して伸ばし、人差し指と中指とを帽子の前ひさしの右端にあて、手のひらを少し外方に向け、ひじを肩の方向にほぼその高さに上げ受礼者に注目して行う。

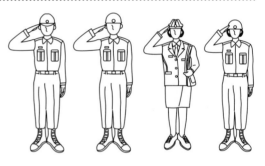

❷ 最敬礼

受礼者に向かって姿勢を正し、注目した後、上体をおおむね45度前に傾け、頭を正しく保って行う。ただし、帽子を持っているときは、右手に前ひさしを摘まみ、内部をももに向けて垂直に下げ、左手はももにつけて垂れる。

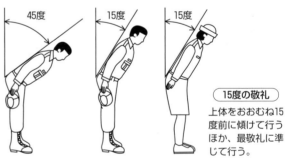

15度の敬礼
上体をおおむね15度前に傾けて行うほか、最敬礼に準じて行う。

❸ かしら右(中、左)及び注目の敬礼

指揮者は上体を受礼者に向け、挙手注目の敬礼を行い、隊員は注目して行う。ただし頭（受礼者に向ける顔の角度）を向ける角度は、おおむね45度までを限度とする。

受礼者や国旗等が移動する場合は、これに対し目迎目送（顔を向ける。）をする。

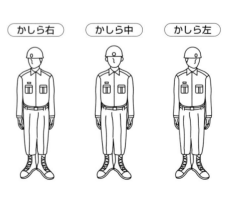

12

4 姿勢を正す敬礼

国歌が吹奏されたようなときに、基本の姿勢をとり敬礼にかえるものである。

分列行進等の場合では、車両又は船艇の乗車員は、着席したまま上体を正し、注目して基本の姿勢にかえることができる。

5 注目の敬礼

国旗が掲揚されたときは、基本の姿勢をとり注目の敬礼を行う。

姿勢を正す敬礼

出初め式会場等に国歌が吹奏されたときは、基本の姿勢をとる。

車内において着席しているときに基本の姿勢をとる。

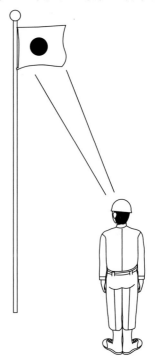

3. 目迎目送の要領

敬礼の開始は「かしら－右（左）」又は「かしら中」で行う。「直れ」で復する。
受礼者若しくは国旗等が移動するときは、これに対して目迎目送をする。

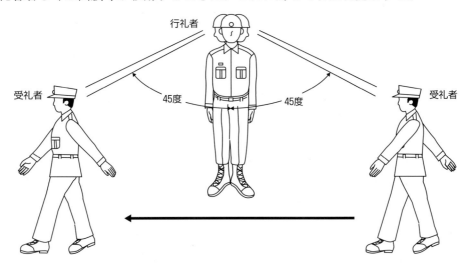

4. 室内で辞令・賞状等の受領

授与者

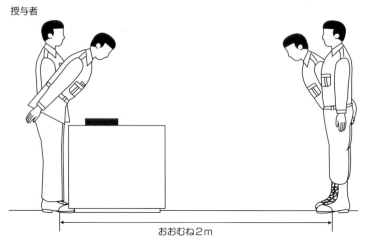

おおむね2m

原則として、入室後、直ちに敬礼を行うことなく、上司の席から、おおむね2mを隔てた位置で敬礼を行う。

歩行中の敬礼

受礼者に体の上部を向け、挙手注目の敬礼を行いながら歩行することができる。

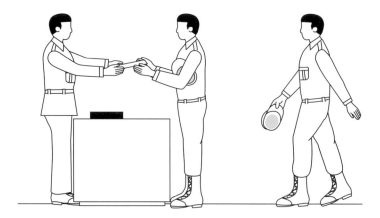

受領しやすい位置に帽子を右手に持ったまま、おおむね1m前進する。授与者から辞令や賞状等を授与される瞬間に帽子を左わきに挟む。
受領するときは右手で行い、同時に左手を添えて辞令等を受け取る。

受領物品を左手に移し、次いで帽子を右手に移して姿勢を整え、右足から後退して敬礼位置に戻って敬礼をし、右（左）向き又は後ろ向きをしつつ退室する。

5. 室外で辞令・賞状等の受領

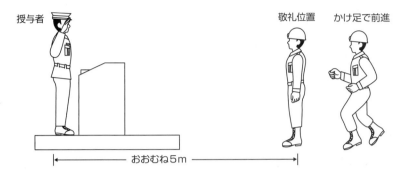

授与者からおおむね5mを隔てた位置で、挙手注目の敬礼を行う。敬礼の位置までかけ足で前進する。

敬礼位置から辞令等を受領する位置までおおむね4m速足で前進する。
辞令等は着帽したまま両手で受け取って、これをあらため、次いで左手に移して姿勢を整え、おおむね4m後退し、元の敬礼位置で敬礼後、右（左）向き又は後ろ向きをし、かけ足で控え位置に戻る。

6. 旗の敬礼

旗の敬礼は、旗手が旗の下端を右ももにあてたまま、又は「旗竿止バンド」にあてたまま、右手を十分前に伸ばし、旗竿を傾斜させて行う。

１ 停止間の旗の敬礼　　　　２ 行進中の旗の敬礼

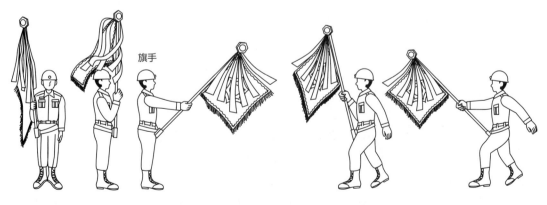

旗手は、旗と一体であるが、旗の敬礼は行うが、旗手自身の敬礼は行わない。
旗の傾斜角度は一定ではなく、旗手の右手を十分に伸ばした状態で、旗の先端が地上等に触れない程度の傾斜であればよい。
同型の旗がほかにもあって、それと同時に敬礼を行うときは、できるだけ傾斜角度の斉一を図るよう留意すること。

第3節　部隊訓練

1. 小隊編成未了時の集合要領

　指揮者は基本の姿勢をとり、右手を垂直に挙げ、手のひらを前方に向けて**「集まれ」**の号令をする。

　右翼分隊長の資格を有する者（階級の上級者又は同階級の場合は、年功者を指す。）が、かけ足で指揮者との距離5mを保ち正対し、「基準」と呼称しながら、指揮者と同様に右手を挙げる。手は列員のおおむね3分の1程度が、集合線に入った時機に下ろす。

　基準となる者（右翼分隊長有資格者）以外の隊員は、右手を腰にあて、ひじを側方に張り、頭を右にまわし、距離と間隔を正しくとって、2列横隊で自発的に整頓する。

　基準となる者は、手を下ろした後、頭を左に向けて自己に近い2、3の列員を正しく整頓線上に位置させ、隊列の整頓状況を確認した後に、頭を正面に復する。

　列員は、基準となる者が頭を正面に復した後、速やかに1、2、3、4、5、6………の順に手を下ろすと同時に正面に復する。

　また、後列の1番員は、右翼分隊長有資格者の動作に準じて、頭を左に向け自己に近い2、3の列員を正しく整頓線上に位置させ、基準となる者が頭を正面に復した後、同様に頭を正面に復する。

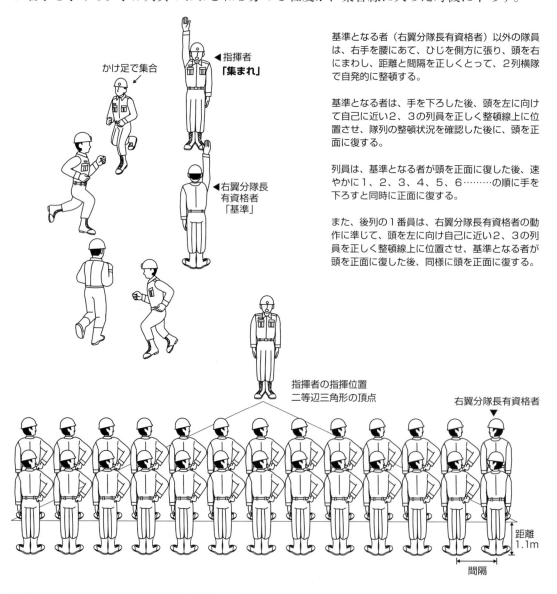

2. 横隊の整頓

　横隊のその場での整頓は、「**右（左）へーならえ**」の号令による。右翼分隊長有資格者及び後列の一番員は、頭を左に向け、その他の列員は、右手を腰にあて、ひじを側方に張り、頭を右（左）にまわして整頓する。
　後列員は、まず正しく前方の列員に重なって、1.1mの距離をとった後、頭を右（左）にまわして整頓する。
　「**直れ**」の号令で右手を下ろすと同時に頭を正面に復する。

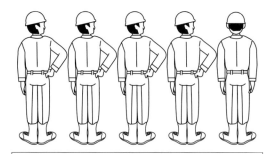

「右へーならえ」
右手を腰にあて、ひじを側方に張り、頭を右にまわす。

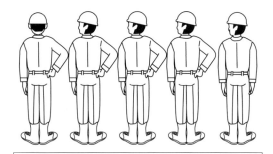

「左へーならえ」
右手を腰にあて、ひじを側方に張り、頭を左にまわす。

❶ 右へーならえの姿勢
　右手を腰にあて、頭を右に向けて整頓する。

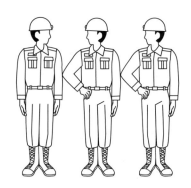

整頓は、各列員の体格の相違から、襟部を基準にする。指揮者は、列員の両かかとを整頓線上にそろえるようにする。

❷ 左へーならえの姿勢
　右手を腰にあて、頭を左に向けて整頓する。

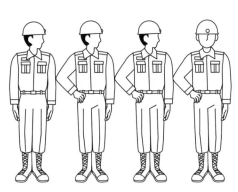

❶ 訓練礼式

3. 人員の掌握

　指揮者は隊員の集合が完了した時点で、番号を呼称させ隊員の確認を行う。
　横隊においては、前列の右翼から左へ順次、自己の番号を活発に短く発声する。
　後列の左翼列員は、必ず欠又は満と呼称する。前後の列員が重なっている場合は満と呼称し、欠けている場合は欠と呼称する。

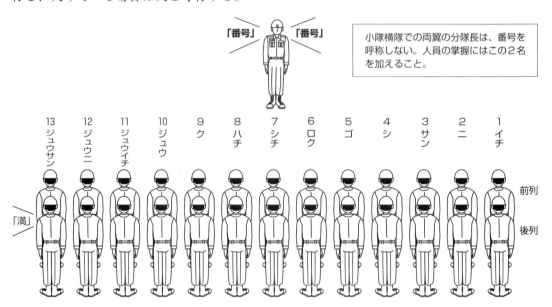

> 小隊横隊での両翼の分隊長は、番号を呼称しない。人員の掌握にはこの2名を加えること。

(整列休めの姿勢)

人員の掌握が完了したなら、整列休め又は休めの姿勢をとらせる。

(休めの姿勢)

休めの姿勢では、隣の者と話をしたり、動いたりしてはならない。
命令、訓示、説明又は指示等の場合は、休めの姿勢をとった後、訓示者等に注目しなければならない。

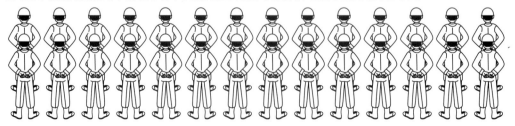

4. 縦隊の集合

　小隊の縦隊には、**「縦隊に―集まれ」**の号令による。

　指揮者は、集合位置を決定し、基本の姿勢をとり、右手を垂直に挙げ、手のひらを前に向け、**「縦隊に―集まれ」**の号令をかける。

　最右翼列の先頭になる分隊長は、指揮者の前方おおむね5mの距離をとって、指揮者と正対し、同様の姿勢で「基準」と呼称する。

　列員は、かけ足で4列縦隊に集合する。

　最右翼列員は、基準列員となって隊員間の距離おおむね1.2m（前の隊員のかかとから後ろの隊員のかかとまで）を正しくとって前列員に重なった後、頭を左に向ける。

　基準列員以外の列員は、右手を腰にあてて前方の者に重なった後、頭を基準列員に向け自発的整頓を行う。

　最右翼列の先頭になる分隊長は、隊列の整頓状況を確認した後、頭を正面に復す。

　次いで基準列員も頭を正面に復す。

　基準列員以外の列員は、基準列員が頭を復した後、右手を下ろすと同時に頭を正面に復す。

　指揮者が指揮位置に戻る要領は、横隊と同様の要領で行う。

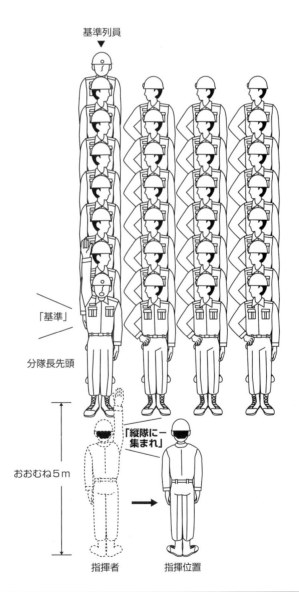

❶ 訓練礼式

5. 縦隊の整頓

　縦隊の整頓は、指揮者の**「ならえ」**の号令による。

　最右翼列の先頭の分隊長は、動くことなく、基準列員はおおむね1.2mの距離をとって先頭の分隊長に重なる。

　基準列員以外の列員は、右手を腰にあて、前方の者に正しく重なった後、基準列員の方に頭を向けて整頓する。

　なお、最前列の列員が頭を基準列員に向ける時機は、指揮者の号令と同時に向ける。

　整頓が完了したときは、**「直れ」**の号令をかける。隊員は、頭を正面に復すると同時に右手を下ろす。

6. 縦隊の人員掌握

　最右翼列員の先頭分隊長から順次、自己の番号を活発に短く発声し、後尾分隊長の前の隊員をもって番号の呼称が終わる。

　最終番号には必ず欠1又は満を呼称する。

　欠1、欠2又は満の呼称者は、最終番号呼称者の最左方の列員とし、欠3の呼称者は、最終番号の呼称者とする。

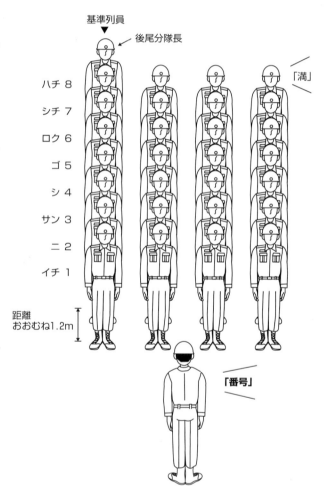

7. 横隊の整頓の的確性

　横隊の整頓を的確にするために、きょう導を出して行う。
　指揮者の「きょう導（何）歩前へー進め」の号令による。
　この両翼きょう導が数歩前進して、これを結んだ新整頓線上に列員が正しく整頓する方法である。
　両翼のきょう導が前進する歩数は、通常3歩を前進する歩数とされている。
　両翼のきょう導は、一定の目標を定め正しい歩幅と速度で前進する。前進後は、指揮者が位置や姿勢を正すのを待つ。

【指揮者が両翼のきょう導の位置や姿勢を正す要領】
　指揮者の位置から半ば左向きをして右足を左足に引きつけて、かけ足で右翼きょう導の前方、おおむね6mの正面に正しく面する位置に、右向き停止の要領で停止する。

　まず、自己の位置と姿勢を正した後に、整頓の基準になる右翼きょう導の位置、方向及び姿勢等を直す。

　次に同じ要領で、右翼きょう導の右方、おおむね3mの位置に右翼きょう導の側面に面するように停止し、両翼のきょう導の位置等を正して、指揮者の位置に戻る。

　指揮位置につくときは、半ば右向きをし、左足を引きつけた後、指揮位置に至り、左向き停止の要領により部隊と相対し停止する。

　両翼のきょう導以外の列員は、「右（左）へーならえ」の号令で新整頓線上につく。おおむね2歩半前進し、残り半歩をすり足で静かに新整頓線につく。新整頓線についたときに直ちに右手を腰にあて、頭を右翼きょう導にまわして、速やかに右翼から順次、整頓を完了するように努める。

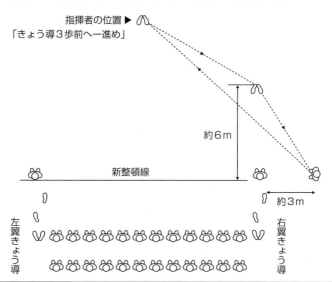

左翼きょう導は、そのままの姿勢で、指揮者の「左翼きょう導…前（あと）」の指示号令により、すり足で前後に移動し「よし」の指示号令で停止する。

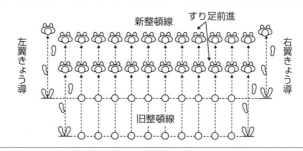

両翼きょう導が頭を右又は左にまわす時機は、指揮者の動令と同時で、左翼きょう導は、頭を右にまわすと同時に右手を腰に上げ（右翼きょう導は必要はない。）それぞれ整頓線につく列員を迎え入れ、速やかに小隊の整頓を完了する。

❶ 訓練礼式

　左翼きょう導と最左翼列員との間隔を調整する必要があっても動くことなく、指揮者の「左翼きょう導正規の間隔をとれ」等の指示によって行う。
　整頓の際に1番員を除く後列員は、右手を腰にあて、ひじを側方に張り、まず正しく前方の列員に重なって距離をとった後、右の方に頭をまわして整頓を行う。
　指揮者は、列員の整頓が完了したのを見計らって「直れ」の号令をかける。列員は一斉に頭を正面に復し姿勢を正す。
　整頓が終わった後に、指揮者は必要により整頓状況を検査する。指揮者が両翼のきょう導の位置や姿勢を正す要領に準じたやり方で、右翼きょう導の右方、おおむね3mの位置のかかとの全線が見通すことのできる側面に正しく停止する。
　前（後）列員の整頓は、「前（後）列」と呼称してから行う。整頓を正す必要のないときは「よし」と呼称する。
　整頓を正す要領は、「何番前………よし」又は「何番後………よし」と行い、多数の者を同時に整頓させる必要がある場合は、隊列の3分の1以上を正した後、「何番から左翼右へーならえ」又は「何番から左翼ー前（後）」の指示号令による。

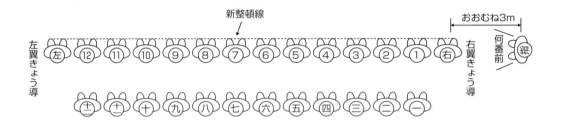

列員が整頓線についたとき、右翼きょう導は動くことなく、整頓の基礎がためのため、右翼きょう導に近い2、3列員を新整頓線に入れる。
左翼きょう導も右翼きょう導と同様に、自己に近い2、3列員を新整頓線上に入れる。

8. 小隊の編成

小隊を3分隊に分け、各分隊は、その分隊長を含めて10人の隊員をもって編成する。

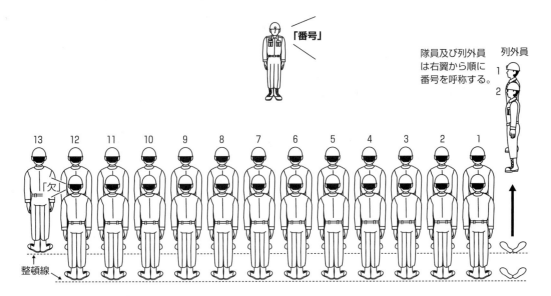

指揮者は、小隊の編成未了のときと同じ集合要領で、2列横隊に集める。

隊員は、間隔（左右隊員との隔たり）と距離（前後の隔たり）を正しくとって自発的に整頓をする。

次いで、指揮者は「最右翼前後列員5歩前へー進め」と指示号令をかける。

列外員が5歩進んだところで「左向けー左」の指示号令をかける。この際、列外員は左向け左をした後、直ちに自発的に整頓をする。

❶ 訓練礼式

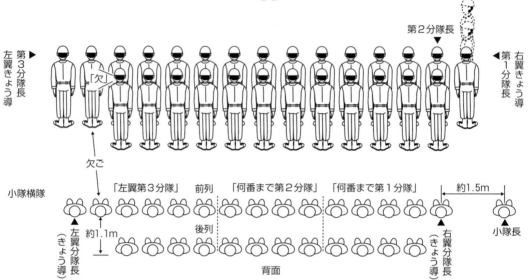

　指揮者は、「**番号**」をかける。隊員及び列外員は右翼から順に番号を呼称する。
　次に分隊長を指名する。通常の場合第1分隊長は、列外者1番誰々、第2分隊長は前列1番誰々、第3分隊長は列外者2番誰々と指名する。
　次いで分隊の編成を行う。「何番まで第1分隊」、「何番まで第2分隊」、「左翼第3分隊」と指示する。
　次に「分隊長位置につけ」の号令によって、第1分隊長は、右翼きょう導の位置、第3分隊長は、左翼きょう導の位置にかけ足でつくものとする。
　小隊編成が終了した時点で、部隊訓練を行うために番号をかける。
　このとき、両翼の分隊長は番号を呼称しない。
　ご（伍は、昔の兵制の最小単位。人の仲間をいう。）とは、横隊の前後列の2人及び縦隊の左（右）方列の4人をいう。
　横隊の左翼の後列の隊員及び縦隊の後尾の左（右）方列の隊員が欠けている場合は、これを欠ごという。
　指揮者が隊の指揮位置につくときは、半ば左向きをし、右足を左足に引きつけた後、左足からかけ足で指揮位置に向かい、左向き停止の要領でつくものとする。

9. 横隊の右(左)向き

　横隊の右（左）向き及び側面縦隊の左（右）向きは、指揮者の号令により、小隊はごを組んで側面縦隊となり、又は横隊となる。ごを組むときは、小隊が正面向き、背面向きの場合にかかわらず、1番員の方に向いて側面縦隊となるときは偶数員が、終番員の方に向いて側面縦隊となるときは、奇数員が右向きのときは斜め右方に、左向きのときは斜め左方に出て、ごを組むのである。

　このうち、横隊が右（左）向きしたときに偶数員（奇数員）は、奇数員（偶数員）の右（左）に斜め1歩前進して、ごを組み側面縦隊となる。

　ごを組む場合は、右（左）向きをし、左（右）足を引きつけた後、両腕を自然に垂れ、手のひらをももにつけたまま1歩斜めに踏み出す。横隊からごを組まないで、そのまま右（左）向きや側面縦隊でごを解かないで、そのまま左（右）向きの場合は、「そのまま」の指示が附加される。

　側面縦隊から左（右）向きをしたときは、ごを解いて元の横隊（左（右）向きをし右（左）の足を引きつけた後、1歩斜めに踏み出す。）となり、速やかに自発的整頓を行う。

　両翼の分隊長は、各自その位置で右（左）向きをする。

　側面縦隊で左（右）向きをしたときは、ごを解いて横隊となって、右（左）に整頓する。

　縦隊での右（左）向きは、4列横隊となり、「そのまま」の附加は必要としない。

　この場合の整頓は、手を上げないで速やかに自発的整頓を行う。

●横隊の後ろ向き

　横隊が後ろ向きをしたときは、両翼の分隊長及び欠ごは2歩前進した後、すり足で前列につき各自整頓する。

（横隊の右向き）
　指揮者「**右向けー右**」の号令による。
　偶数員は、奇数員の右に斜め1歩前進する。両翼分隊長は、その位置で右向きをするだけである。

　両腕を自然に垂れ、手のひらをももにつけたまま1歩斜めに踏み出す。

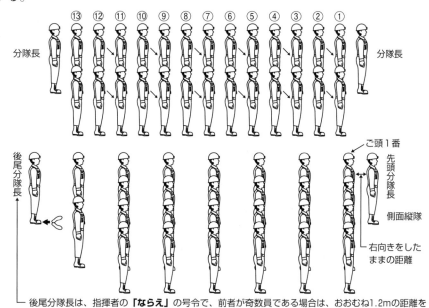

└ 後尾分隊長は、指揮者の「**ならえ**」の号令で、前者が奇数員である場合は、おおむね1.2mの距離をとるように後方に下がる。

❶ 訓練礼式

> 横隊の左向き

指揮者の**「左向けー左」**の号令による。
奇数員は偶数員の左に斜め1歩前進して、ごを組み側面縦隊となる。

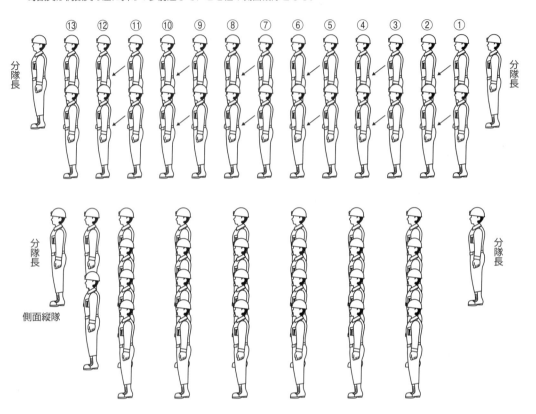

横隊の隊形は、主として集合、点検及び限られた場所での部隊の行動動作に用いられる。
側面縦隊は、主として横隊に連携して行う行動動作に用いられる。
縦隊は、主として長距離を行進する等の部隊の行動動作に用いられる。

> 横隊の後ろ向き

指揮者の**「まわれー右」**の号令による。

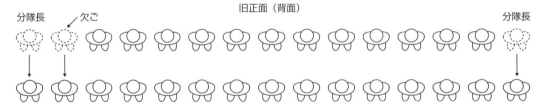

横隊で後ろ向きをしたときは、両翼の分隊長及び欠ごは前列につくものとする。
2歩前進した後、すり足で前列につく。

10. 横隊の直行進

指揮者の**「前へー進め」**の号令による。
横隊の直行進の場合におけるきょう導は、原則として右方である。

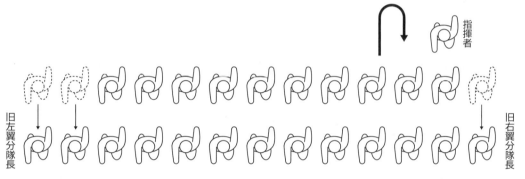

指揮者は必要により、きょう導を左方（旧右翼きょう導）とするときは「きょう導左」の指示をする。
1番の真うしろで行進目標を選ぶと隊の直角方向が定めやすい。

横隊の背面行進

指揮者の**「まわれ右前へー進め」**の号令による。
横隊がまわれ右をして背面向きとなったときは、指示のない限り進行方向の右方の旧左翼分隊長がきょう導となる。

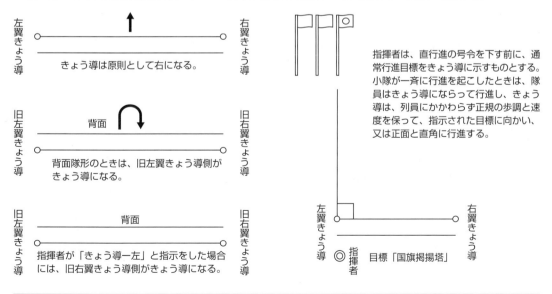

横隊が後ろ向きとなって行進するときは、指揮者の動令により隊員は、行進中の後ろ向きに定める要領によって一斉に後ろ向きとなり、両翼分隊長及び欠ごは1・2歩大きく前進して前列につき、整頓しながら続けて行進する。

指揮者は、直行進の号令を下す前に、通常行進目標をきょう導に示すものとする。
小隊が一斉に行進を起こしたときは、隊員はきょう導にならって行進し、きょう導は、列員にかかわらず正規の歩調と速度を保って、指示された目標に向かい、又は正面と直角に行進する。

1 行進中の右向き

2 行進中の左向き

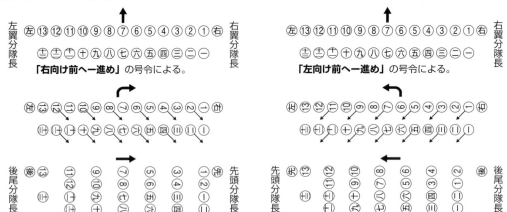

横隊で行進中右(左)向きをして続けて行進するときは、指揮者の動令により隊員は、行進中の右(左)向きに定める要領で一斉に右(左)向きをすると同時に、横隊の右(左)向きの規定にしたがってごを組み、続けて行進をする。ごを組む要領は、奇数員(偶数員)はそのままの歩幅で行進し、偶数員(奇数員)は奇数員(偶数員)の右(左)に大きく出て3歩から4歩大きく前進し、ご頭に整頓しながら、正規の歩幅と速度を保つようにする。

11. 側面縦隊から同方向への横隊変換

側面縦隊から同方向へ横隊となるには、「**左へ並び―進め**」の号令による。

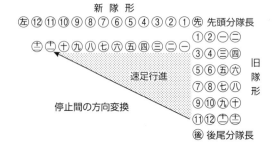

停止間における側面縦隊から横隊への方向変換の場合、先頭分隊長は、そのまま動くことなく頭を左に向けて、自己に近い2、3の列員を正しく整頓線上に位置させる。
他の列員は、半ば左向きをして、ごを解きながら近みちを通って、新線のおおむね半歩手前で停止し、静かにすり足で新線について自発的整頓を行う。

12. 行進間の側面縦隊から同方向へ横隊変換

行進間の側面縦隊から同方向へ横隊となるには、「**左へ並び―進め**」の号令による。

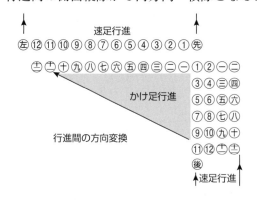

行進間における側面縦隊から横隊への方向変換の場合、先頭分隊長はそのまま続けて行進し、ほかの列員は予令で両手を腰にあて、動令でかけ足に移り、ごを解いて近みちを通り横隊を作って、速足行進に移行しきょう導にならいながら行進を続ける。
●側面縦隊で行進中に、同方向に横隊を作り直ちに停止するには、「**左(右)へ並び―止まれ**」の号令による。

13. 行進中の横隊の側面縦隊への変換

　行進中の横隊を同方向に側面縦隊として隊形変換するには、**「右（左）向けくみぐみ左（右）へー進め」**の号令による。

　この変換は、「右（左）向け前へー進め」と「くみぐみ左（右）へー進め」の2動作を連続して行うものである。

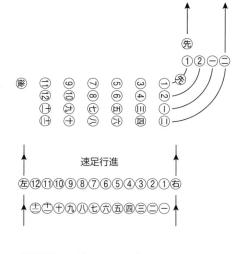

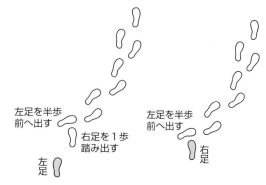

先頭分隊長の動作で足の運びは次のとおりである。
動令が左足が地につこうとしたときにかかったときは、第1動で右足を1歩前に踏み出し、第2動で左足をおおむね半歩前に足先を内にして踏み出す。
第3動で体を右90度所望の方向に向けてくみぐみ左へ方向変換する。

先頭分隊長以外の列員は、「進め」の動令で右（左）向きを行うと同時に隊形変換を行う。
ごを組む場合は、奇数員は先頭分隊長の通った後を歩幅を小さく小環形を歩み、偶数員は奇数員の右に大きく出て、ごを組みくみぐみ左へ方向変換する。

動令が右足にかかった場合は、左足を半歩前に足先を内にして踏み出して、左足動令の場合と同様に方向変換する。

14. 小隊の解散

　小隊の解散は**「別れ」**の号令による。
　隊員は指揮者に対し、それぞれ挙手注目の敬礼を行い、指揮者はこれに答礼してから解散する。

❶訓練礼式

15. 側面縦隊及び縦隊の方向変換

　側面縦隊及び縦隊の方向変換は「くみぐみ右（左）へー進め」の号令による。
　縦隊では、指揮者の号令で先頭ごは直ちに方向変換を行う（側面縦隊では、指揮者の号令で先頭分隊長は直ちに方向変換を行い、ご頭1番は先頭分隊長が方向変換をした位置に達したのち方向変換を行う）。それ以外のごは、前のごが方向変換を行った位置で方向変換を行う。

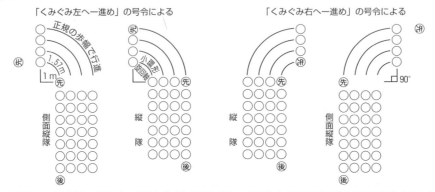

　旋回軸にある列員は、小環形を7歩程度で歩幅を縮めながら歩行し、外翼にある列員は正規の歩幅で行進するとともに、旋回軸の列員と歩調の調整を図りながら方向を変えて行進を続行する。
　側面縦隊及び縦隊の方向変換では、小隊の方向変換が終わった後でも続けて行進し、停止するときは指揮者の「**止まれ**」の号令による。
　行進中にかけ足を用いて方向変換する必要がある場合は、指揮者はあらかじめかけ足を行わせてから方向を変える。
　停止間において、側面縦隊及び縦隊の向きを変え、その後前進させない場合は「**くみぐみ右（左）へー進め**」の号令をかける。
　指揮者は、側面縦隊及び縦隊が部隊の深さだけ方向変換し、後尾分隊長がまわりきったときに「**止まれ**」の号令をかける。

１ 側面縦隊及び縦隊の半ば方向変換

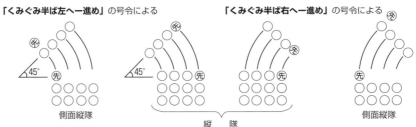

２ 45度以外の方向変換

　45度以外の方向変換で、指揮者が新目標（方向）を指示する要領は、指揮者の意図する方向に部隊の方向変換を行えばよい。特に必要がある場合のほか、適当な方法で簡単明確に指揮位置から行う。
　軸翼の分隊長又は先頭の分隊長は、指揮者から新目標を指示されたならば、直ちにその新しい目標に向かい行進する。
　停止間に45度以外の方向変換を行う場合は、指揮者はあらかじめ新しい目標を示す。

30

16. 側面縦隊の行進及び停止

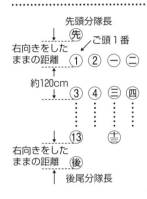

横隊が右向きをし側面縦隊になった場合、先頭分隊長とご頭1番との距離が、横隊から右向きをしたままなので、そのまま行進することは不便であるから、側面縦隊となって発進後、先頭分隊長が1、2歩やや大きく行進し、先頭列員と徐々におおむね1.2mの距離を取る。
後尾分隊長も同様に距離を取って行進する。

側面縦隊がそのままの隊形で停止したときは、行進中に調整した1.2mの距離のままで停止する。

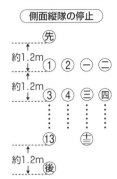

1 側面縦隊の行進中の左向き

「左向け前へー進め」の号令による。

2 側面縦隊の行進中の右向き

「右向け前へー進め」の号令による。

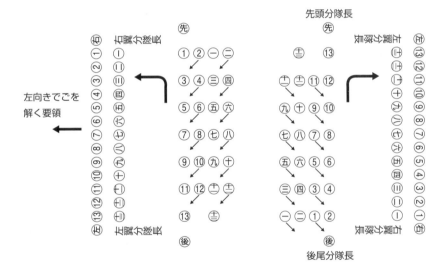

側面縦隊で行進中に左（右）向きをして続けて行進するときは、指揮者の動令により隊員は、一斉に左（右）向きをすると同時に側面縦隊の左（右）向きの規定にしたがって、ごを解いて続けて行進をする。
ごを解く要領は、行進中の横隊から側面縦隊への変換の要領で行えばよいが、右（左）翼分隊長とご頭1番の間隔の調整をとる必要がある。
左向けの場合、右翼分隊長は左向けをし、そのまま行進を続けるが、列員は、左向けをして、2～3歩（偶数員が隊列に復帰する歩数）前進した後、列員は、右翼分隊長との間隔を徐々に回復する。

17. 縦隊の行進中の方向変換

❶ 縦隊の行進中の左向き
「左向け前へー進め」の号令による。

❷ 縦隊の行進中の右向き
「右向け前へー進め」の号令による。

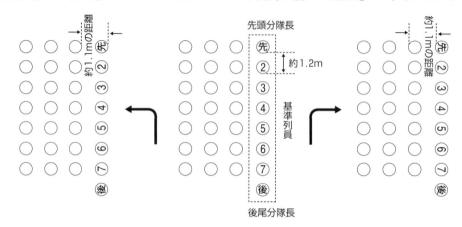

縦隊で行進中に右（左）向きをして続けて行進するときは、指揮者の動令により、隊員の行進中の右（左）向けの要領で一斉に右（左）向きをし、4列横隊で行進する。

18. 縦隊の停止間から縦隊の右（左）向け発進

　隊員は、右に発進する場合は、左足先を内にしておおむね半歩踏み出し、次いで右足を新行進方向に踏み出す。

　左に発進する場合は、左足を1歩前方に踏み出し、次に第2歩目（右足）を足先を内にして、おおむね半歩踏み出し、左足を新行進方向に踏み出し行進する。

「左向け前へー進め」の号令による。　　　　　「右向け前へー進め」の号令による。

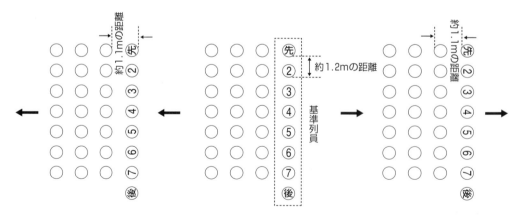

縦隊の右（左）向け発進は、短距離の行進に用いるが、発進の際には、前の者と後ろの者との距離が、1歩の長さがおおむね70cmの歩幅より狭いので、徐々に正しい距離（おおむね1.1m）に回復するようにする。

19. 側面縦隊の行進中の左（右）向き停止

❶ 側面縦隊の行進中の左向き停止
「左向けー止まれ」の号令による。

❷ 側面縦隊の行進中の右向き停止
「右向けー止まれ」の号令による。

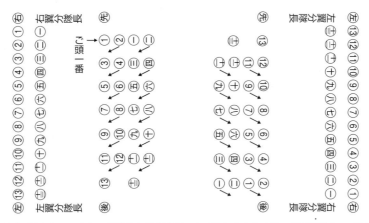

側面縦隊で行進中の小隊が停止して、直ちに横隊となる場合は、左（右）向き停止後、側面縦隊の左（右）向きの要領により、ごを解いて横隊となり、自発的整頓を行う。
側面縦隊の行進の都合上、行進中に先頭分隊長とご頭1番との距離をおおむね1.2mとっており、停止して横隊となったとき、先頭分隊長はそのままの位置で、左（右）向きをするため、ご頭1番との間隔は離れたままとなり、正規の間隔を保つことができない。したがって正規の間隔をとるため、自発的整頓を行う際に列員が右（左）翼分隊長を基準にして正規の間隔をとる。

20. 斜行進の要領

「斜めに左へー進め」の号令による。　　　　　　　　「斜めに右へー進め」の号令による。

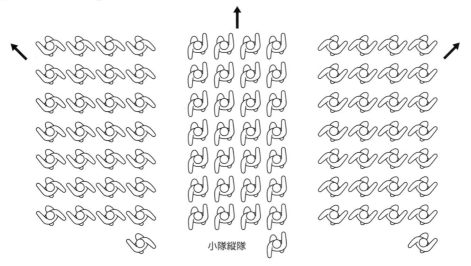

小隊縦隊

斜行進は、側面縦隊の隊形では行わない。斜行進を行う場合の隊員は、半ば右向きのときは右方に、半ば左向きのときは左方に整頓しながら行進する。列員の肩は互いに平行し、右（左）斜行進の場合は、列員の右（左）肩は右（左）列員の左（右）肩の後ろにする。
短距離の行進に用いる。長距離の行進には用いない。

33

21. みち足行進の要領

みち足は「**歩調やめ**」の号令による。
みち足は、長距離の行進や不整地等の行進をする際に用いられる。
行進中は、許可なく話をしてはならない。
通常、かけ足行進中のみち足は行わない。
みち足行進から速足行進は「**歩調とれ**」の号令による。

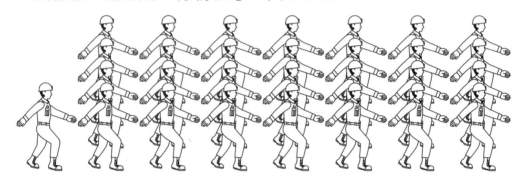

22. 小隊の行進の停止

小隊の行進の停止は「**小隊―止まれ**」の号令による。

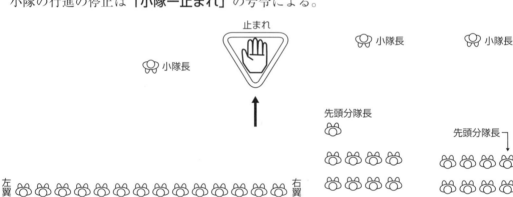

小隊が停止したとき、横隊にあっては、速やかに自発的整頓を行う。
ただし、縦隊や側面縦隊のときは、停止しても自発的整頓を行うことなく、指揮者の命令によって整頓を行う。

23. 方向変換、隊形変換等

１ 横隊が停止間において方向変換する場合

横隊の停止間及び行進中における方向変換は、「右（左）に向きを変え―進め」の号令による。

速やかに新線につく場合は、「右（左）に向きを変え―かけ足―進め」の号令による。

「左に向きを変え―進め」の号令による。　　「右に向きを変え―進め」の号令による。

横隊の方向変換を停止間に行うときは、軸翼分隊長は指揮者の動令によって、直ちに右（左）に向きを変え頭を左（右）にまわし、自発的整頓の準備を整え、後列１・２番員を除くその他の隊員は、半ば右（左）向きをして、左（右）足を引きつけた後、左足から斜行進の要領で新線について、速やかに自発的整頓を終え、正面を向いて姿勢を正す。
この際、後列１・２番員は、小角度の左（右）向きをして、右（左）足を引きつけた後、逐次、新線に至るものとする。
この場合の斜行進は、斜行進の規定の要領とは異なるもので、近みちを通って新線の定位置に向かって前進するものである。

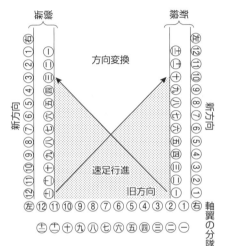

停止間に方向変換を行うとき及び行進中に方向変換を行って停止するときで、新線に至って停止する要領は、新線のおおむね半歩手前で停止し、横隊の整頓の要領で、静かにすり足で新線について自発的整頓を行うものである。
なお、新線につくとき斜行進のまま停止し、しかる後に正面向きになるのではなく、新線に至って正面向きに停止し、その右（左）列員に整頓する。
隊員の整頓は、斜行進の規定により、常に斜行する方に整頓する。しかし指揮者が必要により他にきょう導を指示したときには、この限りではない。
また、速やかに新線につかせる必要がある場合は「右（左）に向きを変え―かけ足―進め」の号令による。軸翼分隊長を除く隊員は、かけ足の号令があったときは、予令で手を腰にあて、動令で半ば右（左）向きをして左（右）足を引きつけ、かけ足を行って新線の停止位置につくものとする。

２ 横隊が行進間において方向変換する場合

「左に向きを変え―進め」の号令による。　　「右に向きを変え―進め」の号令による。

軸翼の分隊長は、行進中の右（左）向きの要領で方向を変えて行進を続ける。

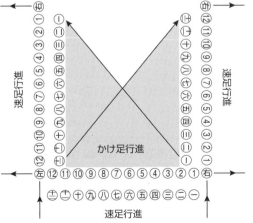

行進中に方向変換を行い、そのまま続けて行進するときは、軸翼の分隊長以外の隊員は、予令で両手を腰にあて動令でかけ足に移り新線から１歩前に前進して速足となり、速やかに右（左）列員に整頓しながら行進を続ける。

なお、横隊で左にきょう導をとって行進中に左に方向変換したのち、続いて行進する場合は、きょう導を左に示さない限り常に右に整頓する。
もし左にきょう導をとって行進中に右に方向変換した場合は、原則であるきょう導右に復する。

❸ 行進方向を変え停止する場合

「右（左）に向きを変え―止まれ」の号令による。

軸翼の分隊長は、速足行進の停止要領で止まり、直ちに右（左）向きをして、頭を左（右）に向けて整頓線につく列員を迎え入れる。

軸翼の分隊長以外の隊員は、予令で両手を腰にあて動令でかけ足に移り、新線にいたりかけ足の停止要領で止まって自発的整頓を行う。

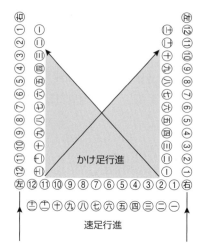

❹ 行進中に半ば右（左）に方向を変換する場合

「半ば左に向きを変え―進め」の号令による。

軸翼の分隊長は、半ば左に向きを変え行進を続ける。その他の隊員は、新線の方向に半ば左向きをして斜行進の要領で行進を続ける。

「半ば右に向きを変え―進め」の号令による。

軸翼の分隊長は、半ば右に向きを変え行進を続ける。その他の隊員は、新線の方向に半ば右向きをして斜行進の要領で行進を続ける。

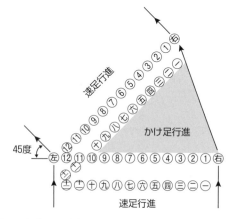
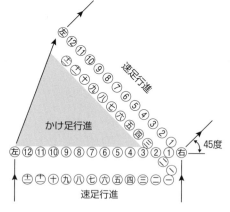

停止間の場合は、新線のおおむね半歩前で停止し、すり足で新線につき自発的整頓を行う。
行進間の場合にあっては、かけ足で新線の1歩前まで前進して正面向きとなり速足行進に移る。
なお、45度以外の方向変換は、**「右（左）翼分隊長の目標右（左）前方の○○右（左）に向きを変え―進め」**の号令による。

第4節　通常点検

1. 隊員の集合及び部隊編成

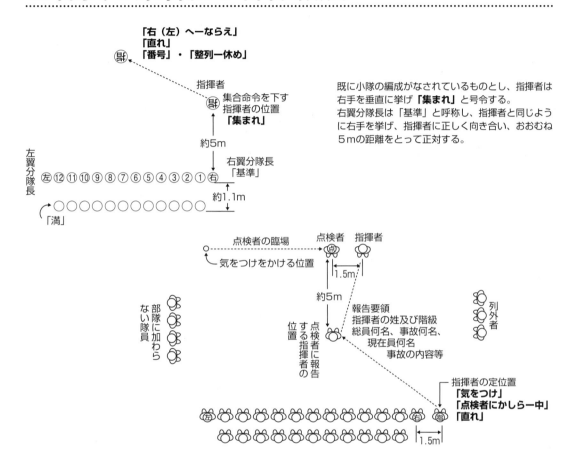

指揮者は、「**右（左）へーならえ**」、「**直れ**」の号令をかけ横隊の整頓を行い、次いで「**番号**」の号令をかけて人員点呼を行う。

「**整列―休め**」の号令をかけて隊員を休ませ、指揮者の定位置に左向け停止の要領で正面向きとなり、整列休めの姿勢で点検者の臨場を待つ。

2. 点検者の臨場

指揮者は、点検者が隊列の右端又は左端に達したとき、「**気をつけ**」の号令をかける。
点検者が定位についたとき部隊の敬礼を行う。「**点検者にかしら―中**」、「**直れ**」
列外者は挙手注目の敬礼を行い、他の隊員は注目の敬礼を行う。
これに対し点検者は答礼を行う。

3. 人員等の報告

指揮者は、半ば左向きをし、左足に右足を引きつけたのち、左足から点検者の前方おおむね5mの位置に、点検者に正対するように右向き停止の要領で停止し、姿勢を正して挙手注目の敬礼を行い、人員その他の必要事項を報告する。

報告要領

「○○○○（指揮者の姓及び階級）総員何名、事故何名、現在員何名、事故の内容」等のごとく報告する。

指揮者は、報告等の終了後に再び敬礼を行い、半ば右向きをし左足を引きつけたのち、左足から号令を下す指揮者の指揮位置（点検者の左方おおむね1.5m）に至り、右向き停止の要領で部隊に面して停止して**「番号」**の号令をかける。

4. 点検準備

中隊以上の隊形で行う通常点検では、指揮者が号令を下す指揮者の位置について点呼を行った後、「小隊長右翼、位置に一つけ」の指示で、小隊長は右翼分隊長の右方おおむね1.5mの定位置につく。

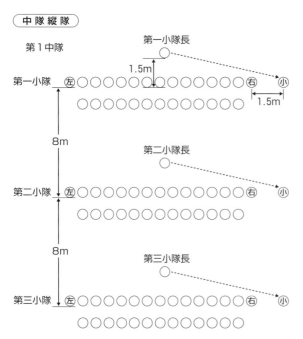

ただし、中隊縦隊の整頓の規定によるきょう導を出して整頓を行う場合にあっては、これらの位置の交換は、部隊の整頓が終わってから行う。

第4節 通常点検

横隊の整頓を的確に行うためにきょう導を出して、これを結んだ新整頓線を定めて、列員をその線上に正しく整頓させる。
「きょう導3歩前へー進め」の号令による。
「右へーならえ」で2歩半前進し、すり足で新整頓線につく。
「直れ」
きょう導を出さずに、その場で整頓を行うときは、これを必要としない。
中隊以上の隊形で行うときは、各小隊長はきょう導とともに前進することなく、整頓の際に隊員とともに前進する。
また、中隊長は、前進後、まわれ右をして隊員の動作を監視する。

点検の開始
指揮者は、点検準備を完了したときは、その旨を点検者に報告し、点検の開始を促す。
指揮者は、その場で点検者に向きを変えて「点検準備完了しました。」等のごとく行う。この場合、敬礼を特に必要としない。

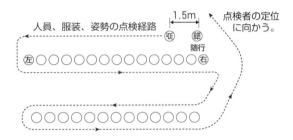

点検者が、隊列のおおむね7mの距離に近づいたときに指揮者は、**「気をつけ」**の号令をかける。
また隊列から点検者が7m離れたところで**「整列一休め」**の号令をかける。
点検者が点検のため発進した後は、その後方おおむね1.5mの位置を随行する。
なお、中隊編成の部隊の点検の場合は、各小隊長（大隊編の部隊の点検の場合は各中隊長）は、自隊の点検開始と同時に点検終了まで指揮者に随行する。
ただし、列外者は、これに随行しないことを原則とするが、特に点検に必要のある者にあっては、指揮者の後に随行する。
点検者は、指揮者から点検準備完了の報告を受けた後に、発進して前列の右翼前面から順次左側に移り、次いでその背面を順次点検しながら右翼の背面に至って、更に同様の要領で後列の点検を行い、これが終わったなら部隊の右側を通過して元の位置に戻る。
点検者に随行した指揮者は、点検者の点検を補助するとともに、これの進行にも配意する。
点検が終わったときは、点検者とともに元の位置に戻る。

指揮者は、点検者が前列の点検を実施中に人数の都合で、後列を休ませる必要がある場合は、点検者が前列の点検を開始すると同時に、後列の位置に至り**「後列、整列一休め」**の号令をかけて後列を休ませる。
点検者が左翼から前列の背面を点検しながら右翼に向かい、隊の中央に達したならば**「後列、気をつけ」**の号令をかけて、後列員の姿勢を正す。次いで点検者が後列の点検を開始すると同時に前列の位置に至り**「前列、整列一休め」**の号令をかけて前列員を休ませる。

なお**「整列一休め」**の号令をかける位置は、前（後）列1番員の前方3mの位置とし、隊列の全体を見通せる位置に停止して、基本の姿勢をとってから号令をかける。

「気をつけ」の号令をかける位置は、点検者が隊中央に近づいたときを指揮者の位置とし、隊列の全体を見渡せる位置に停止して、基本の姿勢をとってから号令をかける。

また、中隊編成以上の部隊で点検を実施するときは、点検者は小隊に関係なく、同様の要領で行う。しかし、都合によっては順序を変更してもさしつかえない。

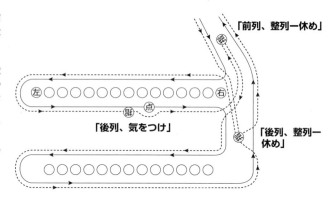

5. 手帳の点検

　手帳の点検は、人員、服装、姿勢の点検を終了し、点検者と指揮者が定位置につき、正しく部隊に正対した後に行う。

　指揮者は、**「気をつけ」**、**「手帳」**の順で号令をかける。

　隊員は、姿勢を正して、次の要領で手帳の点検準備を整える。

● 手帳に注目するようにして右手を胸ポケットにあて（そのポケットにふたがあって、それがボタンで止めてあったときは、これをはずし）、同時に左手をポケットに添えて手帳を押し上げるようにして右手で手帳を取り出す。

● 右手で手帳を前方に向けて出し、ひじをわきにつけ、前腕を水平に体と直角に出し、左手を添えて表紙を開いて表扉を出す。

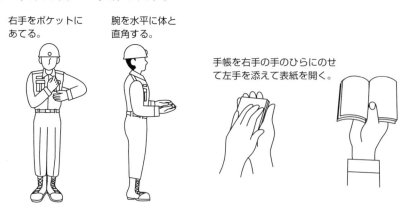

- 手帳を右手の手のひらの上に載せて親指でこれを押さえ、頭を正面に復すると同時に左手を垂れて姿勢を正す。
- 指揮者は、人員、服装、姿勢の点検と同様に、点検準備完了を報告し、点検者の点検の発進に随行する。
- 点検者は、手帳の点検終了後、指揮者とともに元の位置に戻る。
- 隊員は、点検者が手帳の点検中に手帳を検査するときは、手帳を点検者が取ると同時に右手を下ろして基本の姿勢をとり、次いで手帳が返却されるときは、これを右手で受け取って再び元の姿勢をとる。

右手を下して基本姿勢をとる。

左手で右手に持った手帳を下から支える。

- 指揮者が点検中において前列又は後列の隊員を休ませる必要があるときは、人員、服装、姿勢の点検時と同じ要領で行う。ただし、隊員の休めの姿勢は、両手を後ろにまわすことなく、左手で右手に持った手帳を下から支える要領で、体の前部に自然に置くようにする。
- 手帳の収納は、指揮者の「おさめ」の号令による。

隊員は手帳に注目し、左手を添えて表紙を閉じて、次いで左手をポケットに添えて手帳を収納しやすいようにし、右手でこれをポケットに納めて頭を正面に復すると同時に両手を垂れて基本の姿勢をとる。

なお、手帳の出し入れは、できる限り全員が斉一を期するように留意しなければならない。

また、消防職員が常時携帯しなければならない免許証等について検査するときは、免許証等を手帳表扉の印章が隠れないように置く。

6. 点検実施上の留意点

- 点検者が点検を実施するときは、服装についてはその保存手入の状況や着用不良又は携帯品等による不体裁等について注意し、隊員の品位の向上を図るとともに、姿勢、態度については身体の一部の欠陥に起因するものでない限り、その悪癖の矯正を行う。
- 消防手帳は、隊員の身分を表示し、職務執行に際して常に携帯すべきものであるから、その保存や取扱いの状況を十分に検査し、必要に応じて手帳を取って中味も検査するのが適当である。

❶ 訓練礼式

7. 点検の終了

　部隊は、「後列4歩、前へー進め」、「まわれー右」、「7歩前へー進め」、「まわれー右」の号令により、順次動作し、元の位置に戻り、正面向きとなって速やかに自発的整頓を行う。

● 中隊以上の隊形で点検を行ったときは、小隊長を元の位置につかせる必要があるから、部隊が元の位置に戻ったならば、指揮者は、「小隊長、定位置につけ」のごとく指示し、これによって各小隊長はそれぞれの定位置に戻る。

● 指揮者は、隊員を整頓させ、次いで半ば右向きをし、左足を引きつけた後、左足から点検者前方おおむね5mの報告位置に至り、点検者に正対するように右向き停止の要領で停止し、姿勢を正して挙手注目の敬礼を行い、「何々の点検終了しました。」等のごとく点検終了の報告を行う。

● 指揮者は、報告終了後、度の深い右向きをし左足を引きつけた後、左足から隊列右端の指揮者の定位置に左向き停止の要領により停止し正面向きとなる。

● 指揮者が隊列の定位置についた後、点検者から点検結果の講評その他必要事項について指示等がある場合は、指揮者は、点検者の指示を待って隊員を休憩させる。

● 点検者退場に際しての部隊の敬礼は、観閲者の退場の規定による要領で行う。

　なお、列外者の行う敬礼は、指揮者がかける部隊の敬礼の号令を合図に、点検者に対して、一斉に挙手注目の敬礼を行う。

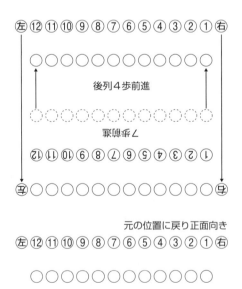

第5節　部隊行進

1. 分列行進

　分列行進は、各部隊が隊形を整え、順次、行進して観閲者の前で規定の敬礼を行うものである。

　行進を行うときは、敬礼の始点と終点を定めておいて、各部隊が敬礼を開始する位置と終わる位置とを明確にし、指揮の容易と敬礼の斉一を期するようにしなければならない。

　敬礼の始点と終点を定め、これに標員を位置させる。

　標員は2名1組とし、右翼についた者が代表者となり、号令等をかけるものとし、その号令は左翼の標員を対象にしたものである。

　標員の行動は、進行の指示や合図により、かけ足で観閲者（台）の前で停止したのち、観閲者に正対し、挙手注目の敬礼を行い、元に復したのち、代表者が「ただいまから標員勤務につきます。」等の報告をする。

　なお、標員が所定の位置につくには、「左向けー左」の号令により、それぞれ左右に方向を変え「8歩前へー進め」の号令で前進し、「左向けー左」の号令でそれぞれ方向を変えて部隊側に面して標員勤務を行う。

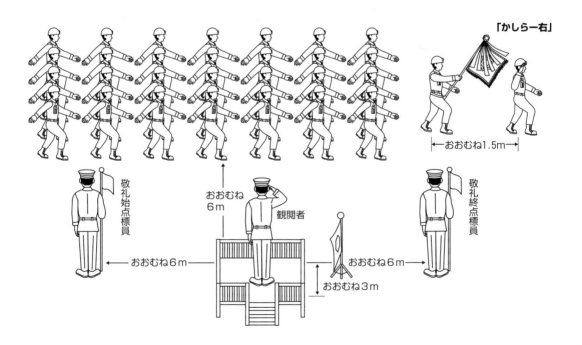

❶ 訓練礼式

　終了の場合は、進行の指示や合図で、前記の逆の順序により行うものとし、代表者が「標員勤務を終了しました。」等の報告をする。
　できれば標旗等で始点、終点を明確にするための標識を準備するのもよい。また、分列行進では、中（小）隊長が自己の中（小）隊の後尾が敬礼終点を過ぎたときに**「直れ」**の号令を下し、部隊の敬礼を元に復すため、自己の部隊の後尾が敬礼の終点を過ぎたかどうかを知る必要がある。そのために部隊の長さを目安にする補助標員を終点の標員側に配置しておけば、各中（小）隊長が自己の部隊の後尾が、敬礼終点の通過を容易に知ることができ、部隊の敬礼を確実に行うことができる。
　分列行進を開始する場合は、指揮者が「分列行進開始」又は「分列行進を開始」と命令して、直ちに発進する。
　次いで大（中）隊長は、指揮者又は前方の部隊の後尾から所定の距離をとって発進できるようになるのを待って、そのままの位置で隊列に相対することなく**「分列に前へ―進め」**と号令して順次、発進する。
　したがって、各部隊の発進は、指揮者の号令によって行うものではない。また、発進を開始しない部隊は、指揮者の開始命令があっても足踏みを必要としない。
　分列行進にあたって、行進目標がないときは、支障のない位置に行進目標を定めておくと部隊の行進を正しく行うことができる。

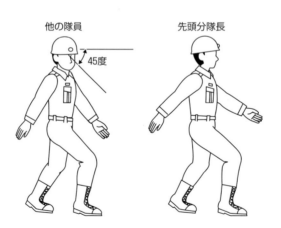

ほかの隊員は、**「かしら―右」**の号令で、観閲者に対して頭を向ける角度をおおむね45度までを限度に注目しながら行進し続ける。

他の隊員　　　先頭分隊長
45度

小隊縦隊の先頭分隊長は、行進中の整頓基準であるために、号令がかかっても観閲者に対して注目せずに、正しく目標に向かって行進し続ける。

2. 観閲の隊形

観閲の隊形は、消防機械のある場合と消防機械がない場合とがある。

消防機械があるときは、その機械を1列横隊に、先端をそろえて配列し、その先端からおおむね5mを隔てた前方に部隊が整列する。状況によっては各機械に、その担当要員を機械の前方おおむね1mの位置に、1列横隊で整列してもよい。

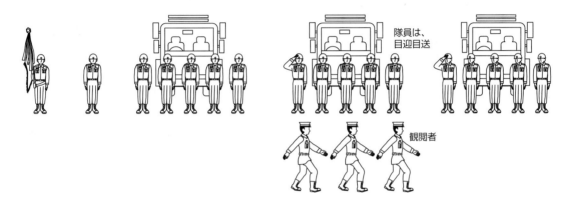

消防機械がないときは、大隊横隊又は中隊横隊で所定の位置に整列する。

なお、人員や消防機械数又は実施場所の状況によっては、隊形を適宜変更してもさしつかえない。本部、署、団旗があっても、これを部隊に加えないときは、観閲者の右方儀式を行うに適した位置に選んでおくようにする。

観閲者の臨場及び退場

指揮者は、観閲者が観閲場に臨場したときは、直ちに**「気をつけ」**の号令をかける。隊列及び隊員は姿勢を正す。

指揮者が、**「気をつけ」**をかける時機は、観閲者が部隊の右端又は左端に臨場したのを指揮者が認知すると同時になる。

観閲者に対する部隊の敬礼は、観閲者が定位置について姿勢を整えたとき、指揮者は**「かしら―中」**の号令をかける。隊列及び隊員は一斉に敬礼を行う。

指揮者は部隊の敬礼終了後、半ば左向きをし右足を引きつけたのち左足から発進し、観閲者からおおむね5m隔てた位置に至り、観閲者に正対するように右向き停止の要領で停止し、姿勢を正して敬礼を行い、次いで人員その他必要事項を報告し、再び敬礼を行って、半ば右向きをし左足を引きつけたのち、左足から発進をして観閲者の左方おおむね1.5mを隔てた指揮位置に、右向き停止の要領で至り、部隊に面して**「整列―休め」**の号令をかける。

次いで観閲者を誘導又はこれに随行して部隊の右翼から順次観閲を開始する。

指揮者が観閲者に観閲の準備完了を報告し、部隊の観閲の開始を促すには、指揮位置で観閲者に向きを変えて敬礼をしてから行う。その後、観閲者の誘導や随行を行うことが適当である。

❶ 訓練礼式

　観閲を終了し、観閲者が退場するときは、部隊の定位置に戻った指揮者の号令によって、観閲者が臨場したときと同様に部隊の敬礼を行い、次いで観閲者が部隊の位置を離れたときに、指揮者は右手を下ろして姿勢を整え、**「直れ」**の号令をかける。

１徒歩での観閲

２車両での観閲

第2章 消防用設備

第1節 消防用設備

1. 火災事例

物品販売店舗の火災事例

〈出火日時〉3月18日（日）12時30分ごろ5階に設置してある自動火災報知設備の受信機のベルが鳴る。
4階の南側火災の表示がされた。
地区ベルも鳴動した。
事務室の事務員AとBが手分けして、防火管理者の呼び出し放送と4階売り場へ火災確認の電話及び1階警備員室に異常の確認をするよう要請の電話を入れている。
4階売り場の火災発生を確認した二人は、Bが119番通報をし、Aは館内の避難誘導の放送を行った後、二人で隣の店員食堂へ火災を知らせに行った。
4階売り場の従業員Cは、警報ベルを聞いた後、南側インテリア売り場付近のカーテンが燃えているのを目撃し、近くの消火器を持って駆けつけたが、火面が拡大していたため、恐ろしくなり消火を断念し階段で階下に避難をした。
ほかの従業員及び1階から駆けつけた警備員は、4階（出火階）の屋内消火栓で消火しようとしたが、濃煙と熱気のためホース延長のみで放水せずに階下に避難をした。

○5階の模様
食堂に居た従業員D（4階売り場担当）は、火災発生の知らせを受けた後、北側階段から4階に降り、客を誘導しながら避難した。
逃げ遅れた客2名は、食堂の窓から駐車場の屋根に飛び降り脱出したが、2名とも重症を負った。
なお、事務室の事務員のA、B及び従業員Eと客1名の計4名は、消防の救助隊に救出されている。
4階の濃煙と熱気は、防火扉の前に物品が放置されていたため、防火扉が閉まらずにそこから上昇して5階を挟撃した。

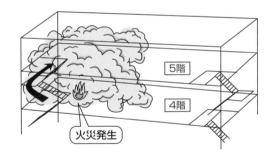

【断面図】

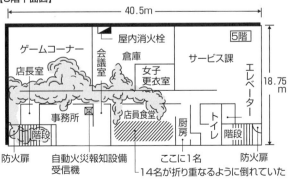

【5階平面図】

❷ 消防用設備

○4階の模様
　売り場内に居た客は、従業員の誘導により階段及びエスカレーターで全員階下に避難した。また、初期消火をしようとした従業員3名と警備員1名も階段で階下に避難している。
○3階以下の各階の模様
　従業員の誘導で階段とエスカレーターを使い来店した客全員が避難をした。

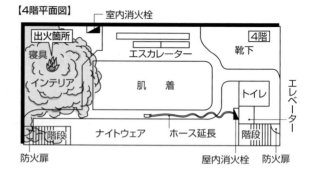

2. 屋内・屋外消火栓設備の構造

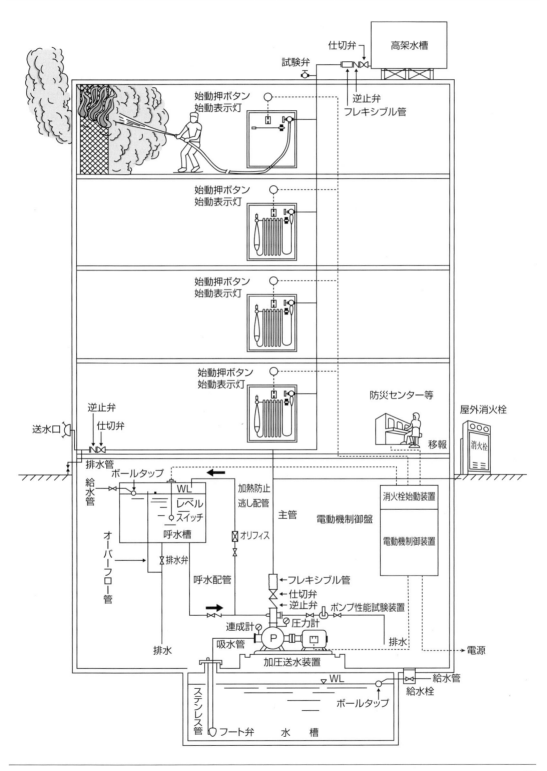

❷ 消防用設備

3. 消火栓ポンプの起動装置の種類

起動装置は、加圧送水装置（消火ポンプ等）を始動させるもので、手動式（遠隔操作を含む。）のものと自動式のものとに大別される。

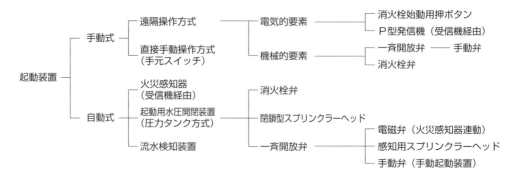

❶ 消火栓始動用押ボタン

右図は、露出型スイッチボックスの一例を示す。

定格容量48V、0.5Aのノンロック押ボタンとそれを保護するアクリル板（プロテクター）並びに、始動確認灯より構成される。

ポンプ始動時、消火栓箱上部の位置表示灯（常時点灯）を点滅させるものには、始動確認灯は設けられていない。

❷ P型発信機

自動火災報知設備の発信機で押ボタン、確認灯、電話ジャック等を内蔵し、埋込型や露出型があり、いずれも国家検定合格品が用いられている。

P型発信機→自火報受信機→消火栓始動装置→ポンプ制御盤の回路で構成されている。

P型発信機と連動してポンプを始動させる方式にあっては、P型発信機に「消火栓連動」等の表示がされている。

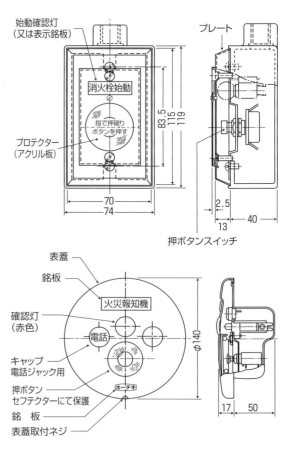

4. 屋内消火栓の種類

　屋内消火栓設備は、消火器で消火不可能な段階の消火を主目的とし、火災発生時には、加圧送水装置を起動させ、消防用ホースを延長し、開閉弁を開放して放水することにより消火作業を行うものである。
　屋内消火栓は、大きく1号消火栓と2号消火栓の2種類に区分されており、さらにポンプの起動方式の違いなどによって、1号消火栓と易操作性1号消火栓に、ポンプの吐出能力などによって、2号消火栓と広範囲型2号消火栓に区分されている。それぞれの特徴は、下の表のとおりである。

【屋内消火栓の種類と比較】

消火栓の区分　　構造機能等	1号消火栓		2号消火栓	
	1号消火栓	易操作性1号消火栓	2号消火栓	広範囲型2号消火栓
水源	2.6㎥×階の消火栓の最大設置個数（最大2）		1.2㎥×階の消火栓の最大設置個数（最大2）	1.6㎥×階の消火栓の最大設置個数（最大2）
ポンプ吐出能力	150ℓ/分×階の消火栓の最大設置個数（最大2）		70ℓ/分×消火栓の最大設置個数（最大2）	90ℓ/分×消火栓の最大設置個数（最大2）
起動方式	直接操作又は箱の内部・直近の箇所の操作部から遠隔操作	直接操作又は開閉弁の開放・ホースの延長操作等との連動		
消火栓配置（水平距離）	25m以下		15m以下	25m以下
放水圧力	0.17MPa〜0.7MPa		0.25MPa〜0.7MPa	0.17MPa〜0.7MPa
放水量	130ℓ/分以上		60ℓ/分以上	80ℓ/分以上
ノズルの機能	規定なし	容易に開閉できる装置付き		
非常電源	非常電源専用受電設備・自家発電設備・蓄電池設備・燃料電池設備			

1 1号消火栓

　1号消火栓は扁平な消防用ホース（15m×2本）がくし形のホース掛けに収納されているために、消火栓箱内のホースを全部取り出さないと放水ができない構造となっており、操作にあたっては通常2名以上を必要とする。
　また、起動ボタンを押すと表示灯（確認灯）の赤色ランプが点滅し、ポンプの始動を知らせてくれる。音声が併設されたタイプもある。起動ボタンを押した後、二人で協力してホースを延長し、バルブを開く。又はホースを延長後、バルブを開き、ポンプの起動ボタンを押してもよい。

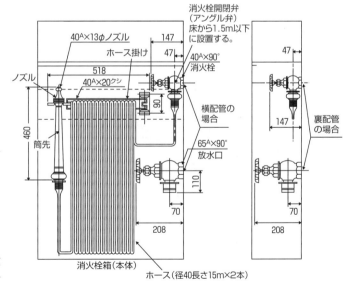

❷ 消防用設備

消火栓箱の位置でホースの引っ張りを防止するため、第1結合部付近のホースを腰に巻くようにして、足を一歩開いた姿勢をとる。
また、第1結合部付近では1～2mの余裕ホースをとる。これは、放水口に結合したホースが極端に折れ曲がるのを防止するためのものである。

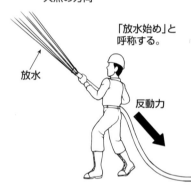

○ホースは呼び40又は50の径のものが2本、長さ30m、20m、15m、10mの4種類がある。通常は、径40、長さ15m×2本が多い。
○ホースは小わきに抱えて延長すると床との摩耗が生じない。
○小わきに抱えたときは延びる側を上にする。
○ホースは折れやねじれが生じないように延長する。

筒先の保持
放水するとロケットの噴射と同様に反動力が発生し、筒先が後方（ポンプの方向）に押される力で転倒することがあるので、腰を落としてしっかりと保持すること。

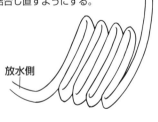
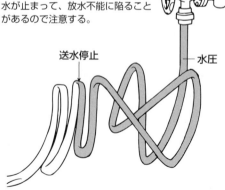

折り畳みホースを散乱する瓦礫の上で延長すると、釘やガラスの破片でホースに穴が開く原因にもなるので避ける必要がある。ホースは2本がつながっていて長いため、火点が近い場合はホースの結合部を離脱（切り放す）して、筒先を結合し直すようにする。

ホース延長が不適切で折り畳まれた状態のところに水圧がかかるとホースが暴れ回り、折れているところで水が止まって、放水不能に陥ることがあるので注意する。

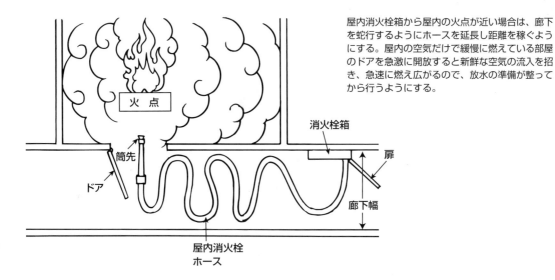

屋内消火栓箱から屋内の火点が近い場合は、廊下を蛇行するようにホースを延長し距離を稼ぐようにする。屋内の空気だけで緩慢に燃えている部屋のドアを急激に開放すると新鮮な空気の流入を招き、急速に燃え広がるので、放水の準備が整ってから行うようにする。

2 易操作性1号消火栓

　1号消火栓は操作に2～3人を要し、加圧送水装置の起動ボタンを押さないとポンプが起動しないが、易操作性1号消火栓はノズルで放水を可変できる消火栓である。
　ホースの接続口から有効に放水できる長さ（放水距離）は30m以下とし、放水射程距離7mとしている。

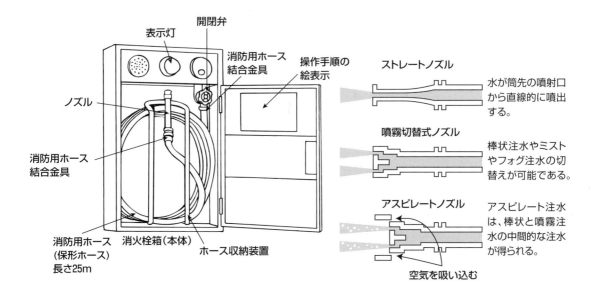

❷ 消防用設備

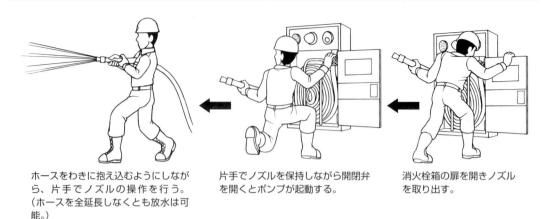

❸ 2号消火栓

2号消火栓は収納されているホースの断面が円形に保たれる呼称30の「保形ホース」が使用されており、ホースがリールに巻かれた状態でも、ホースが押しつぶされることなく、一人でも十分に操作ができる「一人操作」を可能にした消火栓である。

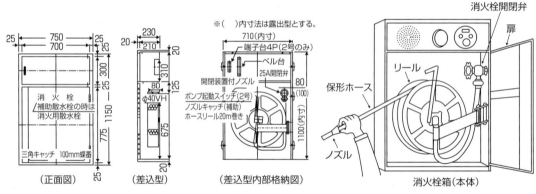

❹ 消火栓の停止要領

○ポンプの停止

加圧送水装置のポンプを動かすには、直接、ポンプ操作盤（制御盤）のスイッチを入れる方法と、各階の消火栓に設けられたP型発信機（自火報の発信機と兼用）を押して遠隔操作する方法とがある。

ただし、ポンプを停止するには、ポンプ操作盤のスイッチでなければ止めることはできない。

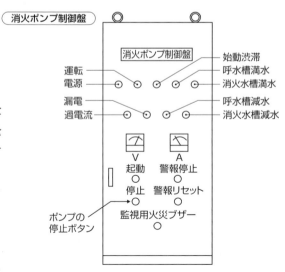

5 防火戸

　防火戸は、防火区画内で発生した火災の煙や熱気が階段や廊下を通じて、他の区画へ流入するのを防ぐ役目をするもので、防火区画の出入口に設けられている。
　この防火戸には、火災感知器と連動して自動的に扉を閉鎖する機構がついている。
　火災時にこの防火戸をむやみに開くと、煙や熱気が他の区画に入り込むと同時に、火災の発生している区画に新鮮な空気を送り込むことになることから、消火活動と避難をして来る者に出口を知らせる以外は開かないこと。開く場合も短時間にすること。

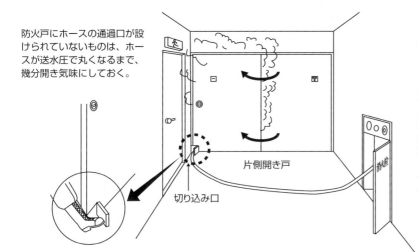

防火戸にホースの通過口が設けられていないものは、ホースが送水圧で丸くなるまで、幾分開き気味にしておく。

片側開き戸　切り込み口

ホースの延長は、極端に折れた状態やねじれのないように延長すること。また、防火シャッターや防火戸に挟まれて、送水が不能になるのを防ぐことが必要である。
防火戸によっては、扉の下部の角に切り込み口を設け、この部分にホースを通過させ、送水に支障のないようにしているものもある。
切り込み口には、ふたを設け丁番で開閉し、マグネットで固定されている。ふたは足先で軽くけると開くようになっている。

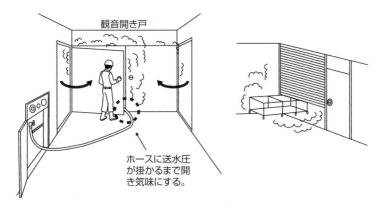

観音開き戸

ホースに送水圧が掛かるまで開き気味にする。

防火シャッターが降りる付近にショーケース等の障害物があると、シャッターが閉まり切らず、そのすき間から他の区画に煙と熱気が流出して、延焼拡大につながる場合がある。

6 防火シャッター

　防火区画のしゃへいにシャッターが使用されている場合がある。作動は防火戸と同じ機構である。このシャッターには、避難や消火活動ができるように「くぐり戸」が設けてある場合がある。避難誘導の際は、区画内では煙を避けるため、背を低くして避難して来る者に、大声を出しながら出口に導くこと。

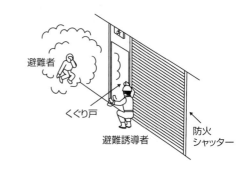

避難者　くぐり戸　避難誘導者　防火シャッター

第2節　屋内消火栓操法

1. 消火栓操法の基本的事項

　屋内消火栓設備は、劇場、百貨店、病院など防火対象物の初期から中期の火災に用いられるもので、消火栓箱に備えられているホース、筒先を用いて消火を行う設備である。平常時には、この設備の習熟を図るための訓練を実施して有事に備えることが大切である。

❶屋内消火栓の基本的な取扱い

　屋内消火栓（以下「消火栓」という。）の基本的な取扱いと操作技術の基準を定め、火災発生時に有効、適切な消火活動に寄与することを目的とする。

❷用語の意義

　この消火栓操法（以下「操法」という。）で使用する用語の意義は、次の各号による。
(1)　火点とは、出火想定場所をいい、通常、火点用標的等をもって示す。

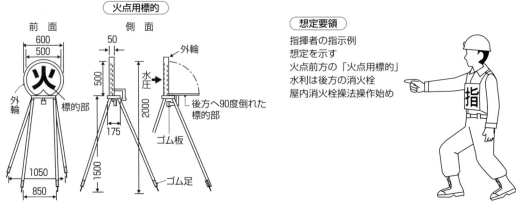

(2)　余裕ホースとは、消火栓箱の付近にとるホースの余裕をいう。
(3)　待機線とは、隊員があらかじめ機器の点検を行い、服装を整えて待機する線をいう。
(4)　集合線とは、操作開始前と終了後に隊員を集合させる線をいう。
(5)　注水姿勢とは、左足を一歩前に踏み出し、筒先の取っ手を右手で持ち、左手で筒先のノズル付近を握ってやや前傾した姿勢をいう。
(6)　なになにに至りとは、左（右）足を踏み出して停止した姿勢をいう。
(7)　なになにに至り停止とは、足を引きつけた基本の姿勢をいう。

(8)　前後左右とは、ホースを延長する方向を基準とする。
(9)　想定とは、指揮者が火災の状態を仮想したものをいう。
(10)　第1ホース及び第2ホースとは、放口に結合されたホースを第1ホース、第1ホースに結合されたホースを第2ホースという。
(11)　第1結合、第2結合及び第3結合とは、放口と第1ホースとの結合を第1結合、第1ホースと第2ホースの結合を第2結合、第2ホースと筒先の結合を第3結合という。
(12)　その他、特に定めのない用語については、消防操法の基準を準用する。

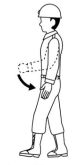

なになにに至りとはかけ足止まれの状態で足を踏み出した態勢で両手を下げた姿勢をいう。

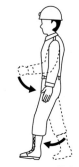

なになにに至り停止とはかけ足止まれの要領で停止し、足を引きつけた姿勢をいう。

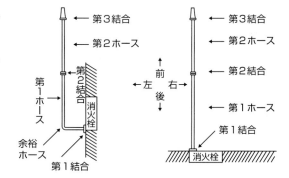

3 操作実施上の留意事項

(1)　操作の原則
　ア　操法は安全を確保しながら迅速、確実に行うこと。
　イ　動作は原則としてかけ足とし、操作及び動作の区切りは節度をつけて行うこと。
　ウ　操作開始前及び終了後は、任務分担に基づく機器の点検を行うこと。
(2)　指揮者の留意事項
　ア　指揮者は明瞭に号令を唱えるとともに、簡明適切な指示で隊員に意図の徹底を図ること。
　イ　指揮者は定められた操作以外は、各隊員の操作を行わないこと。
　ウ　指揮者の指揮位置は、あらかじめ定められた位置とする。
(3)　隊員の留意事項
　ア　協同して動作を行う場合は、連絡、確認を密にして動作の斉一を期すること。
　イ　他の隊員の任務分担に属する操作を行ってはならない。ただし、余裕ホース、延長ホースの修正を行うことは差し支えない。
　ウ　延長ホース及び余裕ホースの修正は、送水開始前までに行うものとする。
　エ　立った姿勢で操作を行うときは、足を半歩開きか踏み出した姿勢とする。
　オ　低い姿勢で操作を行うときは、折りひざ又は中腰の姿勢とする。
　カ　各隊員がホースをまたがねばならないときは、第1ホースの中央付近とする。

❷ 消防用設備

4 ホースの結合及び離脱要領

片足でおす金具を固定し、両手でめす金具を持って結合する。

めす金具を持って結合した後、引っ張って確実に結合しているかを確認する。

離脱環を引き結合部を切り離す。

5 操法の人員

操作は、指揮者以下4名とする。

6 使用ホース

この操法において使用するホースの本数は2本とする。

7 意図の伝達及び要領

(1) 指揮者及び隊員の意図の伝達は、音声によるほか状況により信号を併用する。
(2) 手又は旗の信号を用いるときは、次の要領による。
- ●「放水始め」右手又は旗を真上に上げる。
- ●「放水やめ」右手又は旗を横水平にする。

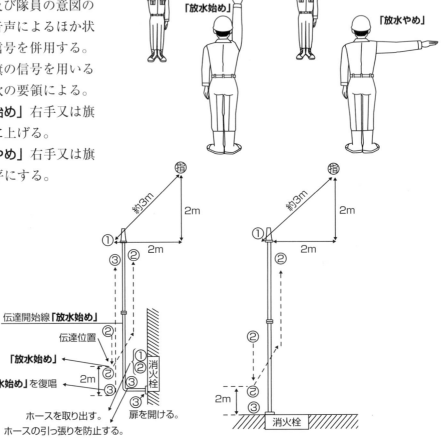

8 集合、点呼等の号令及び要領

(1) 集合

指揮者は、「**集まれ**」と号令し、隊員は待機線からかけ足の要領で集合線に一列横隊に進み出て整頓する。

(2) 整頓

1番員を基準にして、右にならえをして整頓して基本の姿勢に戻る。

(3) 点呼及び任務分担

指揮者は、「**番号**」と号令し各隊員の点呼を行う。

隊員は、「**番号**」の号令により、右翼に位置する者から順次番号を呼称する。

これをもって任務分担を確認したものとする。

(4) 解散

指揮者は「**別れ**」と号令し、隊員は一斉に挙手注目の敬礼を行い、指揮者の答礼で解散する。

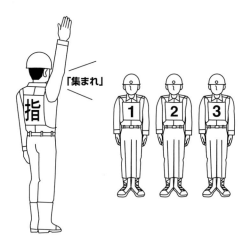

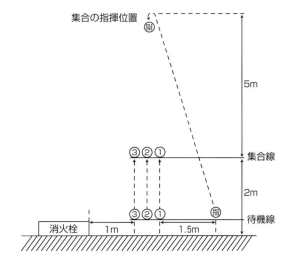

集合要領

集合要領は、消火栓の位置によって異なり、次の三つの場合がある。

【消火栓が後方の場合】

操作開始の合図で、指揮者は待機線で自発的に基本の姿勢をとり、指揮位置の方向に半ば左向きをして駆け足で指揮位置に至り、左に回り込む要領で操作員に正対する。
右手を挙げ手のひらを操作員に向け「**集まれ**」と号令する。
「**集まれ**」の号令で待機線の操作員は、整列休めの姿勢からいったん、基本の姿勢をとってから、かけ足の要領で左足から踏み出して、集合線まで前進して基本の姿勢になってから、自発的に整頓する。

❷ 消防用設備

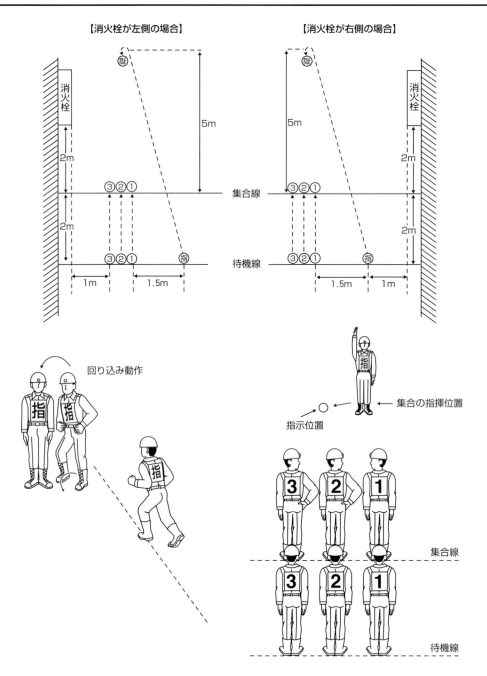

9 ホースの取扱要領

(1) ホースの延長

折り畳みホースと筒先の結合部を下にして右わきに抱え、消火栓に近い者から順次ホースを延長する。

(2) ホースの離脱

おす金具近くを左足でおさえ、両手で離脱環を引いて結合部を離す。

第2節　屋内消火栓操法

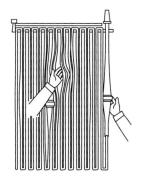

左手をホース掛けのホースの中ほどに差し込み、右手は第3結合部付近のホースをつかむようにして、両手で挟むようにしてホース掛けから抜き取る。
このホースを幾分、持ち上げるようにしながら、右手の筒先側が下になるようにして右わきに抱え込む。

ホースを抱えた状態で、かけ足をすると上から順にグランド面へ延びるようになる。

消火栓箱の位置でホースの引っ張りを防止するため、第1結合部付近のホースを腰に巻くようにして、足を一歩開いた姿勢をとる。
また、第1結合部付近では1〜2mの余裕ホースをとる。これは、放水口に結合したホースが極端に折れ曲がるのを防止するためのものである。

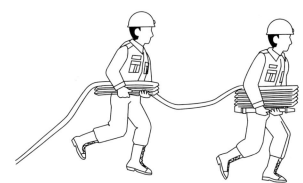

二人でホース延長する場合は、ホースを適宜分担し、後方の者から順にグランド面に延ばし、延びきったところで前の者が、同様にグランド面へ延ばしていく。

(3)　筒先の離脱

右足でホースをまたぐと同時に左足先で結合部近くを踏み、右わき下に筒先を抱えて離脱する。

(4)　ホースの収納

おす金具から、うず巻き状に巻き取る。
ただし、訓練の都合により折り畳みでもよい。

(5)　ホースの搬送

ホースのめす金具を左手でおさえ、めす金具が上側前向きとなるようにかつぐか、又は右わきに抱える。

(6)　注水操作の補助

1番員のホース反対側2歩後方の位置で、右足を1歩踏み出しホースを両手で持って、やや前傾した姿勢をとる。

❷ 消防用設備

2. 屋内消火栓基本操法

＜4人操法＞

○指揮者は、「**目標○○、○○号消火栓・操作始め**」と号令し、操作員の操作状況を監視しながら想定火点に先行して、1番員のホース延長終了直前に右手で停止を指示「**止まれ**」と号令し、指揮に便利な位置で操作状況を監視する。

「**目標○○、○○号消火栓・操作始め**」と号令する。

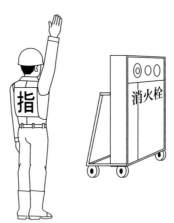

指揮者は「**集まれ**」と号令する。

指揮に便利な位置で各操作員の操作状況を監視する。

操作員の操作状況及び放水の状況を監視する。

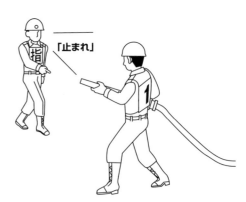

1番員に「**止まれ**」と号令する。

○1番員は、指揮者の号令で「よし」と呼称し、○○号消火栓の前に至り、屋内消火栓箱の扉が開くのを待って、筒先と第2ホースを取り出し右わきに抱え、3番員の「よし」の呼称で想定火点に前進し、2番員の「よし」の呼称で「放水始め」と呼称して、指揮者の「止まれ」の号令で、左足を踏み出して注水姿勢をとる。

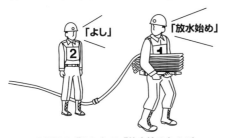

2番員の「よし」で「放水始め」と呼称し火点に前進する。

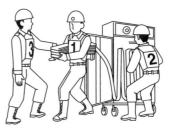

1番員は、筒先と第2ホースを取り出してホースを延長する姿勢をとる。

○2番員は、指揮者の号令で「よし」と呼称し、1番員のホース取り出しを見届けてから、第1ホースを取り出して、前後にホースの余裕を取った後に右わきに抱え、3番員の「よし」の呼称で1番員の後に続き、第1ホースを延長終了した時点で「よし」と呼称し、1番員の「放水始め」を復唱して、旋回して両手を腰にとりかけ足で伝達開始線に至り、右手を挙げて「放水始め」と呼称しながら、3番員の前方2mの位置に停止して、3番員の放水操作を確認してからまわれ右をして足を引きつけることなく、ホースを点検しながら前進し1番員に相対する側の2歩後方の位置でホースを持って、右足を踏み出して「確保」と呼称し注水操作を補助する。

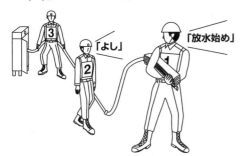

2番員は第1ホースが延長した時点で「よし」と呼称し、1番員の「放水始め」を復唱する。

「放水始め」と復唱した後、旋回して両手を腰にとり、かけ足で伝達開始線に至る。

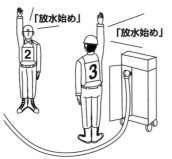

伝達開始線から右手を垂直に挙げながら「放水始め」と呼称する。

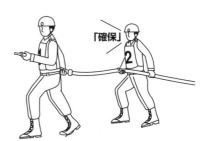

1番員に相対する側の2歩後方の位置で、「確保」と呼称し注水操作を補助する。

❷ 消防用設備

○3番員は、指揮者の号令で「よし」と呼称し、起動ボタンを押し、屋内消火栓箱の扉を開いて、1番員と2番員がホースを取り出すのを待って、ホースの内側に入り余裕ホースを腰にとって、1番員と2番員が状況を見て「よし」と呼称し、ホースの引っ張りを防止しながら開閉弁を操作して、水が出るかを一時確認し、伝令の2番員の「放水始め」の呼称に、右手を垂直に挙げて「放水始め」と復唱した後、開閉弁を全開してホースを点検しながら前進し、2番員に相対する側2歩後方の位置でホースを持って、左足を踏み出して「確保」と呼称し注水操作を補助する。

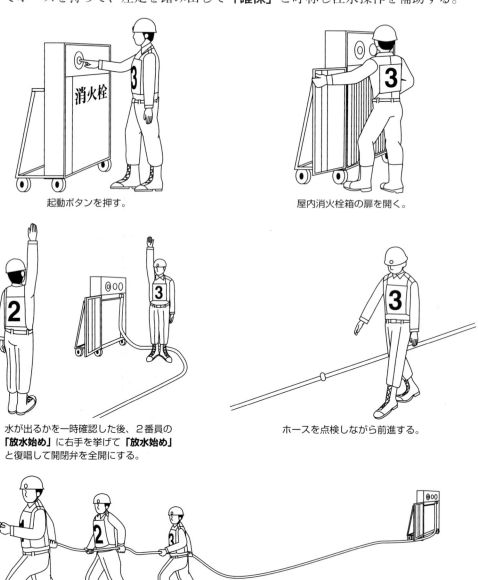

起動ボタンを押す。

屋内消火栓箱の扉を開く。

水が出るかを一時確認した後、2番員の**「放水始め」**に右手を挙げて**「放水始め」**と復唱して開閉弁を全開にする。

ホースを点検しながら前進する。

2番員に相対する側2歩後方の位置でホースを持って、左足を踏み出して**「確保」**と呼称し注水操作を補助する。

第3章 応急手当（救急法）

突然のけがや病気には、医師を呼ぶか傷病者を病院に運ぶことが最も良策である。しかし、放置すると危険な場合があるので、応急手当はだれでも心得ておくことが必要である。
応急手当のチャート式は次のとおりである。

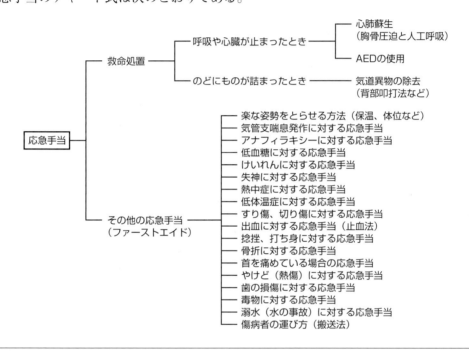

応急手当に関する内容は、『JRC蘇生ガイドライン2020』を踏まえています。
今回の改訂の主な変更点は以下のとおりです。
① 傷病者発見時の対応手順において、反応がない場合のほか、反応があるかないかの判断に迷う場合又はわからない場合も、心停止の可能性があるものとして行動する。
② 119番通報時において、電話のスピーカー機能などを活用すれば、通信指令員の口頭指導を受けながら胸骨圧迫を行うことができる。
③ 呼吸の確認と心停止の判断において、「普段どおりの呼吸か」どうか判断に迷う場合又はわからない場合も、心停止と判断して胸骨圧迫を開始する。
④ AEDの電極パッド等について、従来の「小児用パッド・モード」が「未就学児用パッド・モード」へ、「成人用パッド」が「小学生〜大人用パッド」へ名称を変更した。
⑤ 令和3年7月に認可された「オートショックAED」（ショックボタンを有さない自動体外式除細動器）について追加した。
⑥ 気道異物除去において、反応があるが、咳をさせても異物が排出できない場合は、まずは背部叩打法を試みて、効果がなければ腹部突き上げ法を試みる。
⑦ 新型コロナウイルス感染症流行期の一次救命処置について、これまで「救急蘇生法の指針2015（市民用）」の追補として示されていたが、追加した。
なお、「JRC蘇生ガイドライン2020」でも、ガイドライン2015に引き続き「ファーストエイド」の章が設けられているため、本書でも引き続き「その他の応急手当（ファーストエイド）」とした。

❸ 応急手当（救急法）

1. 救命処置

　呼吸や心臓が停止して危険な状態に陥っている人の命を救うためには、早期に心肺蘇生やAED（自動体外式除細動器）を使用して、適切な手当を施すことにより蘇生することもあることから、応急手当の正しい知識と技術を身につけて実践することが大切である。

1 心肺蘇生法

1　心肺蘇生の流れ
　(1)　安全を確認する

周囲の安全を確認

　　　事故の現場に到着した救急隊員であれば、けが人のけがの程度を推定し、現場で行うべき救急処置や搬送する病院を短時間で判断するが、実際には、けがをした人が体のどこにどれ程の負傷をしたのかを正確に知ることは容易ではない。

　　　ましてや一般消防隊員であればなおさらであるが、まずは与えられた任務を全うするためには、車が走る道路などに人が倒れているような場合、傷病者に近寄る際には、周囲の安全を確認しながら状況に合わせ、自らの安全も確保しつつ近づくようにすることが大切である。

　(2)　反応を確認する

　　　人が倒れていたら、傷病者の生命が危険な状態にあるかどうか素早く見抜くことである。そのために次の4点を調べる。
　　　①意識があるか　②呼吸をしているか　③大出血していないか　④ショックを起こしていないか

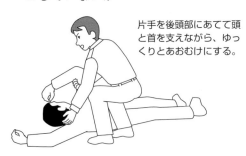
片手を後頭部にあてて頭と首を支えながら、ゆっくりとあおむけにする。

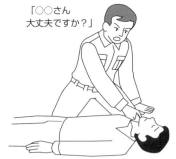
「○○さん　大丈夫ですか？」

【反応の確認】
意識の有無は、次の要領でチェックする。
倒れている人の肩をやさしくたたきながら、大声で「もしもしどうしたのですか？」「○○さん」と呼びかける。
このとき、身体を揺するのは厳禁である。内出血をしていると症状を悪化させてしまう。
救急車の出動を他の隊員に要請し、「すぐに救急車が来ますからね。安心してください。」などと声をかけてショックを与えないようにする。

　(3)　救急車の出動要請とAEDの手配

66

反応がないと判断した場合、反応があるかどうか迷った場合又はわからなかった場合には、「だれか来てください！　人が倒れています！」と大声で応援を呼び、「あなたは119番通報してください」「あなたはAEDを持ってきてください」など、人を指定して具体的に依頼する。

(4) 普段どおりの呼吸があるかの確認
- 傷病者の胸と腹の上がり下がりを見て、普段どおりの呼吸をしているかを10秒以内で判断する。
- 心停止が起きた直後には、呼吸に伴う胸と腹の動きが普段どおりでない場合や、しゃくり上げるような途切れ途切れの呼吸がみられることがある。この呼吸は「死戦期呼吸」といわれ、普段どおりの呼吸ではない。

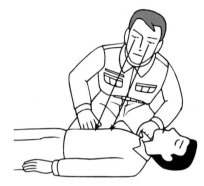

(5) 胸骨圧迫
　普段どおりの呼吸がない場合には、心停止とみなして直ちに胸骨圧迫を開始する。

【心臓の位置】

胸骨は、胸の左右の真ん中に位置している。

【胸骨圧迫部位】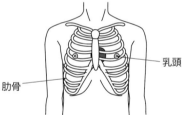

胸骨の下半分（胸の真ん中）に、片方の手のひらの付け根を置く。

【重ねた両手の位置】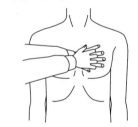

両手の指を互いに組み、胸骨の下半分に置いて「強く、速く」リズミカルに圧迫する。

【圧迫方法】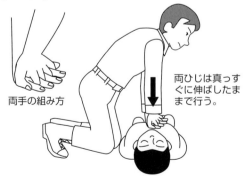

胸骨圧迫を行うと、脳へ普段の血液量の30％前後の血液を供給することができる。脳へ血液を送り込むためにも必要である。

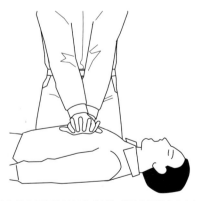

斜めからの圧迫やひじを曲げながらの圧迫をしないように注意する。

❸ 応急手当（救急法）

【圧迫の強弱】

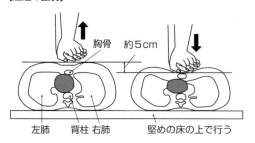

救助者の肩が傷病者の胸の真上になるような姿勢で、体重をかけながら傷病者の胸が約5cm沈み込むように押す。

【手のひらの付け根部分】

手のひらの付け根の部分で圧迫する。

【圧迫のテンポ】

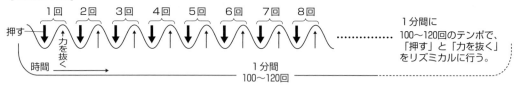

【小児の場合】
1歳〜中学生ぐらいの小児の場合は、成人と同じ圧迫部位を両手又は体格に応じて片手で押す。圧迫の程度は、胸の厚さの約1/3が沈み込む程度がよく、速さも1分間に100〜120回を目安とする。

【乳児、新生児の場合】
左右の乳首を結んだ線の少し足側を目安とした胸骨の下半分を指2本で圧迫する。
胸の厚さの約1/3が沈み込む程度の力で押し、速さは1分間に100〜120回を目安とする。

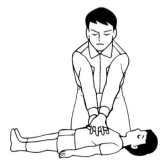

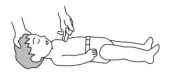

　圧迫と圧迫の間（圧迫を緩めている間）は、胸が元の高さに戻るように十分に圧迫を解除することが大切である。このとき、圧迫位置がずれることがあるため、自分の手が傷病者の胸から離れて宙に浮かないように注意する。

(6)　人工呼吸（口対口人工呼吸）

　30回の胸骨圧迫後、気道を確保して、口対口人工呼吸により息を約1秒かけて吹き込む（省略可）。2回の吹き込みで、いずれも胸が上がればいいが、うまく胸が上がらない場合でも、吹き込みは2回までとし、胸骨圧迫に進む。

【気道確保（頭部後屈あご先挙上法）】
傷病者ののどの奥を広げて空気を肺に通しやすくする。

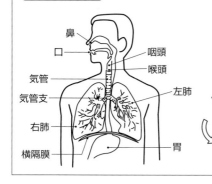
呼吸器の概要図

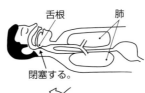

気道確保―呼吸をしやすくする。舌根が落ちると気道がふさがれ呼吸ができなくなる。

額にあてた手で下に押すようにし、あごにあてた2指で、あごを持ち上げるようにしながら、頭を後ろに反らせる。

額にあてた手の親指と人差し指で傷病者の鼻をつまみ、鼻から息がもれないようにしておく。

口の回りから息がもれないように、救助者の口で傷病者の口を完全に覆って、息を吹き込む。

1回目の吹き込みが終わったら、鼻をつまんでいた指を離す。人工呼吸が良好であれば、自然と息が吐き出され、膨らんでいた胸が沈む。

　人工呼吸に当たっては、感染防止用シート、人工呼吸用マスクなど簡易型の感染防護具を着用するとよい。

　傷病者が出血している場合や、感染防護具を用意していないなど、口対口人工呼吸を躊躇（ちゅうちょ）するときは、人工呼吸を省略して直ちに胸骨圧迫を開始する。

感染防護具

一方向弁付き感染防止用シート　　一方向弁付き人工呼吸用マスク

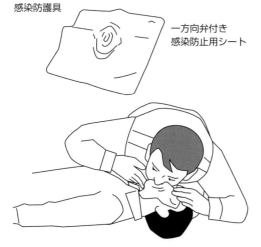
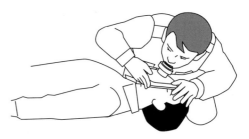

感染防止用シート　　　　　　　　　人工呼吸用マスク

69

❸ 応急手当（救急法）

・乳児に対する人工呼吸

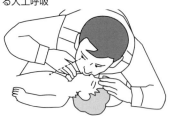

呼吸していなければ、成人・小児と同様に1回約1秒かけて、胸が膨れ上がるのが見られるまで、2回息を吹き込む。
乳児に対しては、「口対口鼻人工呼吸」を行う。乳児の口と鼻を同時に救助者の口で覆う。もし、同時に口と鼻を覆えないときは、通常の口対口人工呼吸で行う。

2　心肺蘇生の仕方（胸骨圧迫と人工呼吸を組み合わせながら継続実施）

　心肺蘇生は、胸骨圧迫を30回連続して行った後に、人工呼吸を2回行う。この30対2のサイクルを救急隊員と交代するまでの間、テンポよくリズミカルに行う。

胸骨圧迫は間断なく行い、胸から手を離さずに圧迫して力を抜く、圧迫して力を抜くを繰り返す。

1回目　2回目
約1秒かけて吹き込む　続けてもう1回吹き込む

　心肺蘇生は疲れるので、救助者が2人以上いる場合は、1〜2分間程度を目安に交代して、間断なく続けることが大切である。

【一人法】
胸骨圧迫は非常に体力を必要とするため、時間が経過すると圧迫が弱くなったり遅くなりやすいので、注意が必要である。

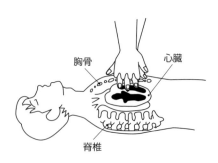

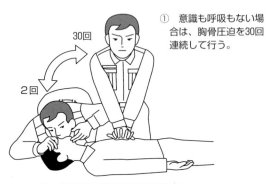

① 意識も呼吸もない場合は、胸骨圧迫を30回連続して行う。

② 傷病者の鼻をつまみながら口対口で息を吹き込む人工呼吸を2回実施する。

【複数法】
傷病者の両側に救助者2人が向かい合ってひざまずき、まず1人が胸骨圧迫を連続して30回実施する。次にもう1人が1回約1秒間かけて人工呼吸を2回続けて行う。

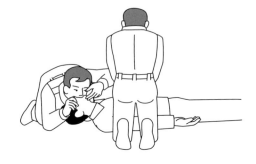

2 AED（自動体外式除細動器）の使用

突然倒れて心臓の規則正しいリズムが停止している人は、心室細動を起こしている可能性がある。これを放置しておくとやがて心臓は完全に停止して死に至るので、この心室細動を起こしている間にAEDを使用し、心臓に電気ショック（除細動）を行う必要がある。電気ショックは、心室細動の唯一の治療法である。

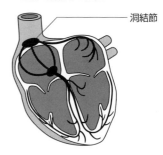

心臓の洞結節の位置 ― 洞結節

心臓の仕組み
心臓は、内部で発生する電気の刺激によって収縮と弛緩を規則正しく繰り返し、全身に血液を送り出している。そのリズムは1分間に60〜80回、1日に約10万回にも上る。
刺激する電気は右心房の上部にある「洞結節」という部分で発生し、決まった経路を伝わって心臓を拍動させている。
この電気の発生や伝わり方に異常が起こると心臓の拍動するリズムに乱れが生じ、脈が極端に速くなったり、遅くなったり、不規則な状態になることが「不整脈」である。
不整脈には、心室の筋肉が不規則にけいれんする「心室細動」などがある。

・心室細動
心室のいたるところで電気信号が発生し、心室が無秩序に細かくけいれんして、収縮できないため、血液を全身に送り出せなくなり心停止と同じ状態になる。これが心室細動である。

・AED
心室細動を起こしている心臓に、電気ショックを与えて規則正しい鼓動を取り戻すための器械がAEDである。

心室細動のイメージ

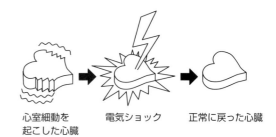

心室細動を起こした心臓　電気ショック　正常に戻った心臓

除細動の仕組み
心臓に大きな障碍が発生すると規則正しいリズムが消え、心筋のあちらこちらから刺激が発生して無秩序に心筋が収縮と弛緩をする。
このように心臓がピクピクとけいれんした状態の心室細動では心拍出量が得られない。除細動は、このような心臓に瞬間的に高電流を流すことにより、心筋の興奮を抑え、本来の最も優位である洞結節からの自己刺激による収縮と弛緩を再開させるものである。

1　AED取扱い講習等の受講

救命講習やAEDの取扱いに関する講習等を受講していない一般市民でもAEDを使用して、電気ショックを行うことは許されている。しかし、消防職員は、救助業務に従事する機会が多いことから、その技量を十分に発揮できるように技術の修得に努めておく必要がある。

2　電気ショックの要否の判断

意識を失って倒れている人の心臓はすべて止まっているわけではない。脳卒中（脳

❸ 応急手当（救急法）

出血や脳梗塞）、てんかん発作、低血糖発作、脳貧血などで倒れている場合は、心臓は動いているので、呼吸が止まってしまうことはほとんどない。このような場面で、AEDのパッド（電極）を倒れている人の胸に貼った場合でも、優れた器械、AEDが電気ショックの必要性を的確に判断してくれる。自信を持って実践することが望まれる。

3　器械の操作

　心室細動には、AEDを使用して電気ショックを行うことが大切であり、早ければ早いほど救命率が高まる。

　AEDの機種によっては、使用方法が多少異なるが、音声の誘導によって操作要領が説明される。この説明の内容は簡明であり、一つの手順が終わるまで、何度も説明が繰り返される。

　操作の手順は三つだけで、初めての場合でも操作は大変簡単である。

①　電源を入れる（AEDのふたを開けると自動的にONになる機種もある。）。
②　電極パッドを図の表示に従って傷病者の胸壁に貼る（ここで自動的に解析が始まる。）。
③　音声の指示でショックボタンを押す（このとき、だれも傷病者に触れていないことを確認する。）。

4　AEDの要請

　救助者は、AEDが到着し蘇生の準備が整うまでの間、心肺蘇生を継続する。

5　AEDの使用開始

①　到着したAEDを傷病者の頭部の近くに置き、ケースを開けてAEDの本体を取り出して「電源」を入れる（スイッチボタンを押す。）。

　　電源を入れた後は、音声メッセージ等に従って操作を開始する。

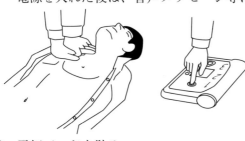

AEDは、成人はもとより、小児・乳児に対しても使用できる。

②　電極パッドを貼る

　傷病者の衣服を開き胸をはだける。倒れている人が女性の場合、できるかぎり人目にさらさないよう配慮すること。

　電極パッドの袋を開封して、電極パッドをシールからはがし、粘着面を傷病者の胸部にしっかりと貼り付ける。

　電極パッドを貼り付ける胸の位置は、電極パッドにイラストで表示されているので、それに従って貼り付ける。AEDの機種によっては、電極パッドのケーブルを本体のコンセント（点滅している）に差し込むものもある。

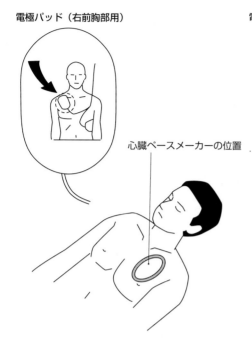

- 小学生～大人用と未就学児用の2種類の電極パッドが入っている場合や、小学生～大人用モードと未就学児用モードの切り替えがある機種は、小学生以上には小学生～大人用の電極パッド（小学生～大人用モード）を使用し、未就学児には未就学児用の電極パッド（未就学児用モード）を使用する。成人には、未就学児用電極パッド（未就学児用モード）は使用しないこと。
- 皮膚の下に心臓ペースメーカーなどが植込まれている場合は、そこを避けて電極パッドを貼る。
- パッドを貼る位置に貼り薬などが貼られているときは、それをはがして、残っている薬剤を拭き取ること。
- 電極パッドは、胸の右上（鎖骨の下で胸骨の右）及び左下側（脇の5～8cm下、乳頭の斜め下）の位置に貼り付ける。この電極パッドを貼り付ける際にも、胸骨圧迫を継続すること。

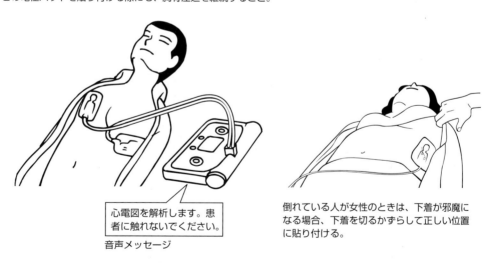

- パッドのケーブルを差込口に接続する機種の場合は、器械が心電図を読み取り解析する。時間は30秒から45秒程度で解析を終了する。

- 心電図の読み取り及び解析中は、倒れている人に触れると解析が正確に行われなくなるので傷病者には触れないこと。

③ 電気ショック

AEDが電気ショックの必要性を判断すると、そのことが音声メッセージで流れる。電気ショックが必要な場合は「ショックが必要です」「充電します」「患者から離れてください」「ショックボタンを押してください」などと流れる。

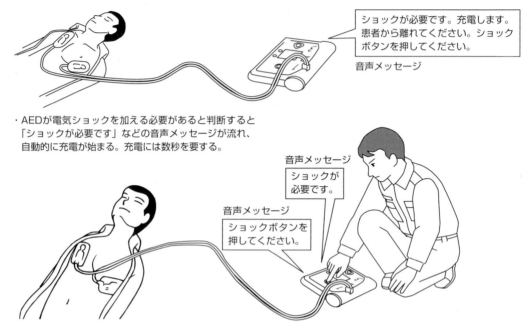

- AEDが電気ショックを加える必要があると判断すると「ショックが必要です」などの音声メッセージが流れ、自動的に充電が始まる。充電には数秒を要する。

- 充電が完了すると「ショックボタンを押してください」などの音声メッセージが出て、ショックボタンが点灯し、充電完了の連続音が出る。

- 充電が完了したら「ショックを行います。皆さん離れてください」と注意を促し、だれも傷病者に触れていないことを確認してから、ショックボタンを押す。

- 電気ショックを与えるとき、傷病者に触れていると救助者にも電流が流れる。これで死亡するようなことはまずない。軽い熱傷を負うことがあるので注意を要する。

- 通電した瞬間、電気ショックを受けた傷病者の身体がビクッと動くが、これは電気が流れることにより筋肉が収縮するために起こることなので心配する必要はない。

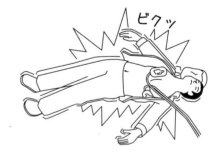

> ※オートショックAED
> 電気ショックが必要な場合に、ショックボタンを押さなくても自動的に電気が流れる機種（オートショックAED）が2021年7月に認可された。自動的に電気ショックが行われることから、傷病者から離れるのが遅れると感電するおそれがあり、音声メッセージ等に従って傷病者から離れる必要がある。

- 通電した後や、心電図の解析の結果電気ショックが不要と判断されたときは、直ちに胸骨圧迫から心肺蘇生を再開する。

- 心電図解析の結果、電気ショック不要と判断されたときAED本体には充電されない。誤って通電ボタンを押しても電気は流れることはない。

- 傷病者が目を開けたり、普段どおりの呼吸が出現した場合、気道確保し、救急隊の到着を待つ。この場合でも、AEDの電極パッドは、はがさずに電源も入れたままにしておく。吐物などによる窒息の可能性がある場合や、やむを得ずその場を離れる場合は回復体位にする。

❸ 気道異物の除去

　食物などが口の中やのどなどに詰まった状態（気道異物）になると、気道閉塞が起きて呼吸ができなくなるので、直ちに異物を除去して呼吸を確保しなければならない。
　異物を除去する方法は、背部叩打法(はいぶこうだほう)と腹部突き上げ法の二つが効果的である。異物の除去に手間取り、途中で反応がなくなった場合は、すぐに心肺蘇生を併用しながら救命活動を実施する。

1　傷病者に反応がある場合

　突然、悶絶しだした場合は、直ちに異物によるものかどうかを確かめ、窒息によるものと判明した場合は、異物の除去を開始する。傷病者が咳をするようであれば、咳によって異物の吐き出しもあることから、咳をできるだけ続けさせる。

窒息のサイン

（1）背部叩打法

① 片手を胸にあてて身体を支え、もう一方の手のひらで、背中の肩甲骨の間を強く、何度も続けて叩き吐き出させる方法である。

② 側臥位の体勢にしておいて、背中の肩甲骨の間を叩く。

③ 座位の体勢にしておいて、背中の肩甲骨の間を叩く。

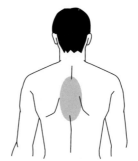

④ 背中を叩く位置

（2）腹部突き上げ法

傷病者の後ろにまわり、ウエスト付近に手を回して、一方の手で握り拳をつくってへそより少し上に当てる。その拳をもう一方の手で握り、素早く手前上方に向かって圧迫するように突き上げる。
おなかの大きい妊婦や乳児に対しては、腹部突き上げ法は行わないこと。背部叩打法のみで対応すること。

のどに異物を詰まらせ意識がない場合は、直ちに心肺蘇生を開始する。心肺蘇生を行っている途中で異物が見えた場合は、これを取り除くが、異物を探すために胸骨圧迫を中断しないこと。
2　傷病者の反応がなくなった場合
最初は意識があったが、途中からぐったりして反応がなくなった場合は、直ちに心肺蘇生を開始する。
口の中に異物が見えないようであれば、異物を探すことに時間を費やすようなことはせずに、胸骨圧迫30回と人工呼吸2回の心肺蘇生を繰り返す。

2. その他の応急手当（ファーストエイド）

1 傷病者の管理方法

1　衣服の緩め方
傷病者が意識がある場合は、傷病者の希望を聞きながら衣服のベルトなどを緩め、さらに「ゆっくり息をして」といったような言葉を掛けながら、できるだけ安静にして楽な姿勢をとらせる。
緩めることに対し拒否するようであれば、決して無理強いはしないこと。
意識がなく救命処置が必要な場合は、そちらを優先すること。

衣服を緩める

2　保　温
傷病者に顔面蒼白やショック症状、体温の低下さらには悪寒といったものが見られる場合は、体温が逃げないように乾いた毛布や衣服などで保温する。服が濡れているときは、脱がせてから保温する。地面や硬いコンクリートの床などに寝かせるときは、断熱効果のあるアルミマットなどを敷いた上に寝かせ、体温が奪われるのを防ぎながら毛布などで包み込む。熱中症以外は、季節に関係なく保温を実施する。

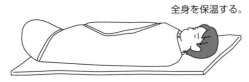

断熱効果のあるマットに寝かせる。

3 体位の管理法

傷病者に最も楽な姿勢（体位）をとらせ安静を保ってやることは、呼吸や血液の循環を良くし、苦痛を和らげて、症状の悪化を防ぐ意味合いからも有効である。

必要に迫られて体位を変える場合は、痛みや不安感を与えないようにし、体位の強制は避けること。

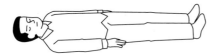

（仰臥位（仰向け））

背中を下にした水平な体位で、一般的には、腹部をけがした場合や腹痛を訴えている傷病者に適しており、全身の筋肉などに無理な緊張を与えない自然な姿勢である。ショック状態の傷病者にも適しているとともに、心肺蘇生を行うのにも適している体位である。

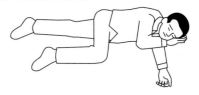

（側臥位（回復体位））

反応がなく、普段どおりの呼吸はある場合に、気道確保と吐いた物による窒息を防止し、また吐いた物をすぐに取り除ける姿勢である。
下あごを前に出して気道を確保し、下側の腕を前に伸ばし、上側の腕を曲げ、その手の甲に傷病者の顔を乗せるようにする。さらに上側の膝を約90度曲げ、後ろに倒れないようにする。
この体位は、窒息防止に有効で、反応のない傷病者に適している。

（腹臥位）

嘔吐しているときや、背中にけがを負っている傷病者に適している姿勢である。
腹ばいで、顔を横に向けた体位である。

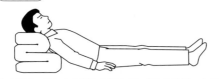

（半座位）

胸や呼吸の苦しみを訴える傷病者に適した姿勢である。
上半身を浅く寝かせた体位である。
頭にけがをしている場合や脳血管障害の場合に適している。

（座位）

狭心症等で胸の痛みや苦しみを訴えている傷病者に適した姿勢である。
座った状態の体位である。

2 搬送法

傷病者は動かさないことが原則であるが、危険回避あるいは十分な手当ができない場合には、正しい搬送法で傷病者を移動させ、また応急手当を終えた傷病者を搬送するときには、傷病者にできるだけ苦痛を与えないようにしながら、安全かつ迅速に搬送することが大切である。

1　担架搬送法

原則として足側を前にして搬送する。搬送中は、動揺や振動をできるだけ与えないようにする。

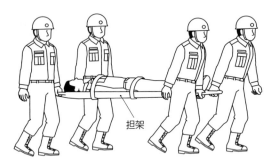

担架に乗せた傷病者の体重が100kgある場合は、4名で搬送する隊員の片腕に約25kgの重さが掛かるので、長距離を移動する場合は、絶えず、前後左右が入れ替わりながら搬送することが望ましい。

担架

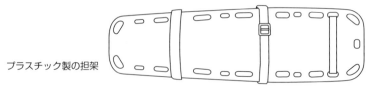

プラスチック製の担架

2　徒手搬送法

担架を用いないで、人力だけで傷病者を搬送する方法である。傷病者にも負担を掛けることがあるので、多数の傷病者に対応する際に人手が足りないといった、やむを得ない場合に限り実施するにとどめる必要がある。

① 1名で搬送する方法

・救助員は傷病者の背後から傷病者の片腕を両手でつかみ、臀部をつり上げ引きずるようにしながら、後方に搬送する方法である。

・傷病者を救助員が背負って搬送するもので、傷病者の両腕を胸のところで交差又は平行にさせて、その両腕の手首を握って搬送する方法である。

・小柄な人や小児、乳児は、横抱きにして搬送した方が効果的である。

【シーツを利用する方法】
シーツが大きい場合は足の方を二つ折りにする。両端を本結びにする。

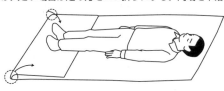

次に頭部側のシーツの両端を本結びにする。

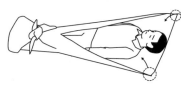

シーツで傷病者の身体全体を包み込むようにする。

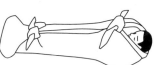

救助員は、傷病者の頭部のあたりのシーツを両手でつかんで引きずるようにして搬送する。

傷病者の胸腹部を圧迫することが多いので注意すること。

② 2名で搬送する方法

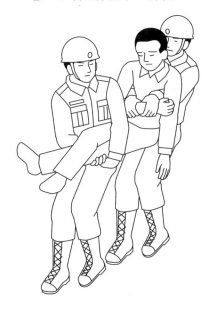

・後方の救助員は傷病者の両脇下から両腕を差し込み、傷病者の右（左）腕の手首と肘のあたりを握り、前方の救助員は傷病者の両足を抱えて搬送する。

救助員は向かい合って両手首を握り合い、もう一方は相互の両肩をつかんでヒューマンチェーンを作る。

救助者は傷病者の首が前に倒れるおそれがあるので、気道の確保に注意すること。2名がお互いに歩調を合わせ、搬送にあたっては傷病者に震動を与えないようにすること。

③　3名で搬送する方法
　　救助員は傷病者に正対して折りひざの姿勢をとり、掌を上に向けて傷病者の背面から脇へまわし、3名で傷病者を抱え上げて搬送するものである。

救助員は呼吸を合わせて同時に抱え上げ、落下させないようにすること。

3 止血法

　一般に人間の体の総血液量は、体重の約13分の1（体重1kg当たり約80ml）になる。短時間に血液量の20％が急速に失われると出血性ショックなどにより、生命の危険にさらされるので、止血手当を迅速に行い、出血を防ぐことが大切である。
　この止血法は、出血部位を直接圧迫する直接圧迫法が最も簡単で効果的である。
1　出血部位を確認する
　　負傷者の手当にあたっては、慌てないで心を落ちつけて、よく観察することが大切である。衣類に血がにじんでいるようであれば、その部分を切り裂くなどして、傷口を探すようにすること。

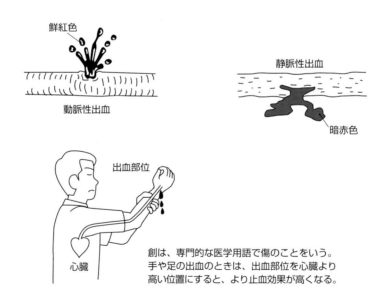

創は、専門的な医学用語で傷のことをいう。手や足の出血のときは、出血部位を心臓より高い位置にすると、より止血効果が高くなる。

2　出血部位を圧迫する。
　外傷などの出血の場合は、できるだけ余分な出血を抑えるということから、まず傷口を圧迫する方法がとられる。

創部を上げる。

ビニール袋などで代用
ガーゼ、ハンカチーフなどを当てる。

創部をガーゼで覆いパットを当てて圧迫、包帯をする。

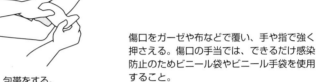
傷口をガーゼや布などで覆い、手や指で強く押さえる。傷口の手当では、できるだけ感染防止のためビニール袋やビニール手袋を使用すること。

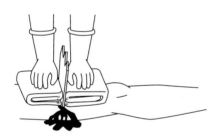
刺さっている異物を抜くと、出血が多くなることがあるので、清潔なガーゼやタオルなどで異物を両側から固定するなどして搬送する。

ビニール手袋
ガーゼ
下肢の出血の場合は、出血している部位を心臓よりも高くすると止血効果がある。

❸ 応急手当（救急法）

❹ 傷に対する応急手当

　ガラスや刃物で負傷した場合や大きな事故によるけがでは、傷口が深いことが多いので慎重に対応する必要がある。また、太い血管が集中している部位や頭部などでも出血が多く見られるが、落ち着いて手当することが大切である。

1　骨折に対する応急手当

　骨折していると思われる場合は、折れた骨の部分が動かないように、副子でしっかりと固定することが大切である。

● 部位の確認

　骨折していると思われるとき、本当に骨折しているかどうかを調べようとして、むやみにその部位をいじらないことが大切である。折れた骨で神経や血管を傷つけるおそれがあるので、絶対に避けること。

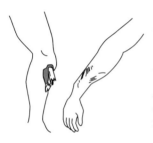

骨が突き出ている場合や不自然な変形、はれて痛みが激しいときは、骨折と考える。
骨が皮膚から突き出ているときは、清潔なガーゼなどを厚めに傷口に当てて保護する。
骨が出ていないときは、ガーゼなどを厚めに当て、伸縮包帯などで圧迫包帯をする。

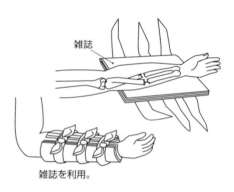

雑誌を利用。

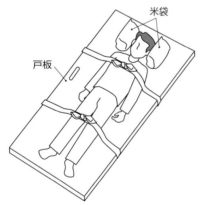

背中や骨盤、首の骨の骨折の場合は、全身を固定し、さらに米袋や砂袋で頭部を固定する。

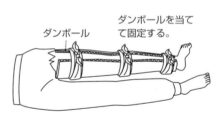

副子は、骨が折れた状態のままで固定すること。副子を当てているときに、骨折部位をずらさないようにすること。

健康な方の下肢を副子代わりに利用する。

上腕の骨折の場合は、ラップロールのような固さのあるもので副子で固定してひじを曲げて、三角巾やスカーフ等でつり包帯をする。

82

2 打撲に対する応急手当

● 頭部の打撲

頭蓋骨骨折や頭蓋内出血、脳の損傷などを受けるほどの打撲は、生命にかかわる事態を招くことがあるので、一刻も早く医師の診察を受けることが大切である。

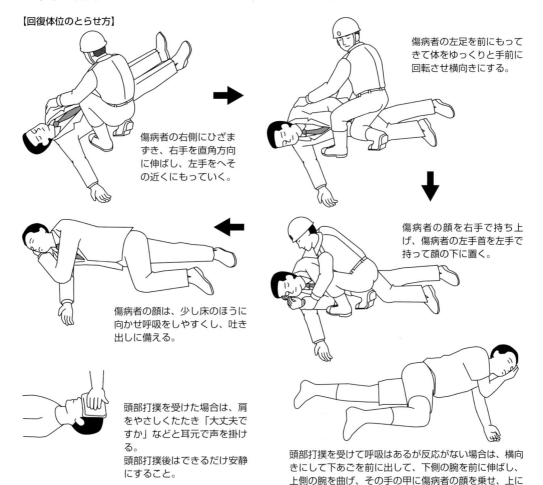

【回復体位のとらせ方】

傷病者の右側にひざまずき、右手を直角方向に伸ばし、左手をへその近くにもっていく。

傷病者の左足を前にもってきて体をゆっくりと手前に回転させ横向きにする。

傷病者の顔を右手で持ち上げ、傷病者の左手首を左手で持って顔の下に置く。

傷病者の顔は、少し床のほうに向かせ呼吸をしやすくし、吐き出しに備える。

頭部打撲を受けた場合は、肩をやさしくたたき「大丈夫ですか」などと耳元で声を掛ける。
頭部打撲後はできるだけ安静にすること。

頭部打撲を受けて呼吸はあるが反応がない場合は、横向きにして下あごを前に出して、下側の腕を前に伸ばし、上側の腕を曲げ、その手の甲に傷病者の顔を乗せ、上になる足を90度に曲げて、後方に倒れないようにして回復体位をとる。

● 顔面打撲〈眼・眼の周囲〉

顔面に打撲を受けての眼窩底（がんかてい）骨折の場合は、視覚障害に陥ることもあり、また、頭蓋の底に骨折が生じて失明する場合もある。さらに顔面を強打すると首が後方に伸展され、首の骨（頸椎）だけでなく、ときには、頸動脈が傷つき重い後遺症を伴うこともあるので、軽く見るようなことがないようにすること。

眼球を圧迫しないように濡らしたタオルなどで冷やし、吐き気が伴うようであれば横向きにし安静を保つようにする。

83

❸ 応急手当（救急法）

● 首・背中の打撲
　首や背中には、頸髄や脊髄が通っており、この神経が損傷すると、手足のまひが起きて手足が動かないといったことになるので、神経が傷んでいないかのチェックを最優先にし、負傷者をできるだけ動かさないようにすることが大切である。

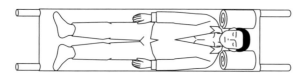

救助者は、負傷者の胸や腹部の動きを見ながら呼吸のチェックを行う。次に手足を動かすことができるかのチェックをし、動かせない場合は、頸髄や脊髄が傷んでいるものと判断し、担架などの平らなものに乗せて、首が動かないように座布団などで固定してから搬送する。

● 胸・腹の打撲
　胸部の打撲の場合は、肋骨や胸骨の骨折、内臓の損傷などが伴い、皮膚に傷が見られなくても呼吸困難に陥ることもある。また腹部の打撲の場合は、皮下組織や筋肉のみで守られている内臓が、打撲の衝撃で損傷や破裂を起こしていることがあるので、慎重な取扱いが望まれる。

腹に打撃を受けたときは、まず楽な姿勢をとらせ、安静を保つようにしながら、衣服を緩めて、ひざを高くし、吐気があるようであれば顔を横向きにする。

胸を打ったときは、上半身を45度くらいに起こした半座位の姿勢をとらせ、ひざを高くした楽な体勢で呼吸をさせる。

3　傷に対する応急手当
　傷を負って出血している場合は、まず、傷口を直接清潔なガーゼなどを当てて圧迫して止血するのが最も安全で簡単な方法である。可能であれば、救助者はビニール袋やビニール手袋を使用する。傷口が泥などで汚れている場合は、水道水など清潔な流水で洗い落としてから、傷口を消毒薬で消毒してガーゼを当てて包帯を巻いて処置するのが効果的である。

水道水など清潔な流水で汚れを落とす。傷口を押し開いたり、傷の奥に触れることは避けること。細菌感染あるいは出血の悪化につながるからである。

● 包帯の巻き方
　包帯は、傷口に当てたガーゼや副子などの固定にも使用され、強めに巻くことにより止血にも用いられる。包帯法の種類としては、巻き包帯、伸縮性包帯、三角巾などがある。

基本的な巻き方

斜めに当てて端の部分を三角状に残して押さえるようにして巻く。

端の三角部分を折り込み、さらにその上に重ねて2〜3回巻く。

止め方

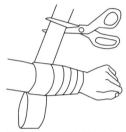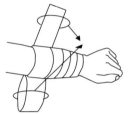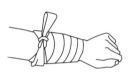

巻いてきた包帯を逆方向に折り返して切る。

矢印の方向で本結びする。

結び目は患部のところを避けること。

包帯の手指の巻き方

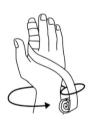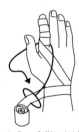

指先で包帯を折り返す。

包帯を指先で斜めに折り付け根へ巻いていく。

斜めに手首にかけてひと巻きする。

もう一度指にかけ手首に戻す。

手首のところで止める。

手のひらや甲の巻き方

4本の指をまとめて巻き、親指の付け根にまわす。

また4本の指を巻く。

再び親指の付け根にまわす。

これを繰り返し、手首をひと巻きして止める。

足の裏や甲の巻き方

少しずつずらしながら巻き、足首に斜めにかける。

足首の前で交差させ、甲をひと巻きして、再び足首を巻く。

足首をひと巻きして止める。

❸ 応急手当（救急法）

手の甲の巻き方
包帯の端を多少長く取って残して手首に巻き、手のひらから手の甲側を巻いて、親指の付け根を巻き、再び手のひらから小指の付け根を巻き、さらに親指と人差指の間を巻いたのち、手首に巻き付けて止める。

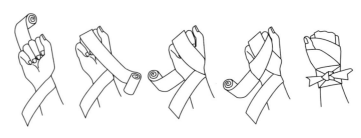

太さの異なる部位の巻き方

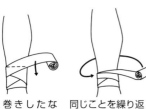
ひと巻きしたなら、斜めに点線の箇所を折る。

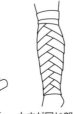
同じことを繰り返す。

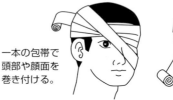
太さが同じ部位のところで止める。

ヒポクラテス帽子帯

一本の包帯で頭部や顔面を巻き付ける。

二つの包帯を用いて、一方は頭頂部を巻き、もう一方の頭の周囲に巻いた包帯の部分で折り曲げ、これを押え込むようにしながら巻き付ける。

関節の巻き方

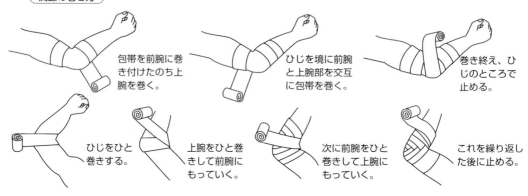

包帯を前腕に巻き付けたのち上腕を巻く。
ひじを境に前腕部と上腕部を交互に包帯を巻く。
巻き終え、ひじのところで止める。
ひじをひと巻きする。
上腕をひと巻きして前腕にもっていく。
次に前腕をひと巻きして上腕にもっていく。
これを繰り返した後に止める。

蛇行帯
包帯の纏絡（てんらく）部位が広く早急に固定したい場合に一定の間隔をおいて巻いて止める。

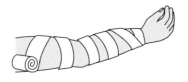

包帯の継ぎ足し法

第2帯　第1帯
第1帯の終端の下に第2帯の始めを10〜15cm程度挿入し、巻き始める。

麦穂帯（8字帯）
主として関節部に行う包帯法で、関節を中心としてその上下にたすきを掛けるように巻いて止める。

● 三角巾の使い方

　三角巾は、けがをした部分が動かないように固定するなど、包帯と並んで重宝されるもので、ねんざや脱臼、骨折といったものに使用される。

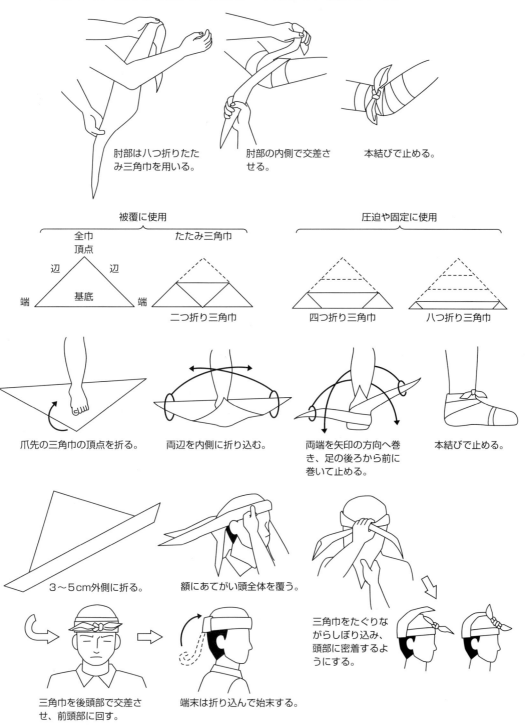

❸ 応急手当（救急法）

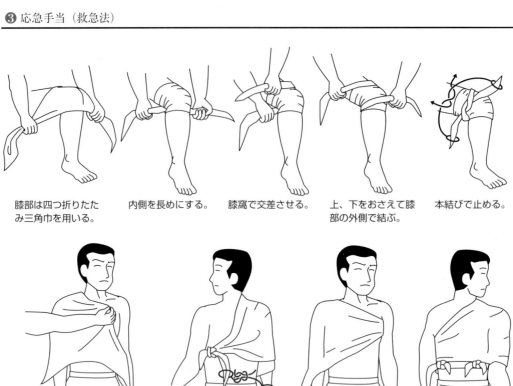

膝部は四つ折りたたみ三角巾を用いる。 　内側を長めにする。 　膝窩で交差させる。 　上、下をおさえて膝部の外側で結ぶ。 　本結びで止める。

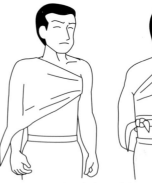

三角巾の頂点を下にして全幅の中心線が傷病者の肩から上腕の中央を通るように当てる。 　背部に回し肩甲下部で本結びする。 　頂点を腋窩から背部に回し、本結びの一方の端で止める。

頭部の圧迫に側頭部で交差する。 　反対側で本結びする。 　眼帯の圧迫包帯をする。 　もう一本の包帯又は三角巾で片方の目が見えるようにする。

三角巾の頂点を肩に当て底辺部を胸に当て、背中に回して本結びする。 　肩の頂点の端末と背中の本結びとをつないで止める。

5 やけど（熱傷）に対する応急手当

1 やけど（熱傷）

やけどは、熱によって起こる皮膚組織損傷であり、痛みが続き、時間の経過とともに症状が悪化することが多いので、素早い対応が大切である。

衣服の上から熱湯を浴びるなどしてやけどをした場合は、衣服を脱がさずに、そのままの状態で、急いでやけどを負った部分に水道水など清潔な流水を掛けて、痛みと熱さを感じなくなるまで（程度にもよるが、10～20分間ぐらい）十分に冷やし続けるのが最も効果がある。

【やけどの症状と深さ】

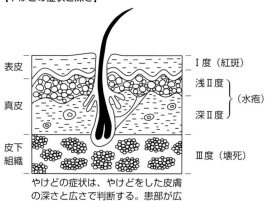

やけどの症状は、やけどをした皮膚の深さと広さで判断する。患部が広くて深いほど重傷であり、大人の場合は、やけどが体表面積の20％以上に及ぶと生命に危険が生じてくる。

Ⅰ度　表皮角質層の損傷で、外見上は赤くなり、ヒリヒリする痛みや灼熱感がある。太陽による日焼けもⅠ度である。

Ⅱ度　真皮層までの損傷で、浅層、深層の２種類に分けられる。外見上は赤み、びらん、水疱がある。浅層の場合の自覚症状はⅠ度と同程度である。深層の場合には、知覚神経障害を伴うので痛みは軽く、知覚の低下が見られる。

Ⅲ度　皮膚全層の損傷で皮下組織まで達している。外見上は蒼白になり、痛みは感じなくなる。

2 化学物質によるやけど

化学物質によるやけどは、熱湯などのやけどとは異なるが、肉眼で見える症状は、ほぼ同じである。化学薬品が掛かった場合は、素早く水道水など清潔な流水で薬品をよく洗い流し、掛かった薬品の中和剤があっても使用しない方がよい。中和の際に発生する反応熱で、さらに悪化することがあるので十分注意すること。化学薬品との接触時間を短くするため、掛かった着衣はすぐに脱ぐようにすること。
化学薬品は、洗い流しても皮膚組織に浸透するため、その薬品で組織損傷が起きる場合もあり、薬品によっては、皮膚だけでなく内臓まで損傷することがあるので、急ぎ医師の診察を仰ぐこと。

6 その他の応急手当

1　熱中症に対する応急手当

　気温や湿度の高い環境の中で引き起こされる全身の障害が熱中症である。運動中に多く起こるので、環境に留意し、適度な休憩や塩分と糖分を含んだ水分を十分に補給し、無理をしない・させないようにすることが大切である。

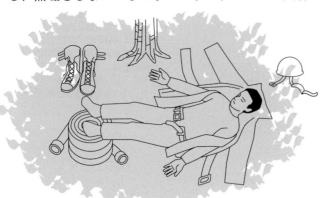

隊員が現場活動中に熱中症でダウンした場合は、風通しのよい涼しい場所へ移動させ、衣服を緩めて本人の楽な姿勢をとらせ、冷たいスポーツ飲料か食塩水（500mlの水に食塩小さじ1杯）を飲ませる。
意識がない場合は、太い血管のある首や脇の下、足の付け根に冷却剤や氷のうなどを当て、足を高くして寝かせ、あおいで風を送りながら体を冷やして体温を下げる。

(1)　熱中症の種類

　高温や高湿の環境で激しい運動や作業をしているときに、身体から放散する熱よりも、体内での熱の発生が上回るときに起こる全身の障害で、症状によって、熱けいれん、熱疲労、熱射病に分けられる。

冷却剤で首や脇の下、足の付け根を冷やす。

あおいで風を送る。

(2)　熱けいれん

　高温の環境下で、激しい運動や作業を行ったときなどに起こる。痛みを伴った筋肉のけいれんで、吐き気や腹痛があり、大量の発汗があるにもかかわらず、水分を補給しなかったときや塩分を含まない水分のみを補給したときに起き、体温の上昇があってもわずかなのが特徴である。

(3)　熱疲労

　高温の環境下で、特に蒸し暑いところで起こる。頭痛、めまい、疲労感、吐き気などの症状がある。大量の発汗による脱水症状で、汗の蒸発による熱放射が不足するために体温の上昇が起こる。

(4)　熱射病

　高温の環境下での作業や運動によって体温調節の機能が働かなくなり、異状な体温の上昇とけいれん、興奮、錯乱、昏睡などの意識障害が起こる。発汗の停止に

よって皮膚は乾燥し、体温が39〜40度にまで上昇する。手当が遅れれば、ショックや臓器障害に陥り、死亡する場合がある。

2　落雷・感電事故に対する応急手当

人体に電流が流れることを「感電」という。外部の電流が人体に流れると、身体をコントロールする神経電流がかき乱されてしまい、感電している電線や装置から握っている手を自力で離すことができなくなるのである。

この要救助者を救出するに当たっては、ゴム長靴を履き、ゴム手袋をはめて乾いた竹の棒などで外すことが絶対の条件となる。慌てて助けようとすると救助者も感電してしまうことになる。

また、感電による負傷を「電撃傷」という。電流が長時間連続して身体の中に流れ込むと、電撃傷によって発生した熱が体内に蓄積して、広く深くやけどを負い、部分的に細胞が壊死して、場合によっては、負傷した手足を切断しなければならなくなる。

感電事故での救護は、呼吸停止や心停止が起こりやすいので、直ちに感電の危険のない場所へ移しておいて、救命処置を開始する。

雷は、積乱雲などの雷雲の発生によって起こる。この雷雲の中で生じた雷が電気を生じ、電気を通しにくい空気中を通過する際に稲妻が生じる。この稲妻が高熱を発生させるため、空気の膨張が起こり、雷鳴となって地上に流れるのが「落雷」である。

落雷時、電流が人体を流れる際には二通りあり、一つは体内を流れていく電流で、心臓などを通過すると大変危険な状態になる。もう一つは、人体の表面に沿って流れる電流で、皮膚の表面を流れるため、浅いやけどや衣服に焦げ跡が残ったりする。体内と人体の表面を同時に流れた場合は、表面に電流が流れた分、体内への影響が減少する。

落雷を受けて動けなくなった人がいる場合は、平らなところに要救助者を仰向けに寝かせて救命処置を行う。

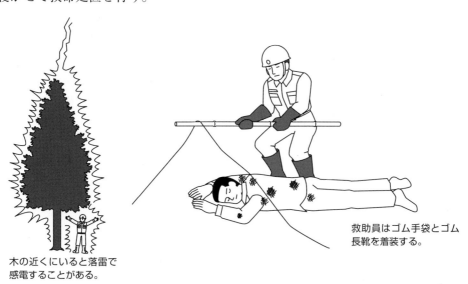

木の近くにいると落雷で感電することがある。

救助員はゴム手袋とゴム長靴を着装する。

3. 感染症の対応

1 感染症

● 有害な微生物が体内に侵入して増殖したために起こる病気を感染症という。感染症の多くは伝染する危険があるので、他の人に移さないようにしなければならない。

● 病気を起こす微生物には、小さい順にウイルス、細菌（マイコプラズマ、クラミジア、リケッチア、スピロヘータ、一般細菌）、原虫、寄生虫などがある。これらの病原微生物が体内に侵入して、臓器や組織の中で増殖することを「感染」という。

● 病原微生物に感染すると、発病する場合とそうでない場合がある。赤痢菌が飲食物に混じって飲み込まれ、腸管内で増殖すると発熱や下痢を起こすことがあり、増殖の程度がわずかであれば病気らしい症状が現われない場合もある。

● 病原微生物が体内に住み着くこともある。B型肝炎やエイズなどで見られ、この病原微生物を体内に持っている人を保菌者（キャリア）という。この保菌者が他の人に病原微生物を感染させる危険性をもっている。また保菌者は、体内の病原微生物が増殖して、将来、発病する危険をはらんでいる。

● 人間は、微生物と共存しており、人の身体の表面や体内にはおよそ100兆個もの細菌が存在している。中には病気を引き起こすものもあるが、多くの場合は、人間の免疫力や排除する仕組みがあって、増殖が妨げられるようになっている。

● はしか、おたふく風邪、風しんなどにかかって治った人は、再びその病気になることはない。身体の中に抗体というものが出来上がり、再び同じ病原微生物が侵入しても、増殖させないように抑え込むからである。

● 人間には、病原性のある微生物や自分の細胞の異常に対して排除する働きと身体を回復させる力があり、体内に侵入した病原菌やガン細胞などの自己の異常に対して働く「免疫力」が備わっている。

● 感染症の対策として「伝染病予防法」に代わって「感染症の予防及び感染症の患者に対する医療に関する法律」（感染症法）が新たに制定されている。感染症は、重症度が高い順に1類から5類に分類されている。

新たな感染症の発見があれば、追加されるようになっている。例えば、新型のインフルエンザが発生した場合には、ウイルスが確定され次第、感染症法に基づく感染症に政令指定を行うようになっている。

別表　感染症法における感染症の分類

1 類	エボラ出血熱、クリミア・コンゴ出血熱、痘そう、南米出血熱、ペスト、マールブルグ病、ラッサ熱
2 類	急性灰白髄炎、結核、ジフテリア、重症急性呼吸器症候群（病原体がベータコロナウイルス属SARSコロナウイルスであるものに限る。）、中東呼吸器症候群（病原体がベータコロナウイルス属MERSコロナウイルスであるものに限る。）、鳥インフルエンザ（H5N1）、鳥インフルエンザ（H7N9）
3 類	コレラ、細菌性赤痢、腸管出血性大腸菌感染症、腸チフス、パラチフス
4 類	E型肝炎、ウエストナイル熱、A型肝炎、エキノコックス症、エムポックス、黄熱、オウム病、オムスク出血熱、回帰熱、キャサヌル森林病、Q熱、狂犬病、コクシジオイデス症、ジカウイルス感染症、重症熱性血小板減少症候群（病原体がフレボウイルス属SFTSウイルスであるものに限る。）、腎症候性出血熱、西部ウマ脳炎、ダニ媒介脳炎、炭疽、チクングニア熱、つつが虫病、デング熱、東部ウマ脳炎、鳥インフルエンザ（鳥インフルエンザ（H5N1）を除く。）、ニパウイルス感染症、日本紅斑熱、日本脳炎、ハンタウイルス肺症候群、Bウイルス病、鼻疽、ブルセラ症、ベネズエラウマ脳炎、ヘンドラウイルス感染症、発しんチフス、ボツリヌス症、マラリア、野兎病、ライム病、リッサウイルス感染症、リフトバレー熱、類鼻疽、レジオネラ症、レプトスピラ症、ロッキー山紅斑熱
5 類	アメーバ赤痢、RSウイルス感染症、咽頭結膜熱、インフルエンザ（鳥インフルエンザ及び新型インフルエンザ等感染症を除く。）、ウイルス性肝炎（E型肝炎及びA型肝炎を除く。）、A群溶血性レンサ球菌咽頭炎、カルバペネム耐性腸内細菌目細菌感染症、感染性胃腸炎、急性弛緩性麻痺（急性灰白髄炎を除く。）、急性出血性結膜炎、急性脳炎（ウエストナイル脳炎、西部ウマ脳炎、ダニ媒介脳炎、東部ウマ脳炎、日本脳炎、ベネズエラウマ脳炎及びリフトバレー熱を除く。）、クラミジア肺炎（オウム病を除く。）、クリプトスポリジウム症、クロイツフェルト・ヤコブ病、劇症型溶血性レンサ球菌感染症、後天性免疫不全症候群、細菌性髄膜炎（※を除く。）、ジアルジア症、新型コロナウイルス感染症（病原体がベータコロナウイルス属のコロナウイルス（令和2年1月に、中華人民共和国から世界保健機関に対して、人に伝染する能力を有することが新たに報告されたものに限る。）であるものに限る。）、侵襲性インフルエンザ菌感染症※、侵襲性髄膜炎菌感染症※、侵襲性肺炎球菌感染症※、水痘、性器クラミジア感染症、性器ヘルペスウイルス感染症、尖圭コンジローマ、先天性風しん症候群、手足口病、伝染性紅斑、突発性発しん、梅毒、播種性クリプトコックス症、破傷風、バンコマイシン耐性黄色ブドウ球菌感染症、バンコマイシン耐性腸球菌感染症、百日咳、風しん、ペニシリン耐性肺炎球菌感染症、ヘルパンギーナ、マイコプラズマ肺炎、麻しん、無菌性髄膜炎、メチシリン耐性黄色ブドウ球菌感染症、薬剤耐性アシネトバクター感染症、薬剤耐性緑膿菌感染症、流行性角結膜炎、流行性耳下腺炎、淋菌感染症

● 新型インフルエンザのような感染症は、現在、国境を越えて容易に拡大する時代であり、また、重い感染症の患者に対応する医療従事者等は、強力な病原体に接触する事態が避けられなくなってきている。

● 感染症の感染経路は様々である。感染者のくしゃみやせき、会話などの際、唾液などに含まれた感染源の微生物を他の人が吸い込む「飛沫感染」と、くしゃみなど

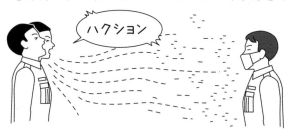

❸ 応急手当（救急法）

の飛沫の水分が蒸発し、乾燥状態で空気中に漂っている場合や細かなホコリに含まれている微生物を他人が吸い込む「空気感染」がある。

● 自分の皮膚、口腔、鼻腔、腸管、膣などにいる常在菌によって感染症が起こることがある。女性の膀胱炎の多くは、自分の大腸の常在菌である大腸菌が感染したためで、常在菌は、常在する部位にいる限り病気を起こすことはないが、ほかの部位に移動すると病気を起こすことがある。

● 感染症には、インフルエンザや赤痢のように人から人へと伝染する伝染性の感染症と、膀胱炎や破傷風のように人には伝染しない非伝染性の感染症とがあり、このうち伝染性の感染症は単に伝染病と呼ばれている。

● マラリアや日本脳炎はカ（蚊）により、ペストはノミにより、発疹チフスはシラミで、つつが虫病はダニによって媒介されて感染する。

● 感染の源になるものとしては、病人、キャリア、感染動物、媒介する昆虫、病原微生物で汚染された排泄物やそれによって汚染されたものなどがあり、これらを感染源という。また、病原微生物が感染源から人体に侵入する道筋を感染経路という。

● 性行為の際に、皮膚や粘膜の病変部、体液の中にいる病原微生物が人から人へと感染するのが性行為感染である。

● 看護師がB型肝炎の病人から採血した注射針を誤って自分の指に刺してしまい、B型肝炎に感染してしまう場合もある。

2　感染症の予防法

感染症の予防には、手洗いが効果的である。災害現場で活動する消防隊員は、ゴム手袋などで病原微生物の体内への侵入を防止しているところであるが、職場内にこれらを持ち込まないためにも、まず手洗いを習慣付けておく必要がある。洗い方については、別図のとおりである。

別図　衛生的な手洗いの仕方

抗菌剤を含むせっけんや消毒薬を使用する。

手のひらと手のひらを合わせて擦る。

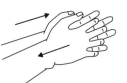
両手の指を組み合わせて手のひらと手のひらを擦る。

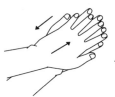
手のひらを反対の手の甲に重ねて擦る。逆の動作も行う。

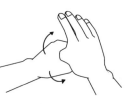
親指の付け根を反対の手のひらで、包むように擦る。

人差し指の付け根を反対の手のひらで、包むように擦る。他の指も同様に行う。

両手の指を組み合わせ手のひらで爪まで擦る。

4本の指先を手のひらの中央で円を描くように擦る。

手首を反対の手で包むように擦る。

・感染者の体液・体物質に触れた後、手袋を外した後は普通のせっけんを使用して手洗いをする。
・洗った手は良く乾燥させること。

● 人の手には、表皮ブドウ球菌が付いている。この菌は人体に常在して、感染症などから身体を守ってくれているが、免疫力が極端に低下した人の体では、病原性を発揮することがあるので、感染者搬送や介添の場合には、表皮ブドウ球菌の付いた手で感染者に触れることになるので、このような場合でも感染防止用手袋は、欠かせないものになる。

● 感染症の予防は、「手洗いとうがい」が基本とされている。鼻や口からの微生物の侵入は、鼻の粘膜から分泌される粘液と繊毛の働きや唾液によって、病原性のある微生物の増殖を抑え込んでいる。免疫力の低下や過労、口呼吸によるのどの乾燥などによって、粘膜の機能の低下が起こると微生物が粘膜で増殖する。うがいは、口の中やのどを洗浄することによって、微生物を除去することに大変役立つものである。

【消毒薬の使い方】

感染症の重症度の高い感染者に接した場合は、使用した器材を消毒しておく必要がある。消毒の方法としては、消毒薬を用いる「化学的消毒法」と加熱や紫外線を用いる「物理的消毒法」とがある。

❸ 応急手当（救急法）

医療従事者の消毒薬の使用については、CDC（米国疾病予防管理センター）による「消毒薬の選択と使用に関するガイドライン」が国際的な基準となっている。

耐性菌の問題もあって、多くの医療機関では、極力消毒薬を減らす方向にあり、必要な場合は、最適な方法で用量を厳守し、的確に行うようになってきている。

消毒薬は、数多くあり、それぞれが特定の微生物を確実に死滅させる成分でできている。用途も食品に使用できるものや人の皮膚に使用できるもの、環境や器具といったものにまで多岐にわたっている。使用に当たっては、選択が重要であり、効果が似通っていても代用は避けなければならない。

消毒薬を微生物にどのような方法で接触させるかは、消毒したい対象によって異なってくる。

消毒の仕方には「液浸」・「噴霧」・「塗布」の三つの方法がある。

液浸は、消毒薬を適切な濃度に薄めて容器の中に入れ、この液の中に器具などを一定時間浸すものである。

噴霧は、広範囲にわたる場所をなるべく早く消毒したい場合にスプレーでまくものである。

塗布は、人体や壁面などを対象とし、噴霧よりは時間と手間がかかるが、すき間を残さないように、消毒薬をより多くの微生物に確実に接触させたい場合にとられる。

消毒薬は「適正濃度」が表示されているので、これを厳守すること。特に人に使用する場合は、濃度が高いとショックを起こすことがあるので、濃度管理は極めて重要となる。

消毒を行う前には、対象物の前洗浄等を行うと効果がある。

消毒薬は、低温より高温の方が、冬より夏の方が消毒効果が高い。

物理的消毒方法としては、煮沸、熱湯消毒などの熱消毒と、太陽光などの紫外線や放射線（γ線）消毒があり、指先のとげを抜く場合に針先を火であぶるのは、熱消毒の一種である。

3　ウイルス対処法

● ウイルスは、遺伝子であるDNA、RNAとそれを取り巻くタンパク質の殻（カプセル）だけで成立しており、大きさは20〜300ナノメートルである。遺伝子（自分自身を作るのに必要な情報）の一部を持って他の生物の細胞に入り込み、その遺伝子を利用して増殖する微生物である。インフルエンザウイルスは、水分に弱いため湿度が高くなる夏期は感染力が弱まる。

● 重症度の高いSARS（重症急性呼吸器症候群）は、コロナウイルスの新型で、人から人へと非常に強い感染力を有している。SARSウイルスとの密接な接触後、通常2〜10日後に突然38度以上の高熱が出て、せきや息苦しさが現われ、全身倦怠感、頭痛、筋肉痛、関節痛などインフルエンザに似た症状が現われるが、インフルエンザの場合は、ウイルスがのどの細胞の中に入り込んで、一気に増殖して鼻水やのどの痛みが出るのに対し、SARSの場合は、のどの痛みは比較的少なく、下痢症

状が多く見られるのが特徴である。
　有効な治療法はまだないため、全身の状態を良くする対症療法がとられる。SARSの予防は、マスクの着用を徹底し、手洗いが基本となる。マスクは、花粉症用の不織布のもので日常生活の対応が可能である。
● 　インフルエンザのウイルスには、A、B、Cの3タイプがある。鳥インフルエンザはAに属し、Bタイプは人にだけ感染するもので、Cタイプは人には感染しにくいものである。
　鳥インフルエンザウイルスは種類が多く、病原性の高いものはH5N1型である。中国南部や東南アジアを中心に鳥から人への感染が拡大している。感染者は早期に重病化して死亡するケースが多く見られる。ワクチンは開発の途上である。国内でも死んだ鳥には不用意に触れないことが大切である。
● 　豚インフルエンザのような新型ウイルスのワクチンは、発生後でなければ作れない。インフルエンザの治療薬タミフルは、ウイルスの増殖を抑える効果があるが、ウイルスは突然変異しやすいため、新型のインフルエンザにはあまり効果が期待できないとされている。鳥インフルエンザウイルスは人や豚がかかるインフルエンザと体内で混じり合ったりすることもあると考えられている。

WHO（世界保健機関）パンデミック（世界的大流行）フェーズ

フェーズ1	ヒトへ感染する可能性を持つウイルスが動物に検出
フェーズ2	動物からヒトへ感染するリスクが高いウイルスが動物に検出
フェーズ3	鳥からヒト感染（原則、ヒト→ヒト感染はない）
フェーズ4	小集団（25人以下）のヒト→ヒト感染
フェーズ5	大集団（25～50人）のヒト→ヒト感染
フェーズ6	ヒト→ヒト感染　パンデミック（世界で感染拡大）

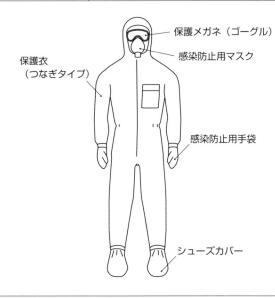

・感染症に対応する救助者の身体保護のため、化学防護服に準じた身支度が必要であり、特に重症度の高い患者に対応するために、左図のような装備が望まれる。

第4章 消防ポンプ

第1節 消防ポンプの概要

1. ポンプの定義

　ポンプは原動機によって回転運動などの機械的エネルギーが与えられ、液体（水）に運動や圧力のエネルギーを与えて、種々の抵抗にうち勝って液体を高所に上げたり、遠方に送ったりする機械である。

2. ポンプの種別

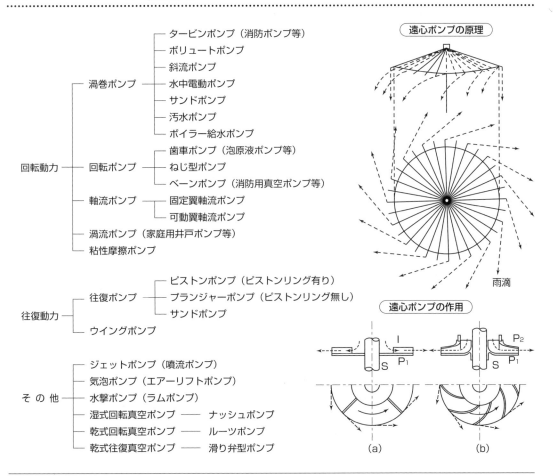

- 回転動力
  - 渦巻ポンプ
    - タービンポンプ（消防ポンプ等）
    - ボリュートポンプ
    - 斜流ポンプ
    - 水中電動ポンプ
    - サンドポンプ
    - 汚水ポンプ
    - ボイラー給水ポンプ
  - 回転ポンプ
    - 歯車ポンプ（泡原液ポンプ等）
    - ねじ型ポンプ
    - ベーンポンプ（消防用真空ポンプ等）
  - 軸流ポンプ
    - 固定翼軸流ポンプ
    - 可動翼軸流ポンプ
  - 渦流ポンプ（家庭用井戸ポンプ等）
  - 粘性摩擦ポンプ
- 往復動力
  - 往復ポンプ
    - ピストンポンプ（ピストンリング有り）
    - プランジャーポンプ（ピストンリング無し）
    - サンドポンプ
  - ウイングポンプ
- その他
  - ジェットポンプ（噴流ポンプ）
  - 気泡ポンプ（エアーリフトポンプ）
  - 水撃ポンプ（ラムポンプ）
  - 湿式回転真空ポンプ ── ナッシュポンプ
  - 乾式回転真空ポンプ ── ルーツポンプ
  - 乾式往復真空ポンプ ── 滑り弁型ポンプ

3. ポンプの型式

　消防ポンプは渦巻ポンプであって、渦巻ポンプは羽根車（インペラー）を回転させ、これによって生じる遠心力を利用するところから、遠心ポンプと呼ばれる。

4. 渦巻ポンプの特徴

1 長　所
(1)　吐水量及び揚程が広い範囲に利用できる。
(2)　原動力と直結して運転できる。
(3)　形が小さいことから、据え付け面積が小さく、安価である。
(4)　構造が簡単で、故障が少なく、信頼性が高く、寿命が長い。
(5)　取り扱いが容易である。
(6)　汚水や多少砂の混ざった水でも運転に支障がない。

2 短　所
(1)　呼水装置が必要である。
(2)　空気を吸い込むと、揚水性能が低下する。
(3)　揚程の高い部分は、効率が悪くなる。
(4)　回転の変化が、揚程と吐出量に及ぼす影響が、他の種類のポンプよりも大きい。

5. 渦巻ポンプの構造

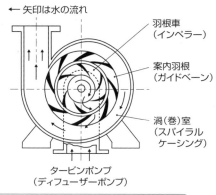

タービンポンプ（ディフューザーポンプ）
タービンポンプは、羽根車（インペラー）、案内羽根（ガイドベーン）、渦（巻）室（スパイラルケーシング）からなるものをいう。
羽根車の外周に案内羽根及び渦（巻）室を備え、案内羽根の作用によって水の持つ速度エネルギーを圧力エネルギーに効率良く変換する構造のものである。

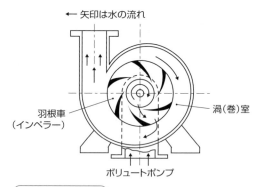

ボリュートポンプ
羽根車と渦（巻）室のみからなり、案内羽根のないものをいう。羽根車の外周に渦（巻）室を持ち、羽根車より出た水流が渦（巻）室に入って、水の持つ速度エネルギーが圧力エネルギーに変換される構造のものである。
日本の消防ポンプ車は、タービンポンプが多く、ボリュートポンプは消防用設備の屋内消火栓設備の加圧送水装置や船舶用の大型ポンプに使用されている。

6. 呼び水

　往復ポンプや回転ポンプのような容積型のポンプは、ポンプ及び吸水管内の空気がピストンや回転子によって排出され、これに伴い内部空気が希薄になって真空度が増すにつれ、水面にのし掛かっている大気圧の力によって、水は真空の増した吸水管内を押し上げられるようにしてポンプ内に流入する。

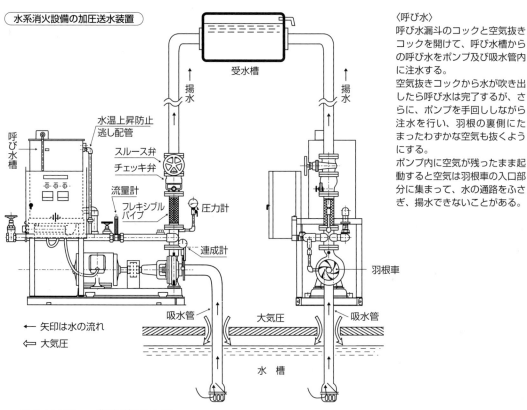

〈呼び水〉
呼び水漏斗のコックと空気抜きコックを開けて、呼び水槽からの呼び水をポンプ及び吸水管内に注水する。
空気抜きコックから水が吹き出したら呼び水は完了するが、さらに、ポンプを手回ししながら注水を行い、羽根の裏側にたまったわずかな空気も抜くようにする。
ポンプ内に空気が残ったまま起動すると空気は羽根車の入口部分に集まって、水の通路をふさぎ、揚水できないことがある。

　これに反し、非容積型の渦巻ポンプでは、羽根車の回転では空気を排出することができないために、ポンプの運転に先立って、ポンプの内部に空気を抜きながら水を充満させて呼び水をする。この装置のことを呼水装置といい、消防ポンプ車では、真空ポンプによって主ポンプ内の空気を排除して呼び水をする方法がとられている。

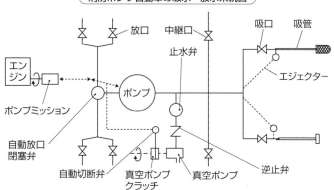

❹ 消防ポンプ

> 呼び水の方法
●呼び水タンク等からポンプ内に水を満たしてから起動する方法
●底弁（フートバルブ）を備え、常時ポンプ内に水を満たしておく方法
●真空ポンプ（排気ポンプ）によりポンプ内の空気を排除し、揚水する方法

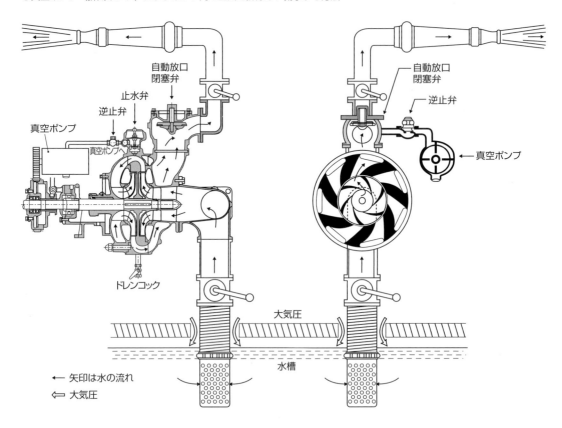

7. 消防ポンプの呼水装置

消防用ポンプの呼水装置は、通常、真空ポンプ、止水弁、逆止弁及び自動切断弁等からなっている。現在、消防自動車のポンプに使われている真空ポンプは、ほとんどが偏心翼型のロータリーポンプである。

1 真空ポンプ

真空ポンプは、ポンプケーシングにエキセトリックに取り付けられた回転子（ロータ―）があり、この回転子に数枚（多くは4枚）の滑り羽根（ベーン）を備えている。
羽根は、回転子が回転すると遠心力により飛び出しケーシング内壁面を摺動しながら回転し、羽根と内壁面に空気を挟み込んで吸気口より排気口へ空気を送り出し、主ポンプと吸水管内の空気を排除する。

第1節　消防ポンプの概要

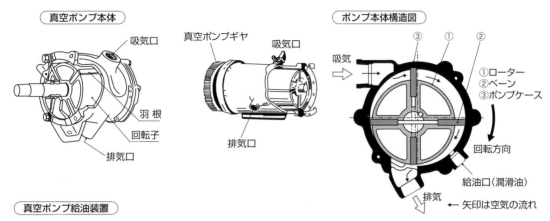

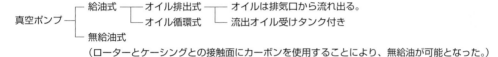

（ローターとケーシングとの接触面にカーボンを使用することにより、無給油が可能となった。）

2 止水弁

止水弁は、主ポンプと真空ポンプを結ぶ管路に設けられている。

主ポンプと吸水管内の空気を真空ポンプで抜き、真空を作るときだけ連絡していればよく、揚水後も連絡していると、真空ポンプ内に水が流入し、排気口から水を流出することになる。

これを防止するため、通常は、真空ポンプが回転すると弁のダイヤフラムの働きによって、大気に接しているA室よりもB室の方が空気が排除された分、圧力が低くなるため、ダイヤフラムが大気圧で下向きの力を受けて、スピンドルが押し下げられて弁が弁座から離れてすき間ができる。主ポンプ等の空気はこのすき間から真空ポンプ側へ流れる。

揚水後は、主ポンプ内で発生した水圧とダイヤフラムの弾力によって弁が閉じられ、真空ポンプへの水の流入を防ぐ働きをする。

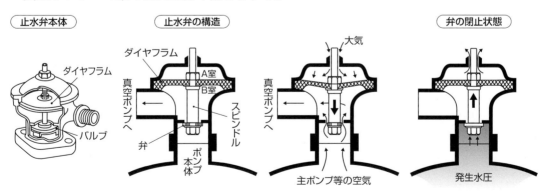

3 逆止弁

逆止弁は、止水弁と真空ポンプとの間に設けられている。

止水弁と真空ポンプの管路中の空気の流れを主ポンプ側から真空ポンプ側への一方向のみ許すもので、ポンプ圧力が低下して、止水弁の弁を押し上げる水圧がなくなると、弁と弁座にすき間ができるため、真空ポンプから主ポンプ側へ空気が逆流して、主ポンプの水が落水するのを防ぐ働きをする。

また、真空作成試験をするときにも作動して、主ポンプ内の真空度を保つ働きをする。

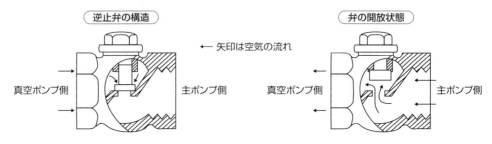

4 真空ポンプクラッチ及び自動切断弁

真空ポンプの動力伝達装置には、ポンプ軸より円すい型コーンクラッチを介して駆動するものと、ローラー型クラッチを介して駆動するものの2種類がある。操作はいずれも真空ポンプレバーの操作によって行われる。

揚水完了後は、真空ポンプを停止させるためクラッチを切って回転を止める必要がある。そのために設けられているのが真空ポンプクラッチの自動切断弁である。これはポンプの発生水圧によって真空ポンプの動力で自動的に切断するものである。

現在、多く使用されているものはピストン式のものである。これはポンプからの水圧がピストンを押してロッドを動かし、真空ポンプが切れるようになっている。

なお、自動切断弁の作動圧力は1.0～2.0kgf/c㎡（0.10～0.20MPa）程度である。

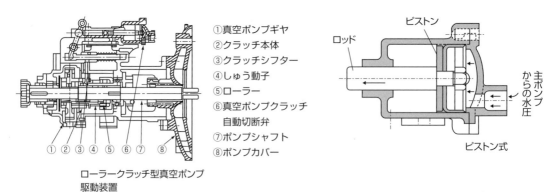

第1節　消防ポンプの概要

○真空ポンプの駆動及び自動停止装置

　真空ポンプの駆動は、ポンプシャフトから真空ポンプクラッチによって動力を取り出し、歯車等により真空ポンプへ動力を伝達する。真空ポンプクラッチの方式には、次の3種類がある。

・ローラークラッチ方式
　クラッチのオスとクラッチのメスがローラーを介して、その摩擦力でかみ合わせて接続させる方式である。
・コーンクラッチ方式
　円錐形のコーンクラッチのオスとメスを、外力により強制的にかみ合わせ、その摩擦力によって動力を伝達する方式である。
・電磁クラッチ方式
　電磁クラッチの磁力及びスプリングの反発力を利用して、動力の伝達を行うものである。真空ポンプの停止は揚水時の水圧を圧力スイッチで感知して、自動的に行う方式である。
　ローラークラッチ方式及びコーンクラッチ方式の真空ポンプの切断は、主ポンプの水圧を作動力として、自動切断弁によって行われる。真空ポンプが作動して揚水されると、ポンプの回転により水圧が生じ、自動切断弁に誘導された水は、ダイヤフラム弁又はピストンを押して、リンク機構を介してクラッチを切断するものである。

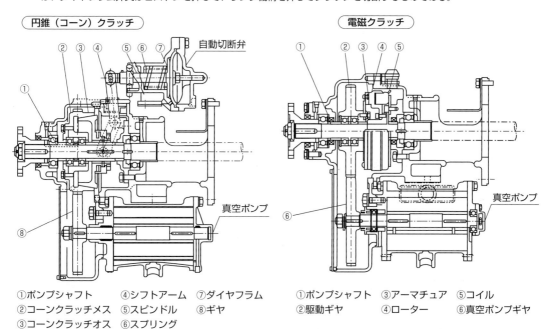

①ポンプシャフト　　④シフトアーム　　⑦ダイヤフラム　　①ポンプシャフト　　③アーマチュア　　⑤コイル
②コーンクラッチメス　⑤スピンドル　　⑧ギヤ　　　　　②駆動ギヤ　　　　④ローター　　　　⑥真空ポンプギヤ
③コーンクラッチオス　⑥スプリング

この装置は、コントロールパネルの作動ボタンを押すことによって、自動的に真空ポンプを作動させて揚水を開始し、揚水が完了すると自動的に真空ポンプを停止し、同時にエンジンスロットルをアイドリング状態に戻す装置で、真空ポンプ駆動電磁クラッチ、エンジンスロットル用電磁シリンダー、リレーボックス、圧力スイッチ、コントロールパネルなどからなっている。

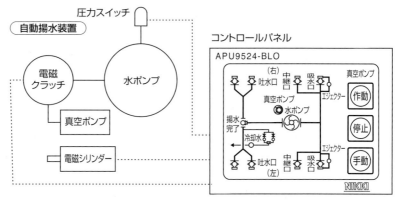

コントロールパネルには、作動ボタン、停止ボタン、揚水完了灯、揚水不能灯、タイマーセレクトスイッチ、及び非常作動ボタン（手動操作用）が設けられたものもある。

❹ 消防ポンプ

5 自動放口閉塞弁（逆止弁）

　遠心ポンプの吸水にあたっては、真空ポンプでポンプ本体等の空気を排除した後に、放口側からの空気の侵入を防ぐため、吸水操作の度に放口コックを閉じなければならない。その不便を解消するために、ポンプ本体の吐出側に自動的に開閉する自動放口閉塞弁を設けている。この弁は、ポンプ本体内の空気圧が真空ポンプの作用によって、低圧になると大気圧との差により自動的に閉塞してしまい、また揚水後ポンプ内に水が入ると、その発生水圧で大気圧に打ち勝って、自動的に弁を押し開いて放口に水が流れる構造になっている。

　また、自動放口閉塞弁は、放口側でホースが車両に踏まれた場合等に起こる急激な水撃作用が、ポンプ本体に及ぼす弊害を防止する働きもしている。

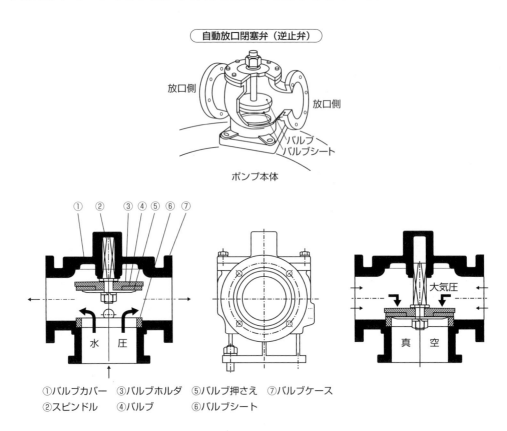

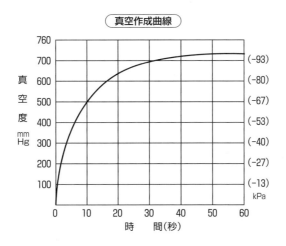

8. 遠心ポンプの構造

　消防ポンプに使用されている2段バランス型タービンポンプは、ポンプ本体（主ポンプ）がポンプ渦巻室（ケーシング）、羽根車（インペラー）、案内羽根（ガイドベーン）、軸受部、密封部、それに羽根車を回転させるポンプ軸等で構成される。

　吸口側から吸い込まれた水は、1段目の羽根車に入り水に速度エネルギーを与え、さらに案内羽根により高速の水が整流されながら、外側から2段目の羽根車の入口から入って再度、加速された水が再び案内羽根により渦巻室に誘導されて、ここで水の持つ速度エネルギーは圧力エネルギーに変換され、放口側に吐出される。

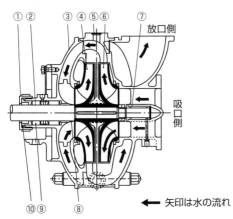

①グランドナット
②ポンプ軸
③渦巻室（ケーシング）
④羽根車（インペラー）
　［2段目］
⑤案内羽根（ガイドベーン）
⑥羽根車（インペラー）
　［1段目］
⑦軸受部
⑧軸受部
⑨グランドパッキン
⑩パッキン押さえ

4 消防ポンプ

1 羽根車（インペラー）

羽根車は、遠心ポンプの所定量の水に所定の揚程を与えるもので、2,000～4,000r/min程度で回転する。

羽根車は、軸に固定されるボスに6～8枚の羽根を植え込まれた円状の板からなる密閉型が一般に用いられている。羽根車の形状は、水の流入と流出がスムースに行われるように円弧状に造られている。

羽根車が回転すると羽根車内を水が流れ、羽根の入口すなわち吸込側の圧力と出口側の圧力とに圧力差を生じ、これによって羽根車が軸方向に押されるいわゆる軸推力が生じる。

この軸推力を相殺する方法としては、羽根車の配列によって水力学的に均衡させるバランス型と釣合孔や釣合板による不釣合型とがある。なお、両吸込の羽根車のタイプにあっては、構造的に軸推力は生じない。

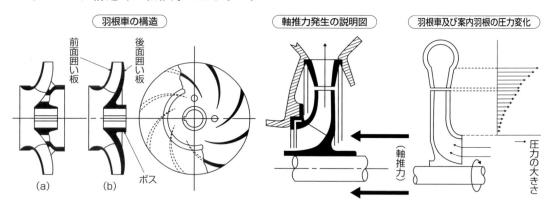

渦巻ポンプの型式

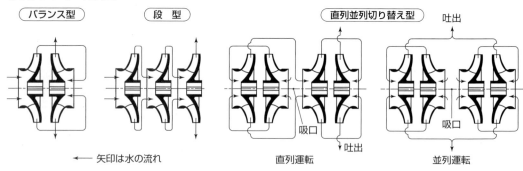

○バランス型
　羽根車を背中合わせに組み合わせ、羽根車に生ずる軸推力を釣り合わせるようにしたものである（日本ではこの型が多い。）。
○段型
　羽根車を同一方向に配列したもので、推力を受ける装置が必要。
○直列並列切り替え型
　バランス型ポンプを同一軸上に2組配列して、通水路の弁を切り替えることによって、水を順次羽根車に直列に流して高圧を得る方法と、2組のポンプに同時に水を流して水量を2倍にする方法とを、1台のポンプで行われるようにしたものがある。

2 案内羽根

羽根車より出た水は、速度エネルギーと圧力エネルギーを持って外方に飛び出し、自由渦巻運動をしながら吐出口へ進み、その過程において水の持つ速度エネルギーを案内装置によって効率よく圧力エネルギーに変換させる。

> **案内羽根（ガイドベーン）**
>
> 案内羽根は、羽根車の外周にあって、羽根車から流入する高速の水を整流するとともに、速度エネルギーを圧力エネルギーに変える働きをする。
> 揚程の高いポンプでは、渦巻室をかなり大きくしなければ圧力エネルギーが得られないため、流路を長くしなければならない。長くすると水力の損失につながる弊害となる。
> これを防ぐために、渦巻室内に案内羽根を備え、強制的に渦巻運動を行わせて水を吐出口に導く構造にしている。
> このため案内羽根の入口断面積は出口に向かって次第に拡大された形状となっている。なお、渦巻ポンプにはこの案内羽根は設けられていない。

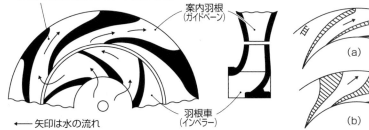
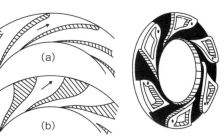

【案内羽根】

3 渦巻室（ケーシング）

単段ポンプあるいは多段ポンプの最終の羽根車から出た水は、直接に又は案内羽根を経て渦巻室に入る。ここで速度エネルギーから圧力エネルギーへの変換が行われる。

渦巻室は、等角渦巻線の曲線を持ち、吐出側に向かって漸次、断面積が増大するようなポンプケーシングの構造の中を水が流れるようになっている。

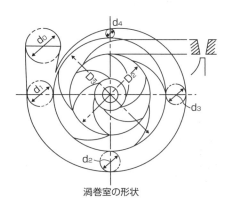

渦巻室の形状

4 密封装置（パッキン類）

ポンプには、各部からの漏水や空気の侵入を防止するために、種々のパッキンが用いられている。お互いに相対運動のない部品間にはシートパッキンを用いており、ポンプ軸がポンプケーシングを貫通し、相対運動を伴う部分にはグランドパッキンあるいはメカニカルシール等が用いられている。消防ポンプには、一般的にはグランドパッキンが使用されているが、原動機に直結の可搬式ポンプにはメカニカルシールが使用されている。

❹ 消防ポンプ

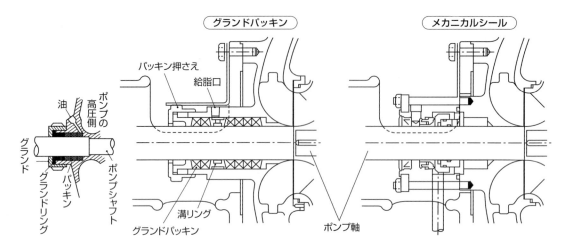

○シートパッキン
　ポンプケーシング等が分割されて組み立てられている場合は、その接合部にパッキンが用いられている。これを普通シートパッキンと呼んでいる。消防ポンプには、ゴム製のリングパッキンが多く用いられている。
　接合面にパッキン溝を設けて、ここにリング状のシートパッキンをはめ込み漏水を防いでいる。
○グランドパッキン
　グランドパッキンは、ポンプ軸がポンプケーシングを貫通する部分からの漏水や空気の侵入を防ぐために用いられるパッキンで、ポンプケーシングの密封箱（グランド）の中にグリースを給脂するための溝リングと共に挿入され、パッキン押さえを介してグランドナットによって締めつけられている。
　この部分は、ポンプ軸が回転するため、強く締め過ぎると軸との摩擦によって動力の損失を招くばかりでなく、焼き付く原因となる。また、あまり緩んでいると吸水時に空気の侵入によって揚水が妨げられ、放水時に漏水してポンプ能力の低下を招くことになる。漏水は、1秒で数滴、滴下する程度がよいとされている。
　パッキンの材質には、木綿、石綿、四弗化エチレン樹脂などの繊維を角編みにし、軸との摩擦に対する潤滑性を持たせるため、鉱物油、黒鉛、二硫化モリブデン、テフロンあるいは四弗化エチレン樹脂のディスパージョンを浸透処理したものが使用されている。

○メカニカルシール
　メカニカルシールは、グランドパッキンと異なり、グランドにはステンレス等で造られた回転面とカーボン等でできた固定面があり、ポンプ軸に直角な面で向かい合って接触しながら回転し、回転面をバネで固定面に押しつけ密封、摺動する構造である。特徴としては、密封性能及び耐久性に優れている。冷却水の点検のみ行えばメンテナンスは不要である。

9. 消防ポンプの各装置

　ポンプ装置は、消防車両の走行用エンジンから動力を取り出して、ポンプを駆動するポンプ駆動装置、主ポンプ、主ポンプの呼び水を行う呼水装置、ポンプ運転中にエンジンの過熱を防ぐ冷却装置、吸水配管と放水配管及び計器類等により構成されている。

1 ポンプ駆動装置

エンジンの動力を走行以外の動力として取り出すための装置をP.T.O（パワー・テーク・オフ）という。

消防ポンプ自動車もこのP.T.Oで、エンジンからポンプの動力を取り出している。

このポンプ駆動装置は、一般にポンプミッションと呼ばれ、動力を取り出す位置により、一体式、独立式、中挟み式、低床式等に区分される。一般にはクラッチとトランスミッションの間に駆動装置を設ける中挟み式が採用されている。

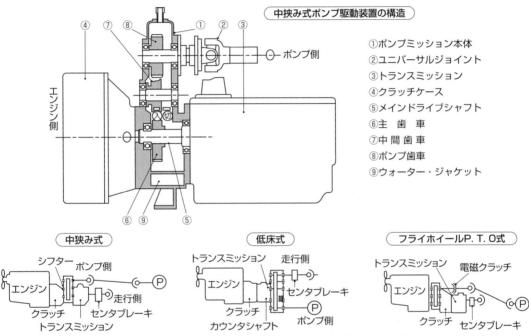

①ポンプミッション本体
②ユニバーサルジョイント
③トランスミッション
④クラッチケース
⑤メインドライブシャフト
⑥主歯車
⑦中間歯車
⑧ポンプ歯車
⑨ウォーター・ジャケット

ポンプ駆動装置は、エンジンの回転数を3枚の歯車によって1.0～1.5の範囲で増速し、ユニバーサルジョイントによってポンプへ動力を伝達している。走行用からポンプ駆動用の動力の切り替えは、ポンプレバーによって中間の歯車をスライドさせて行う。

2 主ポンプ（ポンプ本体）

現在、主として消防ポンプ自動車に用いられているポンプは、2段式バランス型タービンポンプ及び3段式タービンポンプが使用されている。

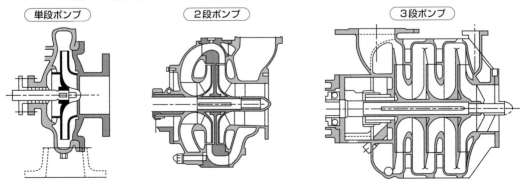

10. 消防ポンプの構造と機能

ポンプ装置は、メインポンプ、呼水装置としての真空ポンプ装置、附属装置として止水弁と逆止弁（チェックバルブ）、自動放口閉塞弁、吸・吐水配管、冷却装置、排水コックなどから構成されている。

ポンプの動力は、エンジンからポンプ動力伝達装置（P.T.O）よりユニバーサルジョイントを介して伝達される。

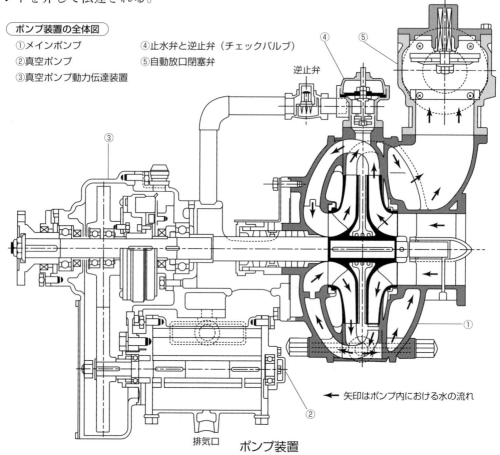

ポンプ装置の全体図
①メインポンプ
②真空ポンプ
③真空ポンプ動力伝達装置
④止水弁と逆止弁（チェックバルブ）
⑤自動放口閉塞弁

← 矢印はポンプ内における水の流れ

ポンプ装置

◘ メインポンプ（主ポンプ）

メインポンプは、2段バランスタービンポンプで、インペラー、ガイドベーン、ケーシングなどから構成されている。

吸水管より吸い上げられた水は、1段目インペラーに入り、遠心力によって速度水頭が与えられて、ガイドベーンに入る。

ここで水の速度水頭は圧力水頭に変換されて、2段目のインペラーに入る。圧力水は、さらに2段目インペラーからガイドベーンを通り、ケーシングを流れる間に、圧力水頭が倍加され、自動放口閉塞弁を経て放口に達する。

インペラーの回転によって、ポンプシャフトには推力が生じるが、インペラーは推力を相殺するように組み込まれているので、推力はガイドベーンの中央でバランスする。

ポンプには、ポンプシャフト沿いに水が漏れるので、これを防ぐために、シャフトがポンプを貫通する部分に密封部を設けている。

この密封部のパッキンは、パッキン押さえを介して、グランドナットによって締め付けられている。

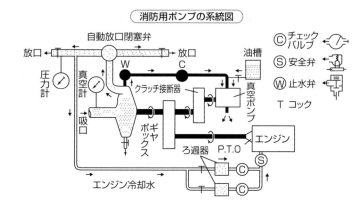

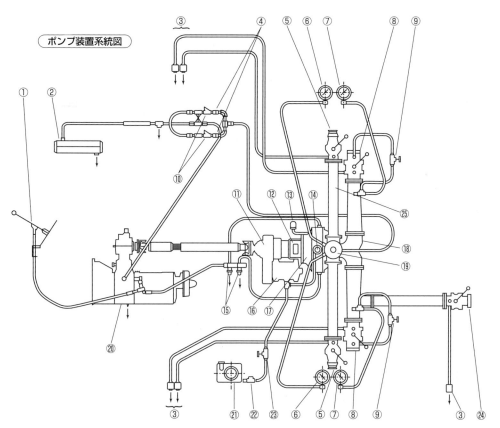

①ポンプ駆動レバー	⑧吸口コック	⑮ポンプドレンコック	㉒チェックバルブ
②サブラジエター	⑨エジェクターバルブ	⑯真空ポンプ	㉓油量調節バルブ
③ドレンコック	⑩冷却水ストレーナー	⑰メーンポンプ	㉔中継口コック
④冷却水バルブ	⑪真空ポンプ駆動装置	⑱吸水管	㉕吐水管
⑤放口コック	⑫グランドナット	⑲自動放口閉塞弁	
⑥圧力計	⑬圧力スイッチ	⑳ポンプ動力伝達装置（ポンプP.T.O）	
⑦連成計	⑭止水弁	㉑真空ポンプオイルタンク	

2 放水配管

主ポンプの吐出部に接合された自動放口閉塞弁よりパイプが左右に分岐され、その先端に放口コックが取り付けられている。

また、吐出側には、ポンプ運転に必要な圧力計や流量計が接続されている。

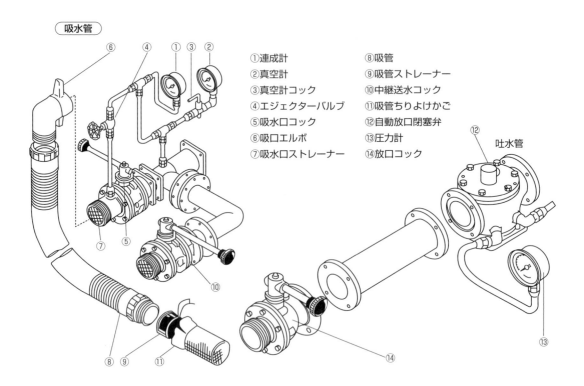

①連成計　⑧吸管
②真空計　⑨吸管ストレーナー
③真空計コック　⑩中継送水コック
④エジェクターバルブ　⑪吸管ちりよけかご
⑤吸水口コック　⑫自動放口閉塞弁
⑥吸口エルボ　⑬圧力計
⑦吸水口ストレーナー　⑭放口コック

3 吸水配管

○吸水管

吸水管は、管内の摩擦損失ができるだけ少なくなるよう配管されているとともに、吸管を接続する吸水口及び他の消防自動車から、中継送水を受けるための中継吸水口が車体の両側面に取り付けられ、いずれも側面付近にコックが設けられている。

4 冷却装置

冷却装置は、ポンプ運用時にエンジン及びポンプ駆動装置（ポンプミッション）の過熱を防ぐため、主ポンプで揚水した水の一部を冷却水として利用するものである。

主ポンプより取り出された冷却用の水は、冷却水バルブによりストレーナーを通って、ポンプ駆動装置及びサブラジェターに送られ、それぞれの冷却を行う。

また、一般に冷却水バルブ及びストレーナーを2系統とし、1系統がゴミ等により目詰まりを起こした場合に、予備の回路で冷却水を流し、流れが中断しないように工夫が施されている。

第1節 消防ポンプの概要

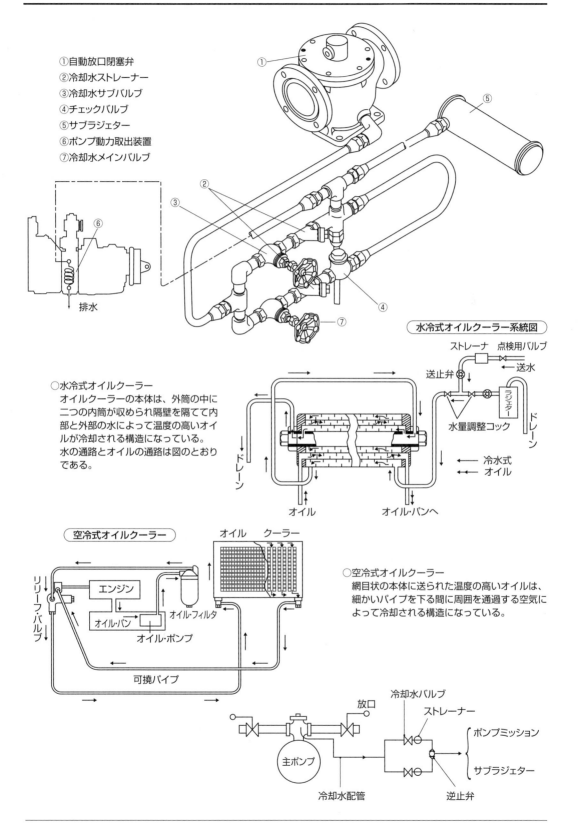

①自動放口閉塞弁
②冷却水ストレーナー
③冷却水サブバルブ
④チェックバルブ
⑤サブラジェター
⑥ポンプ動力取出装置
⑦冷却水メインバルブ

○水冷式オイルクーラー
　オイルクーラーの本体は、外筒の中に二つの内筒が収められ隔壁を隔てて内部と外部の水によって温度の高いオイルが冷却される構造になっている。水の通路とオイルの通路は図のとおりである。

○空冷式オイルクーラー
　網目状の本体に送られた温度の高いオイルは、細かいパイプを下る間に周囲を通過する空気によって冷却される構造になっている。

115

5 エジェクター装置

　エジェクター装置は、吸管を片側のみで河川等の自然水利から、吸水している場合にポンプ運転を停止することなく、さらにもう一方の吸管を投入して吸水する場合に使用するものである。これは放水時の吸水負圧を利用して、後で投入した吸管内の空気を徐々に放口より水と一緒に放出し揚水する装置である。

　この機構は、吸水コックを迂回するように、エジェクター装置と揚水を確認できる揚水確認装置（グラスボール）をセットにした配管が設けられている。筒先からは、放水に混じった空気がパッチパッチと弾ける音を発しながら排出される。

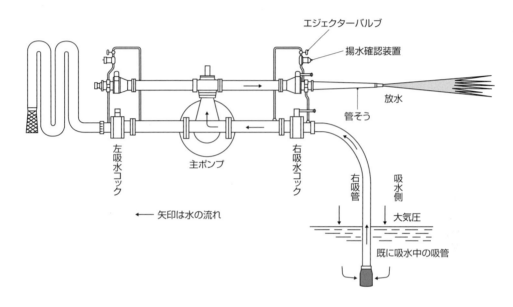

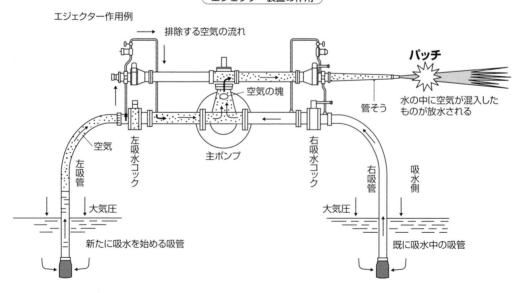

エジェクター装置の作用

第1節　消防ポンプの概要

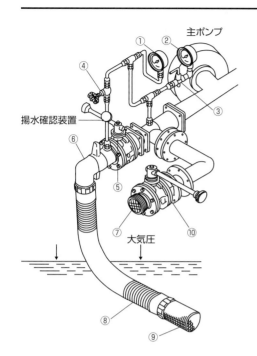

①連成計　　　　　⑥吸口エルボ
②真空計　　　　　⑦吸水口ストレーナー
③コック　　　　　⑧吸管
④エジェクター装置　⑨吸管ちりよけかご
⑤吸水コック　　　⑩中継吸水コック

真空ポンプで主ポンプに水を呼び込んだ後は、真空ポンプの自動停止装置が働き呼び水は完了する。その後は、主ポンプ内に発生する低圧部に大気圧に押された水が流れ込む。
新たに投入した吸管には空気があり、この空気が主ポンプに入ると落水することから、エジェクター装置で徐々に空気を抜き、揚水確認装置に水が入り込んだのを見計らって、吸水コックをゆっくり開くと大気圧で押し上げられた水が吸水コックまで上がってきているので通水することができる。
ポンプ運転中に主ポンプに空気が入ると鈍い異音を発するとともに、計器類の針が大きく振れる。

6 流量計

○タービン式流量計
　タービン式流量計は、流体の流れるパイプの中にローター（回転翼）を取り付けたもので、ローターの回転速度が通過流体の速度に比例することを利用して計測するものである。
　ローターの回転は、翼の先端に取り付けられた微少磁石により、パイプ外側に設けられたピックアップコイルが感応し、瞬時流量に比例した周波数の出力信号を計器に指示するものである。

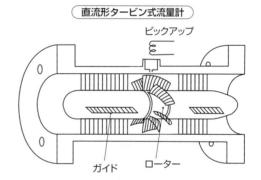

直流形タービン式流量計

7 エンジンガバナ

　エンジンガバナは、ポンプ運転中、吸水源が枯れたり、あるいは吸水管が詰まったような場合に、ポンプの負荷が軽くなるため、エンジンの回転数が急激に上昇して、エンジンを破損させる事態が起こるのを防止するために、エンジンの高速回転を抑制する装置である。
　構造原理は、エンジンの回転速度の変動によってフライウェイトの遠心力とスプリング張力のバランスにより変位した動きによって、ガソリンエンジンの気化器を調整したり、ディーゼルエンジンのインジェクションポンプの燃料噴射量を調整し、エンジンの回転を制御するものである。
　その他、消防ポンプの放水圧力を一定に保つためにポンプの回転数（エンジン回転）を調整する装置として、マイクロコンピューターにより、エンジン回転を制御する電子ガバナーも一部に取り入れられている。

❹ 消防ポンプ

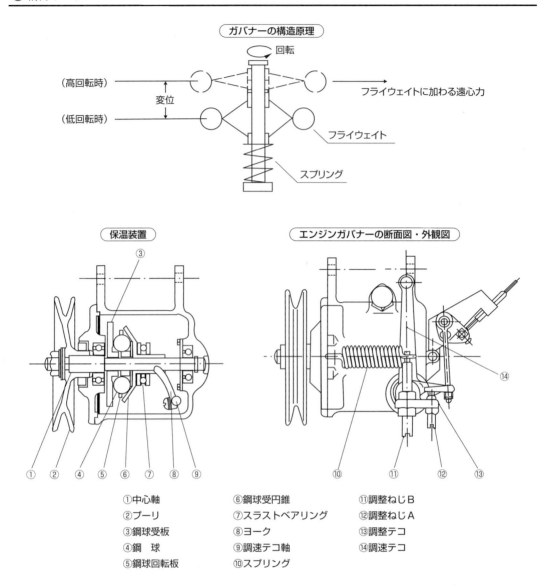

寒冷期において、エンジンの始動をよくするためにエンジンの潤滑油の保温用に300〜600Wのヒーターが取り付けられている。電源として室内のコンセントを利用する。

8 ポンプ圧力制御装置

ポンプの吐出管部に取り付けられた圧力センサが感知する圧力を電気信号に変えることによって、水圧3〜23kgf/c㎡（0.29〜2.25MPa）の範囲内で、自由にエンジンの回転速度を制御する。また、真空側に対しては真空度580±25mmHg（80±3.3kPa）の範囲内で警報する。

なお、ポンプの圧力調整装置には、電磁弁の作用によって上昇する圧力をリリーフさせる型式のものがあり、吐出管に取り付けられている。

第1節　消防ポンプの概要

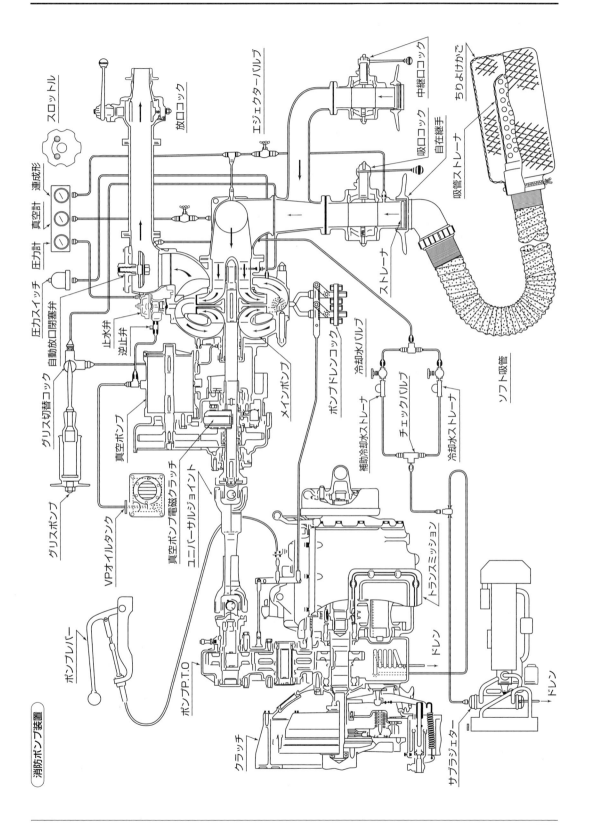

消防ポンプ装置

❹ 消防ポンプ

第2節　ポンプの取扱い要領

1. 使用前の点検

(1)　真空ポンプのオイルの有無
(2)　ポンプ動力伝達装置のオイルの有無と劣化の状況
(3)　ポンプレバーの動きとポンプドレンコックの連動状況の良否
(4)　各コック類の開閉状態の良否
(5)　真空作成及び漏気状態の良否
(6)　真空ポンプレバーやスイッチ、自動切替弁の作動の良否
(7)　各軸受部及びポンプ密封部への給油の状況
(8)　吸管の取付状態の良否
(9)　吸管ストレーナとちりよけかごの状態
(10)　各計器の異常の有無

2. 無圧水利による操作

(1)　ポンプ車をできるだけ水平な位置に停車させ、駐車ブレーキを確実にかけ、車止めをあてる。
(2)　エンジンガバナーをセットする。（セットされているものもある。）
(3)　吸管を水源に投入し、ロープで確実に固定する。
(4)　吸水口コックを開ける。
(5)　エンジンクラッチを切りトランスミッションのシフトレバーを中立にしてポンプレバーを入れる。クラッチを静かに接続する。
(6)　エンジンをアイドリングの状態で、真空ポンプレバー又はボタンを入れる。
(7)　エンジン回転を徐々に上げ、真空ポンプの回転数を1350r/minにする。（真空ポンプが回転し始めると、エンジン回転が下がるので調整すること。）
　　（真空ポンプの回転に伴い、徐々に水が吸い上げられ水に圧力がかかり1.5〜2.0kgf/cm²（0.15〜0.20MPa）になると、機械式クラッチの場合は自動切替弁が、電磁クラッチの場合は圧力スイッチが働いて、真空ポンプが停止し、揚水を完了する。）
(8)　ポンプに水圧が上がり「放水始め」の合図を待って、放口コックを開いて送水する。この場合ホースの延長状況を見越して、放口コックは1／4開度程度からゆっくり開いて送水する。
(9)　送水圧力は、スロットルの加減によって徐々に所要の圧力を得る。
(10)　送水開始後、水温計（油温計）を見ながら、必要に応じて冷却用のコックを開いて冷却水を送るようにする。

120

⑾ エジェクター装置の操作は次による。
- 吸管を水利に投入し、ロープで固定する。
- エジェクターバルブを徐々に開ける。
  （吸管内の空気は、吸水の負圧作用によってポンプ内に入り、ノズルから少しずつ排出される。このとき、エンジン音が変わり、圧力計と真空計が一時的に下がり針が振れる。）
- 揚水確認器によるか、圧力の上昇によって揚水完了を確認する。
  （圧力計と真空計の針が元に戻る。）
- 吸口コックを徐々に全開する。

3. 有圧水利(消火栓)による操作

⑴ ポンプ車を水平な位置に停車させ、駐車ブレーキをかけ車輪止めをあてる。
⑵ クラッチを切り、シフトレバーを中立にしてポンプレバーを入れる。
  （シフトレバーの操作については、無圧水利の場合と同様である。）
⑶ 真空計のコック（取り付けられているもの）を閉める。
⑷ 吸管を消火栓に結合する。
⑸ 消火栓バルブを開ける。
⑹ 放口コックを開けて送水する（送水要領は、無圧水利の場合と同様である。）。
⑺ 連成計と圧力計を見ながら、スロットルを加減して所要の圧力とする。
⑻ 送水開始後、水温計（油温計）を見ながら、必要に応じて冷却用のコックを開いて冷却水を送るようにする。

4. 放水一時停止

⑴ 圧力計を見ながら、スロットルを低速にする。
⑵ 放口コックを閉める。
⑶ ２口放水をしている場合、１口放水停止するときは停止する放口コックを徐々に閉めた後、放水中の圧力に注意しながら必要な圧力の調整を行う。

5. 放水停止操作

⑴ 「放水止め」の合図によって、スロットルを下げエンジンを低速にする。
⑵ 放口コックを閉める。
⑶ 冷却水コックを閉める（冷却用のコックを操作した場合）。
⑷ エンジンクラッチを切ってポンプレバーを外す（シフトレバーをトップに入れているものは中立にする。）。

❹ 消防ポンプ

(5) 各部のドレンコックを開けて、ポンプ及び配管内の残水を排出する。

(6) 完全に残水が排出されたのを確認してドレンコックを閉める。

6. 中継送水操作

(1) 中継ホースを延長し、先ポンプの中継口に結合する。

(2) 元ポンプは、先ポンプの連成計の圧力が、1.0～2.0kgf/㎠（0.10～0.20MPa）になるようにポンプ圧力を調整しながら送水する。

(3) 先ポンプは、送水圧が適切であるかどうかを確認する。

(4) その他の操作については、無圧水利の場合と同様である。

7. ポンプの取扱い上の注意事項

(1) ポンプ車はできるだけ水利に近づけ、固い地盤を選んで水平に設置する。

(2) 吸管は全部延ばし、ねじれや曲がり、結合部の緩みや損傷が生じないように注意すること。

(3) 無圧水利を使用するときは、次のことに注意すること。

- 地盤が軟弱な場合は、タイヤの下に敷板をあてるなどして、車体の安定を図ること。
- 吸水高さは、おおむね7.5m～8.0mが限界であるので注意すること。
- 吸管のちりよけかごは、水面下30cm、水底上15cm程度離して投入するのが理想である。
- 流れの浅い河川を利用する場合は、川底を十分に掘って水溜まりをつくること。また流れの急な河川では川上側になるように吸管のストレーナー部を投入して、控え綱でしっかりと固定すること。
- 吸管は浮き上がらないように確実に固定すること。
- 使用する吸管の数は、吸水高さと吸水量（放水量）とを考慮して決めること。
- 吸管の曲がりなどが、ポンプの位置より高いときは、その高くなった部分に空気溜まりが生じて落水のおそれがあるので注意すること。
- エジェクターバルブは、徐々に開けること。急激に開けると圧力が0kgf/㎠（0MPa）まで下がることがある。また、エジェクター使用時は揚水完了を確認したうえで、吸口コックを開けること。

(4) 消火栓を使用するときは、次のことに注意すること。

- 真空計が取り付けられているものは、そのコックを必ず閉めること。
- 消火栓のバルブは、ポンプを低速運転させてから開けること。
- 消火栓の吸水量が不足したために他の水利から中継を受けるときは、必ず消火栓バルブを閉めること。
- 消火栓の吸水能力は、その圧力のみによっては推定できず、給水できるのは、原則

として0 kgf/cm²（0 MPa）以上であるが、連成計が0 kgf/cm²（0 MPa）以下になっても圧力計が上昇する限り給水できる。

(5) 中継送水の場合は、先ポンプ及び中ポンプの真空計（取り付けられているもの）のコックは必ず閉めておくこと。

(6) ポンプ運転には、次のことに注意すること。
- トランスミッションのシフトレバーをトップに入れるものは、それを入れること。
- エンジンの回転の増減は急激に行わないこと。
- 真空ポンプの運転は、真空ポンプの回転数を1350r/min程度とし、必要以上に回転数を上げないこと（回転数を上げても真空性能は良くならない。）。
- 放口コックの開閉は徐々に行い、急激な操作は行わないこと。
- 放水にあたっては、ホースの種別、延長本数、破損の程度、ノズルの口径、放水位置（背圧）などの状況に応じて、ポンプ圧力を決定すること。
- 各計器を注視し、その変化に応じて適切に対処すること。特にキャビテーションの発生には注意すること。
- エンジンの油圧は規定内にあることを確認し、油温及び水温は、70〜90℃に保つようにし、冷やし過ぎないように注意すること（60℃以下では過冷である。）。
- 水面の下降等の水利の状況に注意すること。
- 2線以上の放水体形で運用しているときは、1線を急閉しないこと。
- ポンプと筒先の連絡を密にすること。
- 中継送水の場合は、先ポンプと中ポンプの連成計の針が真空計側を示さないように調節しながら送水すること。

(7) ポンプ停止後は、次のことに注意すること。
- 消火栓を使用するときは、消火栓のバルブを閉めてから、吸口コックを閉めること。
- 放水終了後は、ドレンコックより残水を排出すること。排水完了後は閉めておくこと。ただし、ドレンコックを除く。
- 汚水や海水等を使用したときは、ポンプや配管を必ず洗浄すること。

8. ポンプの故障と原因

　ポンプ装置の故障は、主として主ポンプと真空ポンプとに分けられる。ポンプは揚水が問題であって、真空になることが必要である。しかし、真空になっても揚水しない場合があり、また、揚水しても圧力が出ない場合等もあり、それぞれに原因がある。したがって、常日ごろから点検整備を行い、故障の原因を見つけ、万全を期すようにしておかなければならない。

9. 漏気箇所

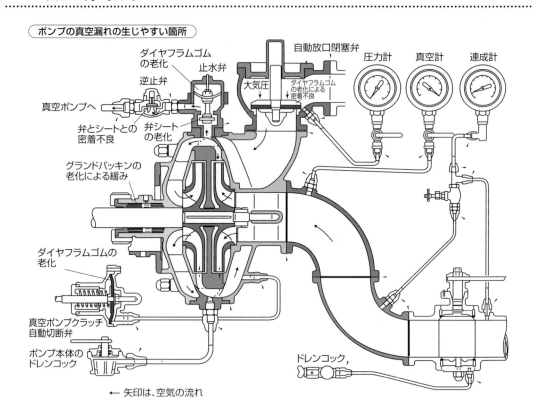

10. キャビテーション（cavitation）現象

　キャビテーションは、船のスクリューなどの後部の静圧が水の蒸気圧より小さくなって発生する水蒸気の泡をさす。

　うず巻きポンプ等は、ポンプ運転時にキャビテーション現象を起こす場合がある。この現象が起こると、振動や騒音を発し、ポンプ性能の低下を来す。さらに強度のキャビテーション現象になるとポンプ運転の持続も困難となり、特にこの現象の害は、ポンプの羽根車やケーシングの各部にわたって腐食作用を伴うことである。

　このような実害をなくすようポンプの設計段階から工夫が施されているが、ポンプの運転中にも作動状態には十分留意する必要がある。

　消防ポンプのキャビテーション現象は、そのポンプのもつ能力以上の大量放水や、低水位吸水の場合、能力の低い消火栓の利用の場合、それに供給量の低い元ポンプとの中継送水等の場合にもその不均衡から発生しやすい。

　キャビテーションを生ずると、ポンプは空転状態に近く、ポンプ回転数の急上昇となり、長引くとエンジンの過回転から破損にいたるため、この状態での連続運転は絶対に避けなければならない。

11. エンジン出力

○馬　力

　一般的に「あの車が力がある」などといわれるのは、エンジン出力の馬力をさしている場合が多い。馬力は、そのエンジンの成し得る仕事量で、「このエンジンは80馬力である」などと表現し、エンジンの出し得る最高出力をいう。通常、日本では、馬力測定の方法をドイツ方式で行っている（他には米国式、伊式がある。）。

　psは、（pfirde・starke）の頭文字を取ったものである。80馬力を表すのに80ps/6000 r/minのように表現される。これはエンジンの回転数が1分間に6000回転のときに80馬力出すという意味である。もちろん排気量の大きいエンジンほど出力も大きいといえる。

　1馬力は、75kgの物を垂直に上方へ、1秒間に1m持ち上げる仕事をしたときの仕事量をいう。

　1馬力＝1ps＝75kg・m／秒（sec）である。例えば80psの馬力は、75kg・m/s×80で6000kg・m/sとなり、60kg（大人の重さ）のものを1秒間に100m垂直上方に持ち上げる力に相当する。

○トルク

　エンジン出力のもう一つのトルクは回転力といって、ネジ回しを回すときやスパナでボルトを締めつけるときに、中心のネジに作用するねじる力と同じようなものである。エンジンでは、シリンダーの爆発エネルギーがピストンを押し、クランクシャフトを回す力がこれに相当する。単位は、kg・mで表される。トルクの大きさもエンジン回転数によって変化するが、一般的にはエンジンの中間回転域で最も大きなトルクを発生する。

12. 給油脂

給油脂は、次の要領で行う。
- ●シャシー関係は、シャシーメーカーの取扱説明書によること。
- ●ポンプ部への給油脂は、図の給油脂箇所に行う。
- ●ポンプ動力取出装置は、定期的に油量の点検を行い、適正量に補給すること。

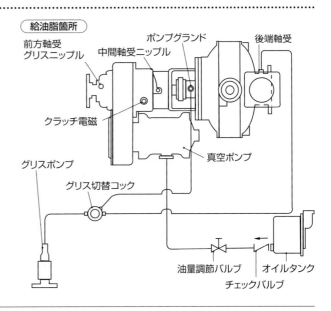

13. 放水量の測定

ノズルより噴出する水流は、ノズルを離れた瞬間に静圧はなくなり、すべて速度水頭（動圧）に変えられる。

ノズルよりの放水量は、ピトーゲージをノズル口径の1／2のところで、流れの中心にあてて圧力を測定する。

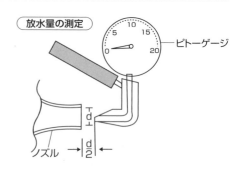

14. 凍結防止装置

この装置は冬期に水ポンプ内インペラー及びポンプドレンの凍結を不凍液により防ぐ装置である。

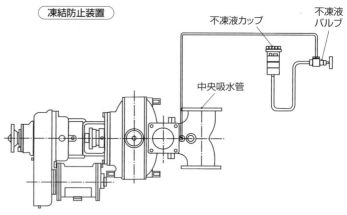

操作は、次の手順で行う。
- ドレン作業を確実に行う。
- 不凍液の量を確認し、カップに不凍液を注入する。
- 真空試験の要領で、真空度を50cmHg（66.5kPa）まで上げ、真空ポンプを停止します。
- エンジン回転数を1000r/minまで上げて、不凍液バルブを開ける。不凍液がポンプケース内に吸収され、霧状の液がポンプケース内に噴霧される（ポンプの運転は2～3分とする。）。

15. 乾燥真空試験

定期的にポンプ装置を乾燥状態で真空作成試験を行うことによって、緊急時の使用にあたって、揚水不能におちいることのないようにしなければならない。

(1) 吸管を完全に結合し、漏気すると思われる部分を密閉する。
- 吸管先端のちりよけかご及びストレーナーを取り外して、真空テスト用の吸盤をあてる。
- 真空ポンプを所定の回転速度で駆動する。
- 真空計の針が30秒以内に64cmHg（85.12kPa）以上を示し、真空ポンプを停止させたときに30秒後に64cmHg（85.12kPa）以上であれば良好である。

(2) 真空作成試験において数値が満足であれば、吸管を取り外し吸口に吸盤をあてて同様の試験を行う。

(1)及び(2)の試験結果から、吸管部の不良箇所とポンプ装置の漏気箇所を発見することができる。

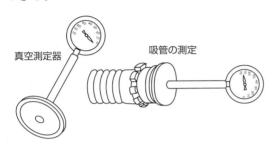

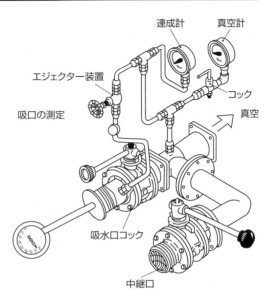

16. 計器類

消防ポンプに取り付けられている計器類には、圧力の状態を知るための圧力計、真空計及び連成計がある。これらは一般的には内部に金属曲管の伸縮を利用したブルドン管が用いられている。また、放水量を知るための流量計等がある。

○圧力計（プレッシャーゲージ）
　圧力計は、ポンプの吐出側に取り付けられ、放口側の圧力（静圧）を計るもので、圧力計配管の取り出し口は、ポンプ本体及び放口部に設けられ、途中にバルブが設置されたものもある。指示範囲は０～30kgf/c㎡（０～2.94MPa）のものが多い。

○真空計（バキュームゲージ）
　真空計は、ポンプの吸水側に取り付けられ、吸水時の真空の度合いや真空試験時の真空の度合いを示すもので、指示範囲は０～76cmHg（０～101.08kPa）である。中継送水及び消火栓等の有圧水利部署の際には、真空計に水圧が入らないようにコックが設置されている。

○連成計（コンパウンドゲージ）
　主ポンプの吸水側に取り付けられ、真空を示す部分と圧力を示す部分とが併置され、自然水利に部署した場合は針が真空を示し、有圧水利に部署したような場合は、針が圧力側を示す。

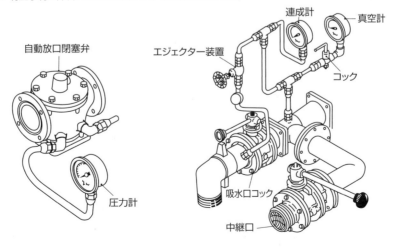

17. ブルドン管

だ円形の湾曲した金属管Cに連なるAを固定し、B端にセクタギャー（扇形歯車）Dが連結され、指針Gの小歯車Eがみ合っている。圧力PがAに加わると金属管Cが伸縮して、セクタギャーを動かし、これにかみ合うピニオンEを回し指針を動かす。管の内圧が負圧のときは動きが逆になって真空を示す。

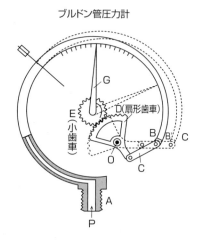

ブルドン管圧力計

18. 流量計

流量計は、フローメーターともいい、管の中を流れる流体の流量を測定する計器である。
消防ポンプには、圧力損失が少なく、泥水等の流水量も測定できる電磁流量計が使用されている。
原理は、磁場の中で導体を動かすとき、磁場の方向と導体の運動方向とにお互いに直角な方向に起電力を生ずるというファラデーの法則を応用したものである。
電磁流量計の原理構造は、電導性の流体が流れている管を挟んで磁石をおき、管に直角に磁場をつくると、管内を流れている流体に起電力を生じ、磁場の方向に対して直角に取り付けられた電極に誘起される電圧E（V）は、次式で表される。　　$E = B \cdot d \cdot \bar{U} \times 10^{-8}$
Bは磁束密度（ガウス）、dは管の直径（cm）、$\bar{U}$は管中の流体の平均流速（cm/sec）で、起電力は、磁束密度（ガウス）B及び管路径dが一定であれば、流速に比例した値となり、この起電力を測定すれば流量を求めることができる。

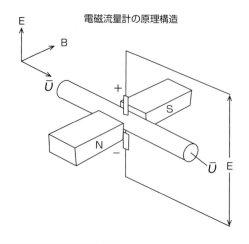

電磁流量計の原理構造

第3節　可搬消防ポンプ（小型ポンプ）

可搬の消防ポンプは、人力で搬送する場合と人力でポンプを台車に載せて搬送する場合、それにポンプ積載車で火災現場等に運搬して、消火活動などに用いられている。

始動と揚水を個々に操作する一般的なものと、これらを自動的に連動操作できる全自動式のものとがある。ポンプは、エンジン、主ポンプ、呼水装置（真空ポンプ）、放口コック、計器等により構成されている。

○エンジン
　現在、可搬消防ポンプのエンジンは、2サイクル水冷式又は空冷式が使用されている。

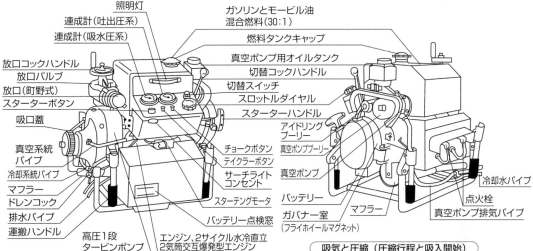

○2サイクルエンジンの作動原理
　2サイクルエンジンの行程は、ピストンの上下運動の1行程で終了し、クランク軸が1回まわる間に吸気、圧縮、爆発、排気を行う。
● 下降行程
　圧縮がピークに達したところで、混合気に電気火花で点火して爆発させる。ピストンが押し下げられ、まず排気孔が開いて燃焼ガスが排気される。さらにピストンが下がると、クランク室の混合気が掃気孔からシリンダーに流れ込み、同時に燃焼ガスを押し出して（掃気）上昇行程に移る。
● 上昇行程
　ピストンが上がり始めると、掃気孔、次に排気孔が閉じられ圧縮を始める。一方クランク室側の吸気孔が開き、混合気がクランク室に吸い込まれる。
○2サイクルエンジンオイルの役目
　特別な潤滑機構を持たないので、ガソリンとオイルと空気の混合燃料をクランク室に導いて、クランクシャフト回りやシリンダーの潤滑を行っている。この混合ガスに混じっているオイルは未燃焼の状態でカーボン状となって残るので、燃焼に際しては何の働きもしていないのである。

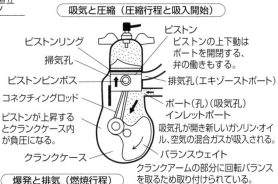

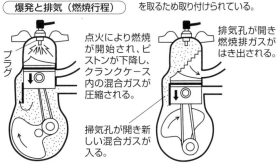

1. 2サイクルエンジンの潤滑装置

2サイクルエンジンの潤滑方式には、ガソリンの中にオイルを一定比率で混合する混合潤滑方式と、オイルタンクを別に設けて、オイルポンプによりエンジンの内部にオイルを供給する分離供給方式とで、エンジンの潤滑を確保して焼きつきの防止を図っている。

1 潤滑装置

○潤滑装置の役割
エンジンを運転すると、摺動部は摩擦熱のため高温となり、摩耗や焼きつきを起こすおそれがある。
これを防止するために、摺動部の冷却を兼ねてオイルを各部に行きわたらせ潤滑させる必要がある。

○給油方式の種類
2サイクルエンジンの給油方式には、ガソリン中にオイルを一定比率で事前に混合して使用する混合給油方式と、エンジンオイルタンクを別に設けてオイルポンプによりエンジン内部へオイルを供給する分離給油方式がある。

○分離給油の構造
分離給油方式の基本構造は、分離給油例の図に示すとおりである。
クランク軸からドライブシャフトを介して取り出した動力によりプランジャー式オイルポンプを作動し、アクセルハンドルに伝達したコントロールワイヤーでポンプレバーを動かして流量を加減する仕組みとなっている。

○吸気エルボ（分離給油）
気化器により作り出された混合気を第1と第2シリンダーへ均等に送り込む役割をする。また、分離給油エンジンは、通路の中間に2サイクルエンジンオイルを噴射するノズルが取り付けられている。

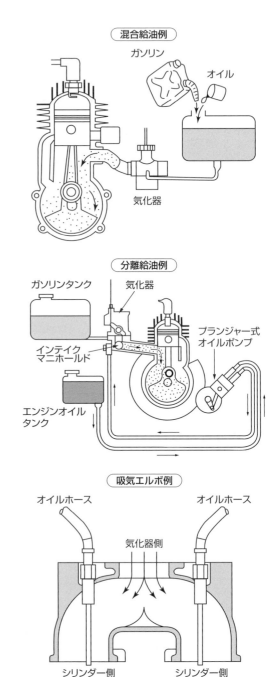

2 燃料の取扱上の注意事項

　ポンプの燃料タンク内に燃料（混合ガソリン）を未使用のまま長期間放置すると、化学変化等により燃料が変質する場合がある。このまま放置しておくと、これにより給油系統に障害が発生し、起動不良又はエンストの原因にもなるおそれがあるので、下記の事項に留意しながら点検を行う。
- 毎月１回以上の点検を行い、万一燃料に刺激性の匂いがしたり、濁っている場合は、直ちに新しい燃料と入れ替える。
- 燃料が短期間で変質する場合は、ガソリンのメーカーを変えるようにする。これはメーカーによってガソリンの組織が異なっているためである。
- 燃料は３か月以上経過すると揮発や化学変化するためである。起動不調等の原因にもなるので、なるべく入れ替えるようにする。
- ガソリンは無鉛ガソリンでよいが、混合用のオイルは２サイクル専用オイルを使用する。

2. 放水部

　可搬消防ポンプの放水部は、放水量の調節を行う放口バルブと真空ポンプ作動時と待機時に、ポンプ本体への空気の侵入を防ぐ逆止弁とが、コンパクトに一体になっているほか、放水時に可搬消防ポンプに対する反動を少なくするために可動するようになっている。

1 主ポンプ

　可搬消防ポンプには、単段ポンプが使用されている。

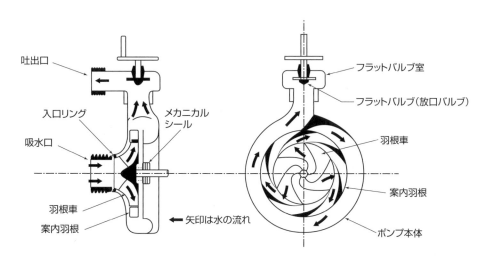

❷真空ポンプ

可搬消防ポンプの呼水装置は、消防ポンプ自動車と同様の偏心ロータリー式の真空ポンプが主に使用されている。

なお、一部の小型の可搬消防ポンプ（Ｄ級）の呼水装置は、プランジャー式のものが使用されている。

プランジャー式は、真空ポンプのハンドルを上下に作動して、真空状態を形成して吸水するものである。

①チェックバルブ　②排気ゴム
③ピストン　④シリンダー

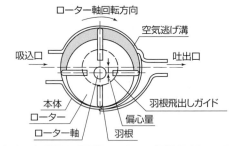

真空ポンプは普通は4翼偏心ロータリー式が使用されている。

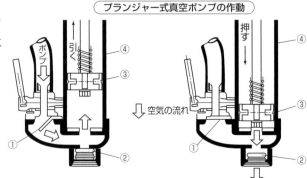

❸止水弁・逆止弁

止水弁は、ポンプ本体から、真空ポンプへの通路の開閉を自動的に行うための装置で、真空ポンプが作動するとポンプ内が負圧となり、これにより止水弁が吸引されて、通路が開き吸水が行われ、吸水と同時に、水圧により止水弁が押し上げられて閉じられる。また、逆止弁Ｂは止水弁と真空ポンプの中間に設けられ、ポンプの水圧が低くなり、止水弁を圧着させる力が弱くなったとき、真空ポンプ側から空気が逆流して落水するのを防ぎ、また逆止弁Ａからは水ポンプ側真空パイプ内に入った水が排出される機構である。

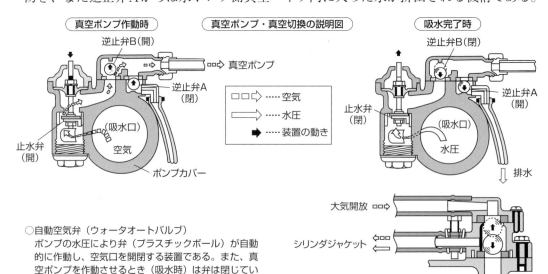

○自動空気弁（ウォータオートバルブ）
ポンプの水圧により弁（プラスチックボール）が自動的に作動し、空気口を開閉する装置である。また、真空ポンプを作動させるとき（吸水時）は弁は閉じているので、ポンプケースに空気は入らない構造になっている。

第4節　ポンプの故障と原因

　ポンプ装置の故障は、主としてポンプと真空ポンプとに分けられ、ポンプは揚水が問題であって真空になることが必要である。しかし、真空になっても揚水しない場合があり、また、揚水しても圧力がつかない場合などもあり、それぞれに原因がある。

　したがって、常日ごろから点検整備を行い、故障の原因を見つけ、万全を期すようにしておかなければならない。

1. 揚水しない

〈真空ができない場合〉

○真空ポンプ装置の故障

状　　態	原　　因	対　　策
真空ポンプの損傷	ケーシングやベーンの摩耗損傷	工場修理する。
真空ポンプの焼きつき	給油不足又は配管の詰まり	オイル補給又は工場修理する。
クラッチの滑り又は接合不良	機械式クラッチの摩耗	工場修理する。
	電磁クラッチの通電不良	

○漏気がある

状　　態	原　　因	対　　策
ポンプ附属装置の不良	止水弁、逆止弁、自動放口閉塞弁の不良	弁座等の交換又はすり合わせる。
	ドレンコックや冷却水バルブの不良又は締め忘れ	交換又は締め付ける。
	グランド部の不良	締め付け又はパッキンを交換する。
吸水系の不良	吸管結合部の緩み	締め付ける。
	吸管パッキンの不良	交換する。
	吸口コック、中継コックの不良又は締め忘れ	工場修理又は締め付ける。
	配管系の亀裂	工場修理する。

〈真空ができる場合〉

状　　態	原　　因	対　　策
ポンプ内部の故障	摩耗、羽根車のつまり等	工場修理する。
吸管の故障	ストレーナーのつまり	清掃する。
	吸管のつぶれ	交換する。
	吸管内面ゴムの剥離	交換する。
吸水高さ	吸水高さが高すぎる。	吸水高さを下げる。

❹ 消防ポンプ

2. 揚水する

〈放口を開けると落水する。〉

状　態	原　因	対　策
漏気がある。	吸水側からの漏気がある。	漏気箇所を調査する。
	自動放口閉塞弁の不良	弁座を交換する。
吸水管や吸管に空気溜まりが発生する。	吸管の位置がポンプより高い。	吸管の位置をポンプより低くする。（できれば位置を移動）
	吸水管部が吸管より極端に太いか又は高い位置にある。	空気溜まりの空気を排出する。

〈送水圧力が得られない。〉

状　態	原　因	対　策
吸水系統からの漏気	吸管結合部の緩み又はパッキンの不良	締め付け又はパッキンを交換する。
	ドレーンコックや冷却水コック等の締め忘れ又は不良	締め付け又は交換する。
	グランドパッキンの不良	交換する。
吸管の不良	変形、破損	交換する。
	ストレーナの詰まり	清掃する。
ポンプの故障	羽根車の摩耗、損傷、腐食等	工場修理する。
	その他内部の損傷	工場修理する。
エンジンの不調		工場修理する。
その他	キャビテーションの発生	原因調査する。
	ホースの結合金具の緩み、外れ又はホースの破断	ホースの結合部を締め付け又は交換する。
	多口大量放水	多口大量放水を防止する。
	消火栓給水や中継送水のときの水量不足	消火栓部署を中止する。また、中継送水のときは送水量を増加する。

134

第4節　ポンプの故障と原因

3. 計器に現れる異常とその原因

ポンプ運転中に圧力計、真空計、連成計あるいは回転計に表れる異常な現象は、次のような場合が考えられる。

状　態	原　因	対　策
圧力計が急上昇し、真空計が下がる場合	ホースが急激につぶされた。（重量物の通過又は落下）	送・放水路が急激に閉鎖されるために、ウォータハンマ作用を生じてポンプ圧力が上昇し、放水量が減少するため、吸管の損失圧力が減少するため真空計が下がる。また、放水量の減少は、ポンプ負荷の軽減となって、エンジン回転が上がる。
	放水を急に閉鎖した。（ノズルコックの急閉鎖）	
圧力計が急に低下した。	ホースが破裂した。	放水量が増加したために、ポンプの水馬力＝H・Q/Cの関係から、ポンプ圧力が低下することになる。
	ホースの結合金具が外れた。	
	放水口数が増えた。	
圧力計、真空計あるいは連成計が振れてきた。	漏気がある。	ポンプ装置に漏気が生じたために、吸水、放水側の流れに乱れが生じ、計器の針が振れる。
圧力計が下がり、真空計が上がった。	放水口数を増やした。	放水口数を増やしたり、ノズル口径が大きくなることは、放水量を増やすことであるからポンプの負荷が増加することにもなり、ポンプ圧力が下がり、エンジン回転数も下がる。また、吸水量の増加は損失圧力の増加ともなり、真空度が上がることにもなる。
	放水口径を大きくした。	
真空計が次第に上がる。	吸管ストレーナや吸口ストレーナが詰まった。	吸水系の流水抵抗と吸水高さによる。
	吸管がつぶれた。あるいは内面ゴムがはがれた。	
	吸水高さが次第に大きくなった。	
真空計や圧力計あるいは連成計が異常な振れ方をした。	キャビテーションを起こした。	キャビテーションによって水に含まれている気体が分離されたため、多量の気体が表れ、計器に異常な振れを生じる。同時に空洞部が高圧の水につぶされ、雑音を発生させ振動を伴う。
連成計が真空を示した。	消火栓の水圧が下がった。	水量が不足しているために水圧が低い。
	中継放水の圧力が低い。	
回転計が異常な動きをする。	エンジンが不調である。	エンジンやポンプの負荷が異常であるために、回転計が異常な動き方をすることになる。
	ポンプの負荷が異常である。	

135

❹ 消防ポンプ

4. 騒音、振動の発生

状　態	原　因	対　策
エンジンとポンプとの連結部の不具合	連結部の不良の場合	工場修理する。
回転部の不良	羽根車のガタ等の場合	工場修理する。
軸受部の不良	摩耗又は損傷の場合	工場修理する。
ポンプ、配管などの取付部の不良	取付部の緩みの場合	工場修理する。
キャビテーションの発生	吸水高さが高すぎる。吸管のつまり、放水量の増加等の場合	キャビテーション発生の防止

5. 発　熱

状　態	原　因	対　策
軸受部の不良	取付部の緩みの場合	工場修理する。
	給脂不足の場合	給脂する。
グランド部の不良	締めすぎによる場合	緩める。
	パッキンの劣化又は給脂不足の場合	交換又は給脂する。
伝動装置の不良	潤滑油の不足、過多又は劣化の場合	油量の調整又は交換する。
	冷却不良	冷却する。
エンジンの不調	過負荷運動	正常運転にする。
	冷却不良	冷却する。

6. 保守・点検

　ポンプ車等は、日常の保守・点検によって緊急の場合、その機能や性能を、存分に発揮できるようにしなければならない。

○点検項目及び保守要領

点　検　項　目	要　領
ポンプ駆動レバーの作動の良否	ポンプレバーを入れてポンプの回転状態を調べる。
真空ポンプ駆動レバー又はスイッチの作動の良否	ポンプレバー又はスイッチを入れて、真空ポンプの回転状態を調べる。
ポンプ密封部のブランドパッキンの劣化の有無、締め付け状態の良否	締め付けなくなったときには、パッキンを交換する。

第5章 消防ポンプ操法

第1節 消防ポンプ操法の基準

（目的）
第1条 この基準は、消防吏員及び消防団員の訓練における消防用機械器具の取扱い及び操作（以下「操法」という。）の基本を定め、もって火災防ぎょの万全を期することを目的とする。

【解説】
　　各隊員は、消防活動の任務を遂行するためには、いかなる状況下においても、迅速、確実かつ安全に行動できるように、常に訓練を重ね、技術練磨に励むとともに、部隊としての連携動作を体得することが必要である。
　　この基準は、主要な消防用機械器具のうち、特に反復訓練の必要があるものを選定し、その操作及び取扱いの基本を定めたものである。

（用語の意義等）
第2条 この基準において、次の各号に掲げる用語の意義は、当該各号に定めるところによる。
(1) 待機線　隊員があらかじめ機械器具の点検を行い、服装を整え、待機する線をいう。
(2) 集合線　操作の前後に隊員を集合させる線をいう。
(3) 想定　集合線において指揮者が災害の状態を仮定して情況を作為することをいう。

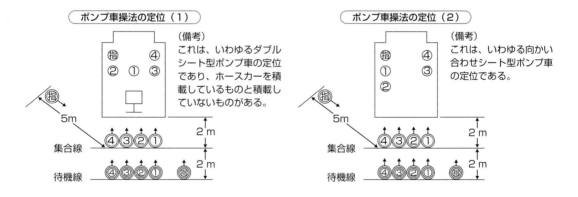

❺ 消防ポンプ操法

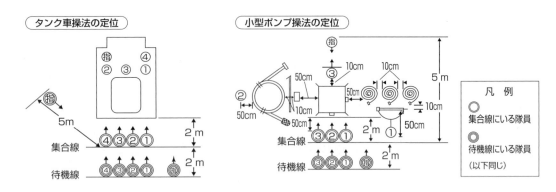

(4) 定位　操法を開始する際に、あらかじめ定められた隊員のつく位置をいう。
(5) 第1ホース、第2ホース及び第3ホース　放口に結合するホースを第1ホースといい、順次延長するホースを第2ホース及び第3ホースという。
(6) 第1放口、第2放口、第3放口及び第4放口　消防ポンプ自動車にあっては右側前方の放口を第1放口、その後方の放口を第3放口、左側前方の放口を第2放口、その後方の放口を第4放口といい、消防艇にあっては、接岸前方から第1放口、第2放口及び第3放口という。
(7) 第1結合、第2結合、第3結合及び第4結合　放口と第1ホースとの結合を第1結合といい、順次延長したホースの結合を第2結合、第3結合及び第4結合という。
(8) 第1線及び第2線　第1放口に結合し、延長したホースを第1線といい、第2放口に結合し、延長したホースを第2線という。

2　この基準において、前後左右とは、車両及び艇にあっては、その前進する方向を、小型動力ポンプその他の機械器具にあっては、隊員の前進する方向を基準とする。

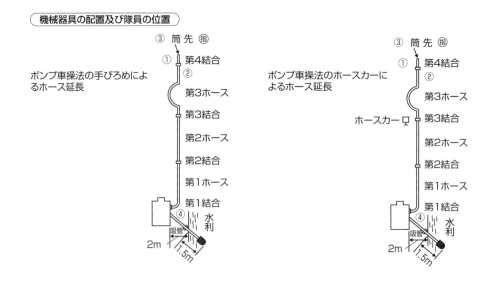

第1節　消防ポンプ操法の基準

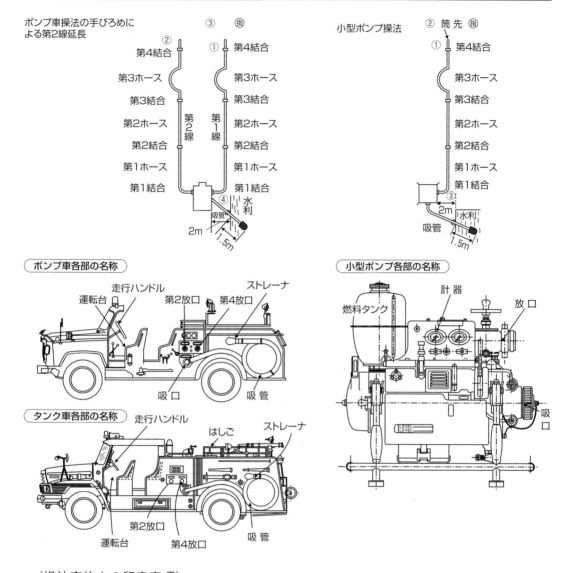

（操法実施上の留意事項）

第3条　操法の実施にあたっては、次の各号に掲げる事項に留意しなければならない。

(1) 操法は、安全を確保するとともに迅速確実に行うこと。

(2) 隊員は、操法に適した服装に整え、かつ、斉一を期すること。

(3) 隊員の動作は原則としてかけ足とし、動作及び操作の区切りは特に節度正しく行うこと。

(4) 隊員は、機械器具に精通するとともにこれの愛護に心掛け、操法実施前及び終了後には、任務分担に基づき機械器具の点検を行うこと。

(5) 機関員は、ポンプ運用の実践要領を体得し、機関の取り扱い及び操作に習熟すること。

(6) 2種以上の操作からなる操法については、隊員は、逐次操作の分担を交替し、いずれの操作にも習熟すること。

⑤ 消防ポンプ操法

【解説】

- 操法に必要な十分な広さの場所を確保する。

- 訓練の開始に先立ち、隊員の体調を確認する。

- 訓練の目的に応じて、防火衣、長靴、編上げ靴、手袋、警笛等を用意する。

- 隊員の任務分担を明示するために、ゼッケンを用意する。

- 訓練礼式の基準によるかけ足は、歩幅約80cm、速度毎分約180歩程度を基準にしているが、この操法では、訓練の段階に応じて迅速性に重点を置くときには必ずしもこの基準によらず、場合によっては、全力疾走を行う。

- 節度正しく行うのは、動作及び操作を確実に体得し、教育効果をあげるための一つの技術である。教育訓練においては、実践面からみると多少不自然であっても、動作及び操作を規律正しく行う必要がある。

- 粗暴な取扱いによって機械器具を損傷することは、不測の事故につながる危険がある。常に機械器具の愛護を心掛ける精神を身につけなければならない。

- 機械器具の事前点検は、訓練の準備として大切な要素である。各隊員が自主的に行うものとする。

- ポンプ運用等を行う機関員は、養成の課程を修了し、資格を付与された者が担当すること。

- ポンプ操法の初歩的な教育を行う場合、又は機関員の職務を理解させるために、放水を伴わない訓練で、隊員を適宜交替させて機関員にあてる場合には、必要最小限度の機関員としての職務を行う。（ポンプレバーを入れる動作、伝令の受達、吸口コック、放口コックの開閉など。）

- 任務分担の交替は、部隊行動にとって欠くべからざる連携動作を習得し、及び実践における応用力を身につけるために必要なものである。

（指揮者の留意事項）

第4条 指揮者が隊員を指揮する場合には、次の各号に掲げる事項に留意しなければならない。

⑴ 常に指揮に便利でかつ隊員を掌握できるところに位置すること。

⑵ 隊員の動作及び操作を十分に監視し、必要な命令及び指示を与えること。

⑶ 号令は、明りょうに唱え、命令及び指示は、簡明適切に行って隊員に徹底させること。

2 指揮者が隊員の操作を補助する場合には、前条に定める事項について留意しなければならない。

【解説】

- 指揮に便利な位置とは、隊員の操作の支障とならず、かつ、命令及び指示を有効適切に隊員に徹底できるところであって、一定の位置にとどまることを意味しない。基本操法においては、隊員の動作及び操作の監視に重点を置いて操法を実施する。

- 原則として、隊員は定められた任務分担に基づいて行動するものであるから、必要

140

以上に命令及び指示をすることは避けなければならない。操作上の重大なミスについては可能な限りその都度是正し、細部にわたる誤りについては、訓練が終了した後、指摘するのが適当である。
- 原則として指揮者の任務は隊員を指揮することにある。一方隊員は指揮者の指揮の下に一定の操作を行うことにあるが、操法の重要な目的である動作の迅速性と確実性を確保しつつ、一定の操作内容を隊員のみで行うことは困難な場合がある。
このような場合は、指揮者は、指揮に重大な影響を及ぼさない範囲内で必要最小限度の補助操作を行う必要がある。
- 消防ポンプ操法における指揮者の補助操作としては、手びろめ及びホースカーによる第2線延長後の収納時における結合部の離脱とホースの収納操作や、ホースカーをポンプ車からおろす操作及びポンプ車に積載する操作、小型ポンプ操法の延長時における第3ホース及び筒先に延長並びに伝達員が筒先員となるまでの間の筒先操作があげられる。

（意図の伝達及び要領）

第5条 指揮者及び隊員の意図の伝達は、音声（無線を含む。）によるほか、状況により信号を用いることができる。

2　手又は旗による信号を用いるときは、次の各号の要領による。
　(1)　始め　　右手又は旗を真上に上げる。
　(2)　やめ　　右手又は旗を横水平に上げる。
　(3)　おさめ　両手又は旗を頭上で交差させる。

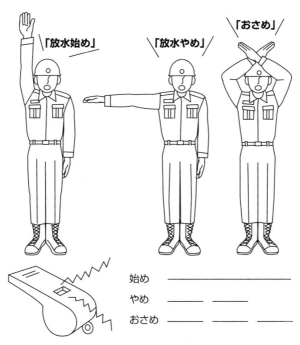

3　警笛による信号を用いるときは、次の各号の要領による。

❺ 消防ポンプ操法

- (1) 始め　長声一声
- (2) やめ　二声
- (3) おさめ　三声

【解説】

　　指揮音の号令、命令、指示及び隊員の復唱、伝達、助言などの意図の伝達は、音声による方法が一般的であるが、騒音により又は遠距離であるために、確実性に欠ける場合がある。拡声器、メガホン等を使用するほか、信号の併用を行って意図の伝達を確実にする必要がある。

（集合、点呼、想定、定位、点検、解散及び休憩の号令並びに要領）

第6条　隊員の集合、点呼、想定、定位、点検、解散及び休憩は、次の号令及び要領による。

- (1)　集合　指揮者は**「集まれ」**と号令し、待機線にいる隊員は隊の中心が消防用機械器具の中央になるよう集合線で、一列横隊に整列する。ただし、消防艇にあっては、「とも」側から本文の要領で整列する。
- (2)　点呼　指揮者は、**「番号」**と号令し、点呼を行う。
- (3)　想定　指揮者は、点呼を行ったのち、隊員に対し想定を与える。
- (4)　定位　指揮者は、**「定位につけ」**（車両又は艇については、**「乗車」**又は**「乗艇」**）と号令し、隊員は所定の位置につき姿勢を正す。
- (5)　点検　各隊員は、操作を終了したのち、現場点検を行い、指揮者に対し、集合線で１番員から順次（順位がない場合は適宜）異状の有無について報告をする。
- (6)　解散　指揮者は**「わかれ」**と号令し、隊員は一斉に挙手注目の敬礼を行い、指揮者の答礼で解散する。
- (7)　休憩　指揮者は必要に応じて、**「整列休め」**又は**「休め」**と号令し、隊員はその場で整列休め又は休めの姿勢をとる。

【解説】

- ●整頓の基準は、隊の中心に位置する隊員（隊員数が偶数の場合は、隊の中心の右翼に位置する隊員）とし、最右翼の隊員を除く列員が右手を腰にあて、ひじを側方に張り、頭を基準となる隊員の方向へ回し（基準隊員は頭をそのまま）、整頓を行う。整頓が終わったときに、基準となる隊員は右手をおろし、以下順次頭を正面に復し、右手をおろす。
- ●点呼によって、指揮者は、人員を確認するとともに各隊員に任務分担を確認する。
- ●想定は、操法を開始するのに必要な範囲内で付与する。
- ●姿勢を正すとは、原則として、訓練礼式の基準に定める基本の姿勢によるものとし、乗車位置で腰かけ、又は握り棒をつかんでいる場合などのように、基本の姿勢をとれないときは、これに準じた姿勢をとることを意味する。

（消防用器具操法の種別）

第7条　消防用器具操法を分けて、火災防ぎょ用器具操法、はしご操法、空気呼吸器操法

142

及び結索操法とする。
(器具操作の姿勢)
第8条 器具操作の姿勢については、別に定めるもののほか、次の各号の要領による。
(1) 低い姿勢で操作を行うときは、折りひざ又はこれに準じた姿勢をとること。
(2) 立った姿勢で操作を行うときは、足を一歩開き、又は踏み出した姿勢をとること。

(筒先各部の名称及び定位)
第9条 筒先各部の名称及び定位は、図のとおりとする。

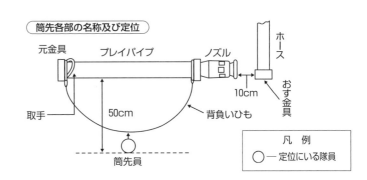

(筒先を背負う要領)
第10条 筒先を背負うには、右手はノズルを、左手は背負いひもの中央部を持ち、右手を頭上に、左手を右わき下にして頭及び左腕を背負いひもにくぐらせ、ノズルが右肩に元金具が左腰の近くにくるようにする。

❺ 消防ポンプ操法

（筒先をおろす要領）
第11条 筒先をおろすには、元金具を左手で持ち、筒先を腹部へ移動させ、頭をやや前にさげ、右手で背負いひもをはずし、左手をやや前に出して右手でノズルを持ち、左手をプレイパイプ中央部に持ちかえる。

（筒先の結合要領）
第12条 筒先を結合するには、ホースのおす金具がやや上を向くように足先でホースをおさえ、おす金具に筒先をあわせ、筒先を回し、又は押しつけて結合し、これを確認する。

（筒先の離脱要領）
第13条 筒先を離脱するには、右手でノズルを持ち、右足きわに筒先をたて、右足でホースをまたぎ、左足先でホースをおさえ、筒先を回し、又は離脱環を引く。

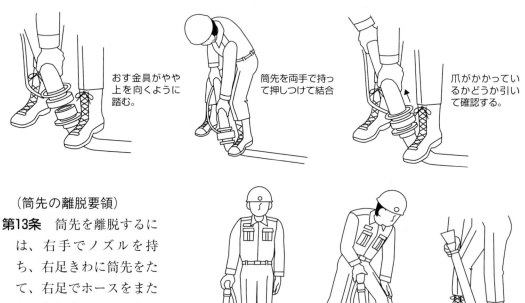

144

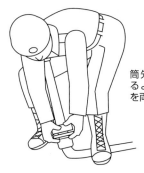

筒先をわき腹で抱えるようにして結合部を両手で持つ。

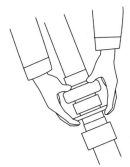

両手で爪離脱環を引きながら離脱する。

（基本注水姿勢）

第14条 基本注水姿勢をとるには、次の号令及び要領による。
(1) 指揮者は、**「筒先かまえ」**と号令する。
(2) 筒先員は、前号の号令で元金具を斜め下にして両手で筒先を持ち、筒先の結合要領で筒先とホースとを結合し、左手をノズル近くに、右手を取っ手に持ちかえて数歩前進し、左足を一歩前に踏み出し、腰をやや落とした姿勢で結合部を右腰にあて筒先先端部を斜め上に向ける。

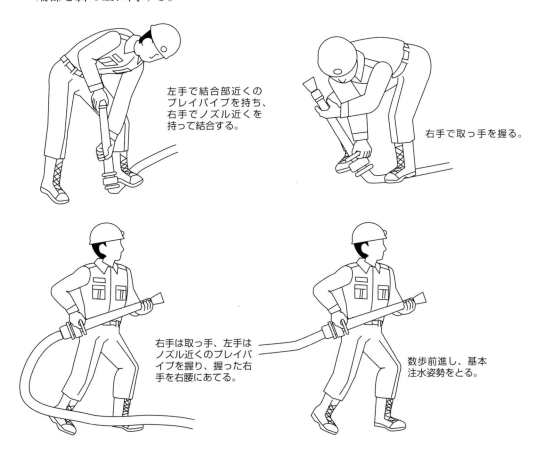

（注水補助）

第15条 注水補助を行うには、次の号令及び要領による。

(1) 指揮者は、**「注水補助」**と号令する。

(2) 補助員は、前号の号令で、筒先員の反対側一歩後方の位置にいたり、右足を一歩踏み出したまま、両手でホースを持ち、腰をやや落とした姿勢で注水補助を行う。

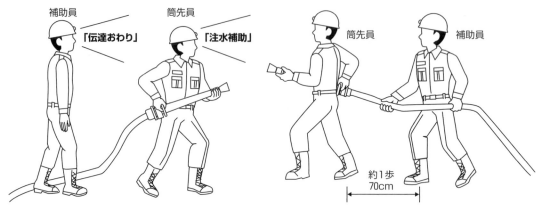

筒先員の反対側1歩後方に右足を1歩踏み出して**「伝達おわり」**と合図し、注水補助を行う。

右手で筒先側、左手でポンプ側のホースを腰部にあてて、反動力に十分に耐え得る前傾姿勢で保持する。

（注水姿勢の変換）

第16条 折りひざの注水姿勢をとるには、次の号令及び要領による。

(1) 指揮者は、**「折りひざ」**と号令する。

(2) 筒先員は、前号の号令で上体は筒先をかまえたまま右ひざを地面につけ、折りひざの注水姿勢をとる。

(3) 補助員は、第1号の号令でホースを持ったまま左ひざを地面につけ、折りひざの姿勢をとる。

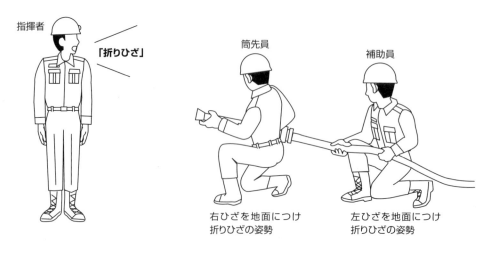

右ひざを地面につけ折りひざの姿勢

左ひざを地面につけ折りひざの姿勢

2　伏せの注水姿勢をとるには、次の号令及び要領による。
　(1)　指揮者は、**「伏せ」**と号令する。
　(2)　筒先員は、前号の号令で折りひざの姿勢から両手で筒先を地面におさえて両足を後ろへずらし、上体でホースをおさえる。
　(3)　補助員は、第１号の号令でホースを持ったまま折りひざの姿勢から、両足を後ろへずらし、上体でホースをおさえる。

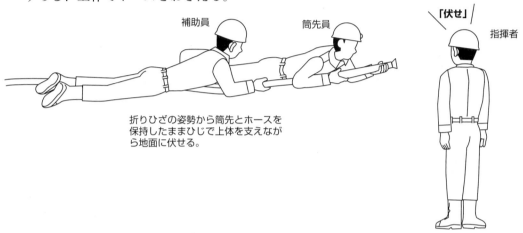

折りひざの姿勢から筒先とホースを保持したままひじで上体を支えながら地面に伏せる。

3　前２項の注水姿勢から基本注水姿勢をとるには、次の号令及び要領による。
　(1)　指揮者は、**「たて」**と号令する。
　(2)　筒先員は、前号の号令で折りひざの注水姿勢からそのまま、又は伏せの注水姿勢から筒先を両手で持ち、両足をずらし、中腰になって折りひざの姿勢となり、第14条第２号に定める基本注水姿勢をとる。
　(3)　補助員は、第１号の号令で折りひざの注水姿勢から、又は伏せの注水姿勢から両足をずらし、中腰になって折りひざの姿勢となり、前条第２号に定める注水補助の姿勢をとる。

（注水方向の変換）
第17条　上又は下へ注水方向を変換するには、次の号令及び要領による。
　(1)　指揮者は、**「上へ注水」**又は**「下へ注水」**と号令する。
　(2)　筒先員は、前号の**「上へ注水」**又は**「下へ注水」**の号令で筒先先端部を上へ向け、又は下へ向ける。
　(3)　補助員は、第１号の号令でホースを持ったままホースが緩い曲線を描くようにホースを移動させる。

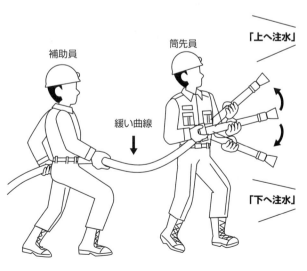

❺ 消防ポンプ操法

2 左又は右へ注水方向を変換するには、次の号令及び要領による。
　(1) 指揮者は、「左へ注水」又は「右へ注水」と号令する。
　(2) 筒先員は、前号の「左へ注水」又は「右へ注水」の号令で左足を大きく左又は右へ踏み出す。
　(3) 補助員は、前項第3号に定める要領により操作を行う。

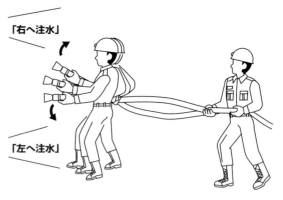

3 上下又は左右に連続して振り動かす注水を行うには、次の号令及び要領による。
　(1) 指揮者は、「上下併用注水」又は「左右併用注水」と号令する。
　(2) 筒先員は、前号の「上下併用注水」又は「左右併用注水」の号令で筒先先端部を上下又は左右に振り動かす。
　(3) 補助員は、第1号の号令で筒先員の操作に協力して注水補助を行う。

4 連続して振り回す注水を行うには、次の号令及び要領による。
　(1) 指揮者は、「振り回し注水」と号令する。
　(2) 筒先員は、前号の号令で筒先をその先端部が円をえがくように振り回す。
　(3) 補助員は、第1号の号令で筒先員の操作に協力して注水補助を行う。

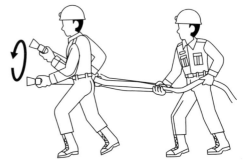

先端部が円をえがくように振り回す。

5 前4項の注水から基本注水へ変換するには、次の号令及び要領による。
　(1) 指揮者は、「基本注水」と号令する。
　(2) 筒先員は、前号の号令で筒先先端部を前方斜め上方へ向けるとともに、左又は右への注水からは左足を元に戻す。
　(3) 補助員は、第1号の号令で第15条第2号に定める要領で注水補助を行う。

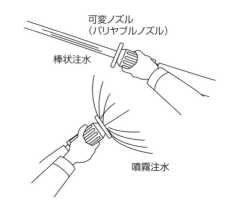

（注水位置の変換）

第18条 注水位置を変換するには、次の号令及び要領による。

(1) 指揮者は、**「左に移動」**又は**「右に移動」**と号令し、適宜ホースを移動させたのち、**「移動やめ」**と号令する。

(2) 筒先員は、前号の**「左に移動」**又は**「右に移動」**の号令でノズルを操作して放水を中止し、**「よし」**と合図し、補助員の**「よし」**の合図で徐々に左又は右に移動し、つづいて**「移動やめ」**の号令で停止し、補助員の**「よし」**の合図でノズルを操作して放水を開始する。

(3) 補助員は、筒先員の**「よし」**の合図でホースをはなし、後方に向きをかえて4歩進み、再び前方に向きをかえてホースを両手で持ち、**「よし」**と合図してホースが緩い曲線をえがくように適宜左又は右に移動し、つづいて、**「移動やめ」**の号令でホースをはなして注水補助位置にいたり、ホースを両手で持ち、**「よし」**と合図して注水補助を行う。

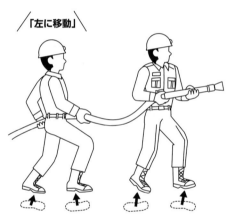

おおむね20cm程度足を滑らせるようにしながら横へ移動する。

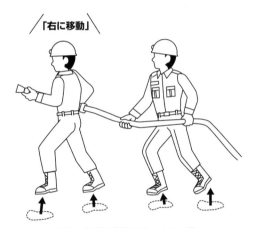

左足、右足と交互にゆっくりと横へ移動する。

（注水形状の変換）

第19条 注水を噴霧又は棒状に変換するには、次の号令及び要領による。

(1) 指揮者は、**「噴霧注水」**又は**「棒状注水」**と号令する。

(2) 筒先員は、前号の**「噴霧注水」**又は**「棒状注水」**の号令でノズルを片手で操作して噴霧又は棒状の注水に切り替える。

（筒先員の交替）

第19条の2 筒先員の交替を行うには、次の号令及び要領による。

(1) 指揮者は、**「筒先員交替」**と号令する。

(2) 交替員は、前号の号令で筒先員の左前方にいたり、筒先員の左手に左手をそえると同時に左足を一歩踏みこみ、つづいて筒先員の右手に右手をそえると同時に右足を一歩踏みこんで第14条に定める基本注水姿勢をとり、**「よし」**と合図して交替する。

(3) 筒先員は、前号の合図により筒先から左手をはなすと同時に左足を一歩後方に引き、つづいて筒先から右手をはなすと同時に右足を一歩後方に引き交替する。

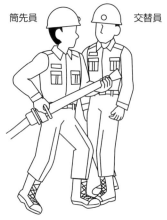

筒先員の左斜め前方に位置する。

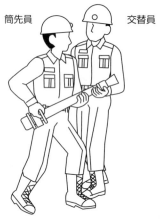

筒先員は左手をプレイパイプを離さないように滑らせながら取っ手の方向に下げると同時に交替員は左手でプレイパイプ上部を持ち確実に握る。

筒先員は左手を離すと同時に取っ手部を右手と腰部で確実に保持し、左足は、斜め後方に半歩下がる。

交替員は左手と腰部でプレイパイプ部を確実に保持し、右手を滑らせながら取っ手を保持する。

(筒先の収納)

第20条 筒先を収納するには、次の号令及び要領による。

(1) 指揮者は、「おさめ」と号令する。
(2) 筒先員は、前号の号令で第13条に定める要領で筒先をホースから離脱し、筒先を元の位置に置く。
(3) 補助員は、第1号の号令でホースをはなす。

（ホースの各部の名称及び定位）

第21条 手びろめにより延長するホースは二重巻ホース又は折りたたみホース各2本とし、ホース各部の名称及び定位は、図のとおりとする。

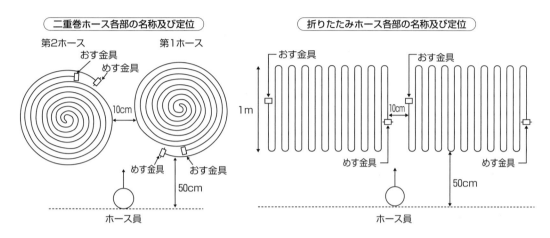

（二重巻ホースをつくる要領）

第22条 二重巻ホースをつくるには、伸ばしたホースのおす金具を持って二つ折りにし、おす金具を重ね折れ部から緩みなく巻く。

延ばした状態のホースをおす金具から巻いたものである。
ホースの格納や操法終了後の収納時に用いられる。

右手にめす金具を持ち、左手で巻いたホースをつかむようにして、振り子の要領で、ホースを振りながら、前にほうり出す。
ほうり出した瞬間、めす金具を手前に引くようにすると、巻いたホースがよく転がり、一気にホースを延長することができる。

❺ 消防ポンプ操法

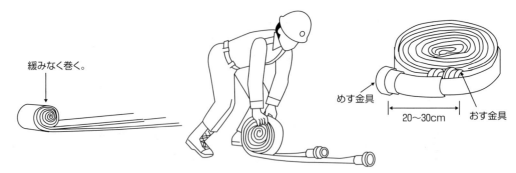

手びろめは、ホース延長操作の基本となるものであるから、十分な訓練が必要である。
ホース2本を1人の隊員が延長する場合の訓練について定めたものである。
延長しないで搬送するホース（第2ホース）は左肩にかつぎ又は左わきにかかえるので、最初に延長するホース（第1ホース）は右側に置く。

（折りたたみホースをつくる要領）

第23条 折りたたみホースをつくるには、延ばしたホースを六つ折りにし、おす金具を前に置いて、順次ホースをたぐりよせ、おおむね1mの長さに折りたたむ。

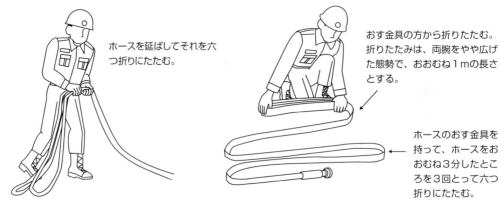

（ホースの結合要領）

第24条 ホースを結合するには、第1ホースのおす金具がやや上を向くように足先でホースをおさえ、第2ホースのめす金具を両手に持って第1ホースのおす金具にあわせ、結合環を回し、又はめす金具を押しつけて結合し、これを確認する。ただし、状況によって左足先で第2ホースのめす金具近くをおさえ、第1ホースのおす金具を両手で持って結合することができる。

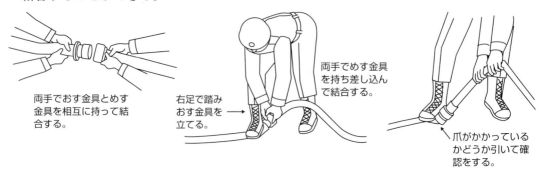

（ホースの離脱要領）

第25条 ホースを離脱するには、第1ホースのおす金具近くを左足先でおさえ、両手で第2ホースの結合環を回し、又は第1ホースの離脱環を引く。

（二重巻ホースの延長）

第26条 手びろめによって二重巻ホースを延長するには、次の号令及び要領による。

(1) 指揮者は、**「ホース延長」**と号令する。

(2) ホース員は、前号の号令で第1ホースをたてておす金具を右手で持ち、左手をホースに添え、右足先でめす金具近くをおさえ、ホースを前方へ転がしてひろげ、おす金具をその場に置き、第2ホースを金具が垂れないようにして左肩にかつぎ、右手で第1ホースのおす金具を持って前進し、第1ホースを延長しておす金具をその場に置き、左肩にある第2ホースを金具が手前下になるようにその場に置き、第1ホースと同じ要領でひろげ、第24条に定める要領で第1ホースと第2ホースを結合し、第2ホースのおす金具を持って延長する。

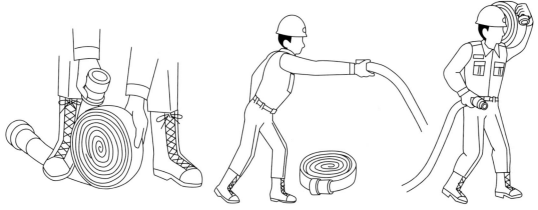

右手でおす金具を下方から保持し、右足でめす金具付近を踏み、左手はホースに添える。

展張方向を定めておいて、前方へ転がすように展張する。

第2ホースをめす金具が上になるように左肩にかつぐ。
第1ホースのおす金具を右手で持って腰に確実に保持して前進する。

（折りたたみホースの延長）

第27条 手びろめによって折りたたみホースを延長するには、次の号令及び要領による。

(1) 指揮者は、**「ホース延長」**と号令する。

(2) ホース員は、前号の号令で第1ホースのめす金具からおおむね2mの余裕をとってその場に置き、残りの第1ホースを右わきに、第2ホースをめす金具を下にして左わきにかかえ、第1ホースを延長して第1ホースのおす金具及び第2ホースをその場に置き、第1ホースと第2ホースを結合し、第2ホースをおす金具を下にして右わきにかかえて延長する。ただし、あらかじめ結合されたホースについては、第2ホースのおす金具を下にして第1ホース及び第2ホースを右肩にかつぎ、又は右わきにかかえて延長する。

❺ 消防ポンプ操法

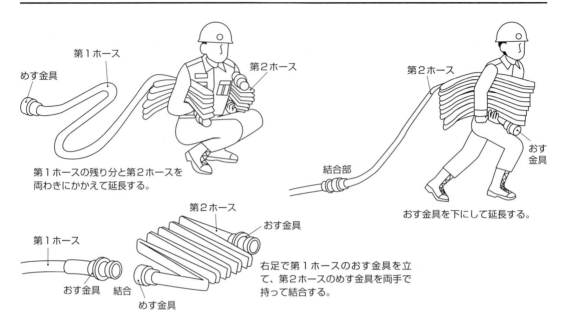

（ホースの格納）
第28条 手びろめによって延長されたホースを収納するには、次の号令及び要領による。
(1) 指揮者は、「おさめ」と号令する。
(2) ホース員は、前号の号令でホース結合部にいたり、第25条に定める要領でホースを離脱し、第2ホースをおす金具からうず巻にし、左肩にかついで元の位置に戻し、つづいて第1ホースをおす金具からうず巻にして元の位置に戻す。ただし、必要に応じてホースを二重巻又は折りたたみにして収納することができる。

第1節　消防ポンプ操法の基準

（ホースカー各部の名称及び定位）
第29条　ホースカー各部の名称及び定位は、図のとおりとする。

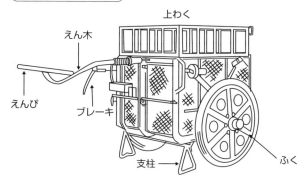
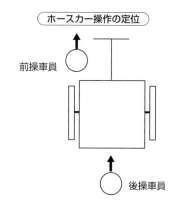

（ホースをホースカーに積み込む要領）
第30条　ホースをホースカーに積み込むには、隊員2人がホースカーの側面で協力して所要の本数のホースをおす金具から順次折りたたみ、最後のホースのめす金具がたやすくとりだせるように積載し、他の隊員一人がホースカーの後ろでホースをたぐって補助する。

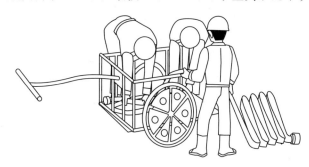

（ホースカーによるホース延長）
第31条　ホースカーによってホースを延長するには、次の号令及び要領による。
(1)　指揮者は、**「ホース延長」** と号令し、第2ホースが延長されたとき、**「とまれ」** と号令する。
(2)　前操車員は、前号の **「ホース延長」** の号令で左足一歩前に踏み出し、左手でえんぴ右手でえん木を握り、後操車員の **「よし」** の合図でホースカーを引いて前進し、指揮者の **「とまれ」** の号令でホースカーを斜め左向きにして止め、支柱をたて、ホースカーの後ろに回り、第3ホースをホースカーからおろし、第4ホースのめす金具を両手で持って左足を一歩前に踏み出し、後操車員と相対して結合部を離脱し、金具をその場に置く。

155

❺ 消防ポンプ操法

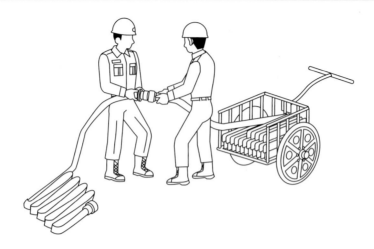

(3) 後操車員は次に掲げる操作を行う。
　イ　第1号の「**ホース延長**」の号令で、左足を一歩前に踏み出してホースカーを押す姿勢をとり、「**よし**」と合図して押しながら前進し、ポンプ車の直前にいたるまでの間に第1ホースのめす金具を両手で引き出し、余裕ホースを確保してさらに「**よし**」と合図し、第1ホースのめす金具を放口に結合したのち、延長されたホースを整理しながら前進して第3結合部にいたり、第3ホースのおす金具を両手で持って左足を一歩前に踏み出し、前操車員と相対して結合部を離脱し、金具をその場に置く。
　ロ　イに掲げる操作を行ったのち、第4ホースの金具をホースカーに置き、第4ホースを整理し、つづいてホースカーを第3結合部付近の操作に支障のない位置に移し、えんぴを発進地点に向ける。

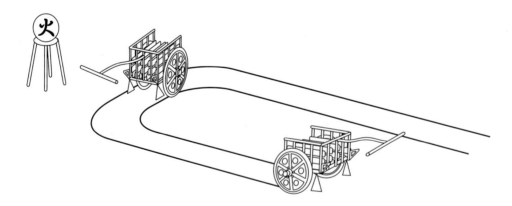

（ホース及びホースカーの収納）
第32条　ホース及びホースカーを収納するには、次の号令及び要領による。
(1) 指揮者は、「**おさめ**」と号令する。
(2) 前操車員は、前号の号令で第3ホースを伸ばしておす金具からうず巻にし、ホースカーに積載し、ホースカーを引いて元の方向に進み、後操車員の第2ホース積載後、

第1節　消防ポンプ操法の基準

ホースカーを引いて元の位置にとめる。
(3)　後操車員は、第1号の号令で第3結合部にいたり、これを離脱し、第2結合部にいたり、これを離脱したのち、第2ホースをおす金具からうず巻にし、これを前操車員の引いてきたホースカーに積載し、つづいて第1ホースをおす金具からうず巻にし、ホースカーのわきに置く。

（吸管各部の名称及び定位）
第33条　吸管各部の名称及び定位は、図のとおりとする。

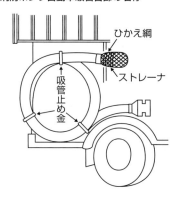

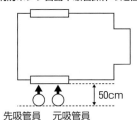

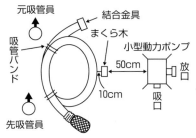

（消防ポンプ自動車の吸管伸長）
第34条　消防ポンプ自動車の吸管を伸長するには、次の号令及び要領による。
(1)　指揮者は、**「吸管伸長」**と号令する。
(2)　元吸管員は、前号の号令で近くの吸管止め金をはずし、ストレーナ部を先吸管員に

157

渡し、吸管を積載部から取りはずしてよじれをとりながら送りだし、吸管中央部にいたり、吸管左側に出て両手で吸管を腰部まで持ち上げ、「**よし**」と合図して先吸管員と協力し、吸管投入に便利な位置まで進み、先吸管員の「**よし**」の合図で先吸管員と協力して吸管を水利に投入したのち、ポンプ部にいたり、吸口コックを開く。

(3) 先吸管員は、第1号の号令で近くの吸管止め金をはずし、両手でストレーナ部を受けとり、吸管左側に出て、伸長方向に向きをかえ、元吸管員の送りだす吸管をよじれをとりながら引きずらないように伸長し、元吸管員の「**よし**」の合図で元吸管員と協力して吸管投入に便利な位置まで進み、吸管をその場に置き、吸管ひかえ綱を解いて「**よし**」と合図して吸管ひかえ綱を送り出しながら元吸管員の協力で吸管を水利に投入したのち、吸管ひかえ綱を消防ポンプ自動車等の一部に結着し、まくら木を吸管曲折部に取り付ける。

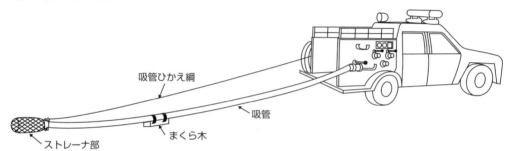

(消防ポンプ自動車の吸管収納)

第35条 伸長された消防ポンプ自動車の吸管を収納するには、次の号令及び要領による。
(1) 指揮者は、「**おさめ**」と号令する。
(2) 元吸管員は、前号の号令で吸管投入位置からおおむね2mの吸管左側の位置にいたり、先吸管員の「**よし**」の合図で吸管引上げに協力し、吸口からおおむね3mの吸管右側の位置にいたり、吸管を両手で持ち、「**よし**」と合図し、先吸管員と協力して吸管が直伸する位置まで進み、吸管のよじれをとり、吸管を持ち上げて排水操作を行い、吸管積載部にいたって先吸管員から受けとる輪状の吸管を順次吸管積載部におさめ、ストレーナ部をおさめたのち、近くの吸管止め金をかけ、吸口コックを閉める。
(3) 先吸管員は、第1号の号令でまくら木を取りはずしてわきに置き、吸管投入位置にいたり「**よし**」と合図して元吸管員の協力で吸管を水利から引き上げ、消防ポンプ自動車等の一部に結着した吸管ひかえ綱を解き、これをたぐってストレーナ部にとりつけ、両手でストレーナ部を持ち、元吸管員の「**よし**」の合図で吸管が直伸する位置までさがり、ストレーナ部を適宜まわして吸管のよじれをとり、ストレーナ部からおおむね2mの吸管右側の位置にいたり、元吸管員と協力して排水操作を行い、ストレーナ部にいたり、これを持ち上げて吸管を先部から順次輪状にして元吸管員に転達し、最後にストレーナ部を渡したのち、近くの吸管止め金をかけ、まくら木を元の位置におさめる。

第1節　消防ポンプ操法の基準

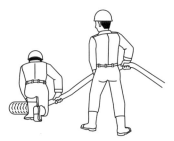

吸口付近から吸口の部位より高くなるように両手で吸管を抱え込むようにしながら、腹部まで持ち上げて順次、移動し排水を行う。

ストレーナ部から輪をつくり、輪状にして転がす。

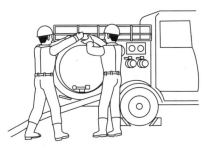

吸管止め金に両手で確実にかける。

（小型ポンプの吸管伸長）

第36条　小型動力ポンプ（以下「小型ポンプ」という。）の吸管を伸長するには、次の号令及び要領による。

(1)　指揮者は、**「吸管伸長」**と号令する。

(2)　元吸管員は、前号の号令で吸管バンドをはずし、結合金具近くにいたり、先吸管員と協力して吸管を伸ばし、これを両手で腰部まで持ち上げ、吸管をよじれないようにして結合金具が吸口に結合しやすい位置にくるように伸ばし、吸口に面して吸管をまたいで先吸管員の補助で吸口に結合し、**「よし」**と合図して吸管中央部左側の位置にいたり、吸管を両手で腰部まで持ち上げ**「よし」**と合図し、先吸管員と協力して吸管投入に便利な位置まで進み、先吸管員の**「よし」**の合図で吸管を水利に投入したのち、小型ポンプにいたる。

(3)　先吸管員は、第1号の号令で吸管バンドをはずし、ストレーナ部にいたり、元吸管員と協力して吸管を両手で腰部まで持ち上げ、吸管をよじれないようにして水利方向に伸ばし、元吸管員の2歩後方の位置にいたり、吸管をまたいで両手で吸管を持ち、元吸管員の吸管結合の補助にあたり、元吸管員の**「よし」**の合図でストレーナ部の左側にいたり、吸管を両手で腰部まで持ち上げ元吸管員の**「よし」**の合図で元吸管員と協力して吸管投入に便利な位置まで進み、吸管をその場に置き、吸管ひかえ綱を解いて**「よし」**と合図し、吸管ひかえ綱を送りだしながら元吸管員と協力して吸管を水利に投入したのち、吸管ひかえ綱を小型ポンプ等の一部に結着し、まくら木を吸管曲折部に取り付ける。

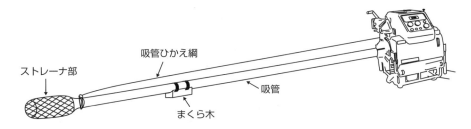

159

（小型ポンプの吸管収納）

第37条 伸長された小型ポンプの吸管を収納するには、次の号令及び要領による。

(1) 指揮者は、「**おさめ**」と号令する。

(2) 元吸管員は、前号の号令で吸管投入位置からおおむね2mの吸管左側の位置にいたり、先吸管員の「**よし**」の合図で吸管引き上げに協力し、吸口からおおむね3mの吸管右側の位置にいたり、吸管を両手で持って「**よし**」と合図し、先吸管員と協力して吸管が直伸する位置まで進み、吸管結合部にいたり、ポンプに面して吸管をまたぎ、結合を離脱して「**よし**」と合図し、先吸管員と協力してよじれをとり、排水操作を行って吸管を元の位置に置いたのち、吸管バンドをとりつける。

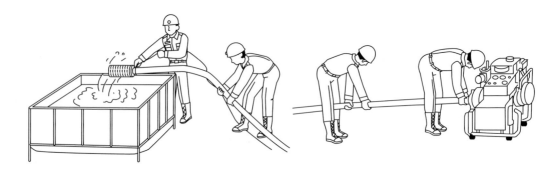

(3) 先吸管員は、第1号の号令でまくら木を取りはずしてわきに置き、吸管投入位置にいたり、「**よし**」と合図して元吸管員の協力で吸管を水利から引き上げ、小型ポンプ等の一部に結着した吸管ひかえ綱を解き、これをたぐってストレーナ部にとりつけ、両手でストレーナ部を持って元吸管員の「**よし**」の合図で吸管が直伸する位置までさがり、元吸管員の2歩後方の位置にいたり、吸管をまたぎ、両手で吸管を持ち、元吸管員の結合離脱の補助にあたり、元吸管員の「**よし**」の合図で元吸管員と協力して吸管のよじれをとり、排水操作を行って吸管を元の位置に置いたのち、吸管バンドをとりつけ、まくら木を元の位置に置く。

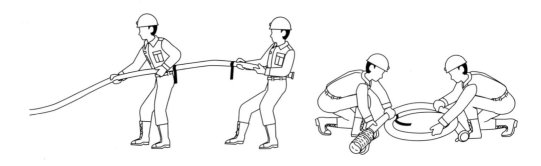

（とび口各部の名称及び定位）

第38条 とび口各部の名称及び定位は、図のとおりとする。

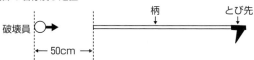

（とび口搬送）

第39条 とび口を搬送するには、次の号令及び要領による。

(1) 指揮者は、**「目標○○、とび口搬送」**と号令する。

(2) 破壊員は、前号の号令で前進してとび口の中央部右側にいたり、左手で柄の中央部を持ち、とび先を下に向け、右手を腰にあてて所定の位置まで搬送する。

（とび口の基本のかまえ）

第40条 搬送したとび口をかまえて、基本の姿勢をとるには、次の号令及び要領による。

(1) 指揮者は、**「とび口かまえ」**と号令する。

(2) 破壊員は、前号の号令で、左手でとび口をたて、右手で柄の後部を持ち、左足を一歩前に踏み出し、とび口を前方に振りおろして斜めにかまえる。

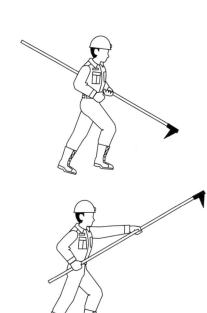

（とび口の収納）

第41条 かまえたとび口を収納するには、次の号令及び要領による。

(1) 指揮者は、**「おさめ」**と号令する。

(2) 破壊員は、前号の号令で左手で柄の中央部を持ち、とび先を下に向け、右手を腰にあててとび口を元の位置に置く。

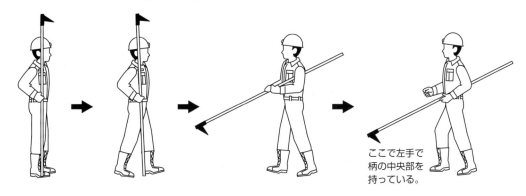

ここで左手で柄の中央部を持っている。

第42条〜第63条 ［略］

❺ 消防ポンプ操法

第2節　消防ポンプ操法

（消防ポンプ操法の種別）

第64条　消防ポンプ操法を分けて、消防ポンプ自動車操法（以下「ポンプ車操法」という。）、水そう付消防ポンプ自動車操法（以下「タンク車操法」という。）及び小型ポンプ操法とする。

2　ポンプ車操法を分けて、手びろめによるホース延長操法及びホースカーによるホース延長操法とする。

（ポンプ車、タンク車及び小型ポンプ各部の名称及び定位）

第65条　消防ポンプ自動車（以下「ポンプ車」といい、水そう付消防ポンプ自動車を除く。）、水そう付消防ポンプ自動車（以下「タンク車」という。）及び小型ポンプ各部の名称及び定位は、図のとおりとする。

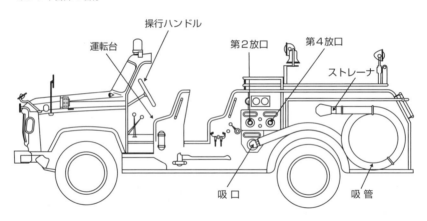

ポンプ車各部の名称

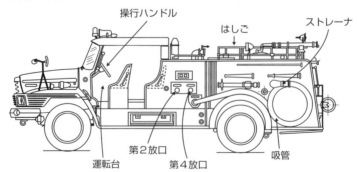

タンク車各部の名称

第2節　消防ポンプ操法

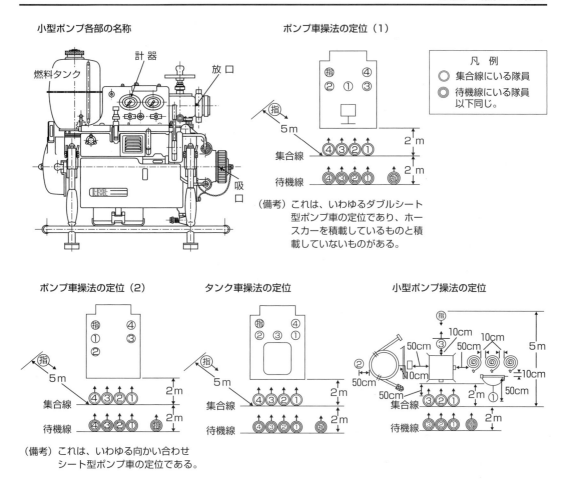

（水利、使用ホース数及び余裕ホース）

第66条　消防ポンプ操法における水利、使用ホース数及び余裕ホースの長さは、次の各号に定めるところによる。

(1)　水利　原則として自然水利とし、位置はポンプ車、タンク車及び小型ポンプの右側面から2mの平行線上で吸管を伸長し、そのストレーナ部が1.5m水利に投入できる位置とする。

(2)　使用ホース数　1線につき3本（タンク車操法にあっては2本）とする。

(3)　余裕ホースの長さ　ポンプ側おおむね2m、筒先側おおむね5mとする。

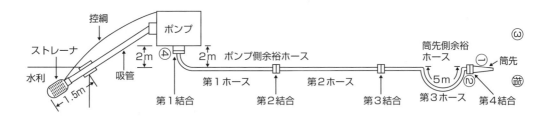

❺ 消防ポンプ操法

（放水開始及び放水中止の伝達要領）

第67条 放水開始及び放水中止の伝達要領は、次の各号に定めるところによる。

(1) 放水開始を伝達する隊員は、第3結合部（タンク車操法の場合には、はしご及びとび口を置く位置）にいたって停止し、筒先員の**「放水始め」**（1線延長後の第2線延長の場合には、**「第2線放水始め」**、同時2線延長の場合には**「第1線放水始め」**及び**「第2線放水始め」**）の合図を復唱し、まわれ右してポンプ車、タンク車又は小型ポンプ前おおむね2mの位置にいたって停止し、右手を真上に挙げて**「放水始め」**（1線延長後の第2線延長の場合は**「第2線放水始め」**、同時2線延長の場合には**「第1線、第2線放水始め」**）と機関員に伝達し、機関員の復唱を受けたのち、注水部署（同時2線延長の場合には、第1線の注水部署と第2線の注水部署の中間地点）にいたり、**「伝達おわり」**と合図する。

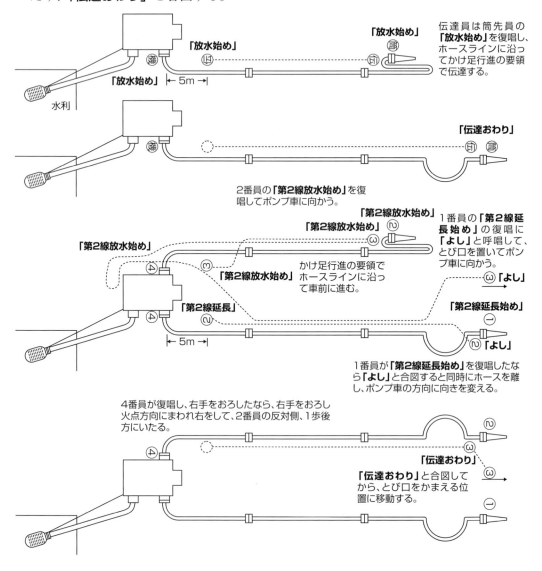

164

(2) 放水中止を伝達する隊員は、筒先員の**「放水やめ」**（第2線延長後及び同時2線延長後の場合に、第1線又は第2線を個別に中止するときには、**「第1線放水やめ」**又は**「第2線放水やめ」**）の復唱に**「よし」**と合図して、後方に向きをかえてポンプ車、タンク車又は小型ポンプ前おおむね2mの位置にいたって停止し、右手を横水平に挙げて**「放水やめ」**（第2線延長後及び同時2線延長後の場合に、第1線又は第2線を個別に中止するときは、**「第1線放水やめ」**又は**「第2線放水やめ」**）と機関員に伝達し、機関員の復唱を受けたのち、注水部署（第2線延長後及び同時2線延長後の場合に、第1線及び第2線を同時に中止するときは、第1線の注水部署と第2線の注水部署の中間地点）に戻り**「伝達おわり」**と合図する。

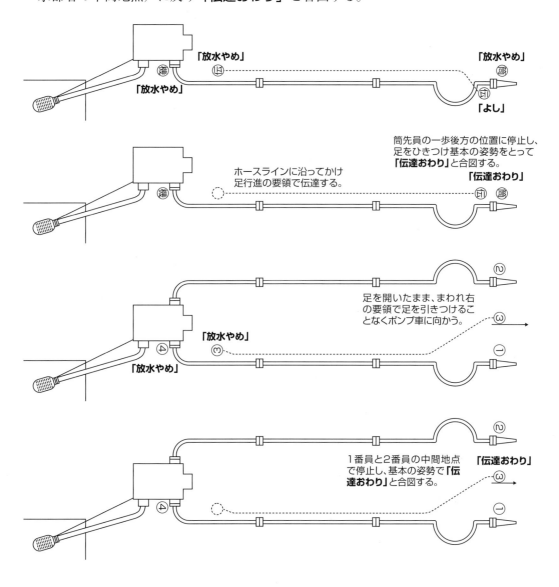

❺ 消防ポンプ操法

（放水開始及び放水中止の受達要領）

第68条 放水開始及び放水中止の受達要領は、次の各号による。

(1) 「**放水始め**」（1線延長後の第2線延長の場合には「**第2線放水始め**」、同時2線延長の場合には「**第1線、第2線放水始め**」）の伝達を受けた機関員は、右手を真上に挙げて「**放水始め**」（1線延長後の第2線延長の場合には「**第2線放水始め**」、同時2線延長の場合には「**第1線、第2線放水始め**」）と復唱する。

(2) 「**放水やめ**」（第2線延長後及び同時2線延長後の場合に、第1線又は第2線を個別に中止するときは、「**第1線放水やめ**」又は「**第2線放水やめ**」）の伝達を受けた機関員は、右手を横水平に挙げて「**放水やめ**」（第2線延長後及び同時2線延長後の場合に、第1線又は第2線を個別に中止するときには、「**第1線放水やめ**」又は「**第2線放水やめ**」）と復唱する。

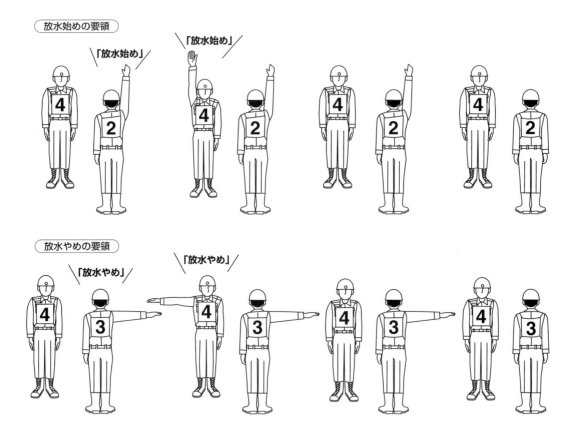

第2節　消防ポンプ操法

（操法の開始）

第69条　手びろめによるホース延長操法を開始するには、次の号令及び要領による。

(1)　指揮者は、**「操作始め」**と号令する。

(2)　各隊員は、4番員の**「よし」**の合図で一斉に下車する。

(3)　1番員は、筒先を背負い、積載ホース1本（第3ホース）をおろしてかつぎ、又はかかえ、火点に向かって第1ホース及び第2ホースの延長距離を考慮して前進し、第3ホースをひろげ、筒先を結合して**「放水始め」**と合図し、さらに前進し、注水姿勢をとる。

(4)　2番員は、積載ホース2本（第1ホース、第2ホース）をおろして延長に便利な位置で第1ホースをひろげ、めす金具を第1放口に結合し、第2ホースをかつぎ、又はかかえ、第1ホースのおす金具を持って火点に向かって前進し、第1ホースを延長して第2ホースをひろげて結合し、第2ホースのおす金具を持ってさらに前進し、第3ホースに結合し、つづいて放水開始の伝達を行い、1番員の反対側1歩後方で注水補助を行う。

(5)　3番員は、第34条第3号に定める先吸管員の操作を行い、ポンプ車に戻り、はしご及びとび口をおろし、はしごをかつぎ、とび口を持って火点に搬送し、はしごを適当な位置におき、又はかけ、1番員の左前方おおむね3mの位置でとび口を持ってかまえる。

　※なお、はしごの取り扱いに関しての解説は割愛する。

(6)　4番員は、第1号の号令で直ちに停車の処置を行い、**「よし」**と合図して他の隊員と一斉に下車し、第34条第2号に定める元吸管員の操作を行い、送水準備を整え、放水開始を受達し、放口コックを開き、放水操作を行ったのち、ポンプ運用に便利な位置で部署する。

2　前項の機械器具の配置及び各隊員の位置は、図のとおりとする。

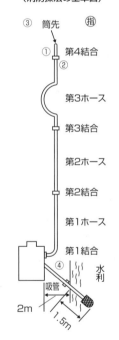

機械器具の配置及び隊員の位置
（消防操法の基準図）

（放水中止）

第70条　手びろめによる1線延長後、放水操作を中止するには、次の号令及び要領による。

(1)　指揮者は、**「放水やめ」**と号令する。

(2)　1番員は、前号の号令でノズルを操作して放水を中止し、同号の号令を復唱し、2番員の**「伝達おわり」**との合図でノズルを開き、**「よし」**と合図して左足を引きつけ、筒先を右足きわにたてる。

167

❺ 消防ポンプ操法

⑶　2番員は、放水中止の伝達を行う。

⑷　3番員は、1番員の「よし」の合図で左足を引きつけ、とび口を右足きわにたてる。

⑸　4番員は、放水中止を受達し、放口コックを閉め、送水中止の操作を行う。

（収納）

第71条　前条による放水中止後、機械器具を収納するには、次の号令及び要領による。

⑴　指揮者は、「**おさめ**」と号令する。

⑵　1番員は、前号の号令で筒先と第3ホースを離脱し、筒先を背負い、ホースをうず巻にしてかついで搬送しポンプ車にこれらを積載したのち、集合線に戻る。

⑶　2番員は、第1号の号令で第3結合部及び第2結合部にいたり、これらを離脱し、第2ホースをうず巻にしてかついで搬送し、ポンプ車に積載し、つづいて第1ホースをうず巻にし、ポンプ車に積載したのち、集合線に戻る。

⑷　3番員は、第1号の号令でとび口を持ち、はしごをかつぎポンプ車にいたり、元の位置におさめ、続いて水利にいたり、第35条第3号に定める先吸管員の操作を行ったのち、集合線に戻る。

⑸　4番員は、第1号の号令で第1結合部を離脱して、めす金具をその場におき、つづいて第35条第2号に定める元吸管員の操作を行ったのち、集合線に戻る。

（第2線延長）

第72条　手びろめによる1線延長後、第2線を延長するには、次の号令及び要領による。

⑴　指揮者は、「**第2線延長始め**」と号令する。

⑵　1番員は、前号の号令を復唱し、注水操作を続ける。

⑶　2番員は、1番員の「**第2線延長始め**」の復唱に「よし」と合図してホースをはなし、後方に向きをかえてポンプ車前おおむね2mの位置にいたって停止し、「**第2線延長**」と4番員に合図し、筒先を4番員から受け取って背負い、積載ホース1本（第3ホース）をおろしてかつぎ、又はかかえ、火点に向かって第1ホース及び第2ホースの延長距離を考慮して前進し、第3ホースをひろげ、筒先を結合して「**第2線放水始め**」と合図し、さらに前進して注水姿勢をとり、筒先保持の安全確保に配慮してノズルを徐々に開く。

⑷　3番員は、1番員の「**第2線延長始め**」の復唱に「よし」と合図してとび口をその場に置き、ポンプ車にいたり、積載ホース2本（第1ホース、第2ホース）をおろして延長に便利な位置で第1ホースをひろげ、めす金具を第2放口に結合し、第2ホースをかつぎ、又はかかえ、第1ホースのおす金具を持って火点に向かって前進し、第1ホースを延長して、第2ホースをひろげて結合し、第2ホースのおす金具を持ってさらに前進し、第3ホースに結合し、つづいて第2線の放水開始の伝達を行ったのち、火点にいたり、再びとび口を持ってかまえる。

⑸　4番員は、2番員の「**第2線延長**」の合図でポンプ車から筒先をとって2番員に手渡し、つづいて第2線の放水開始を受達し、放口コックを開き、送水操作を行ったのち、ポンプ運用に便利な位置に部署する。

168

2　前項の機械器具の配置及び各隊員の位置は、図のとおりとする。

機械器具の配置及び隊員の位置（消防操法の基準図）

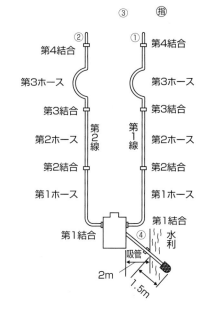

（放水中止）

第73条　手びろめによる第2線延長後、放水操作を中止するには、次の号令及び要領による。

(1)　指揮者は、第1線及び第2線を同時に中止するときは、「**放水やめ**」と号令し、個別に中止するときは「**第1線放水やめ**」又は「**第2線放水やめ**」と号令する。

(2)　1番員又は2番員は、前号の号令でノズルを操作して放水を中止し、同号の号令を復唱し、3番員の「**伝達おわり**」との合図でノズルを開き、「**よし**」と合図して左足を引きつけ、筒先を右足きわにたてる。

(3)　3番員は、第1号の号令でとび口をその場に置き、放水中止の伝達を行ったのち、再びとび口を置いた地点に戻り、とび口を右足きわにたてる。

(4)　4番員は、放水中止を受達し、第1放口又は第2放口のコックを閉め、送水中止の操作を行う。

（収納）

第74条　前条による放水中止後、機械器具を収納するには、次の号令及び要領による。

(1)　指揮者は、「**おさめ**」と号令し、第1線の第2結合部及び第2線の第2結合部にいたり、これらを離脱し、第2線の第1ホースをうず巻にしてポンプ車に積載する。

(2)　1番員は、前号の号令で第1線の筒先と第3ホースを離脱し筒先を背負い、第1線の第3結合部にいたり、これを離脱し、第1線の第3ホースをうず巻にしてかついで搬送してポンプ車にこれらを積載し、つづいて第1線の第2ホースをうず巻にしてかついで搬送し、ポンプ車に積載したのち、集合線に戻る。

(3)　2番員は、第1号の号令で第2線の筒先と第3ホースを離脱し筒先を背負い、第2線の第3結合部にいたり、これを離脱し、第2線の第3ホースをうず巻にしてかついで搬送し、ポンプ車にこれらを積載し、つづいて第2線の第2ホースをうず巻にしてかついで搬送し、ポンプ車に積載したのち、集合線に戻る。

(4)　3番員は、第71条第4号に定める要領により操作を行い、つづいて第1線の第1ホースをうず巻にしてポンプ車に積載したのち、集合線に戻る。

(5)　4番員は、第1号の号令で第1線の第1結合部及び第2線の第1結合部にいたり、これらを離脱し、それぞれ第1ホースのめす金具をその場におき、つづいて第35条第2号に定める元吸管員の操作を行ったのち、集合線に戻る。

第3節　第1線延長

開始報告要領

　指揮者は、報告受領者の方向に向きを変え、かけ足行進の要領で発進し、報告受領者の前方5mの位置に相対して停止し、挙手注目の敬礼を行い「○○消防署・○○消防団・○○自衛消防隊、ただいまからポンプ車操法を開始します。」と報告し、挙手注目の敬礼を行い、集合指揮位置の方向に向きを変え、かけ足行進の要領で発進し、集合指揮位置にいたり各隊員に相対して停止する。

　各隊員は、指揮者の開始報告中は基本の姿勢をとる。

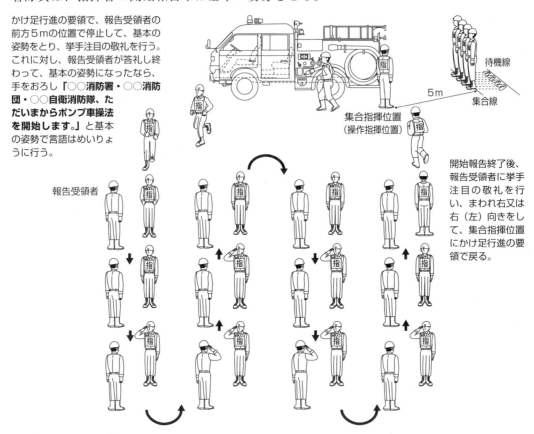

想定の付与

　指揮者は、開始報告から再び集合指揮位置に戻り、各隊員に想定を付与する。

　想定の内容は、「**火点は前方の標的、水利はポンプ車右側後方防火水そう、手びろめによる二重巻ホース1線延長**」と号令する。

　各隊員は、基本の姿勢で指揮者の想定を受ける。

第3節　第1線延長

待機・集合等

指揮者は１番員の右側1.5mの位置で**「整列休め」**の姿勢で待機する。

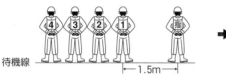

整列は、かかとを待機線に合わせる。

各隊員は、待機線上に一列に横隊の隊形で**「整列休め」**の姿勢で待機する。この場合２番員と３番員はポンプ車の中央になるようにする。

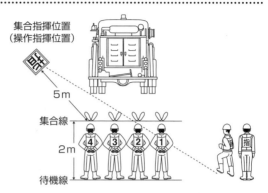

指揮者は、操法開始の合図により基本の姿勢をとり、集合指揮位置に向きを変え、足を引きつけて基本の姿勢をとり、かけ足行進の要領で左足から発進する。

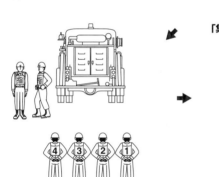

指揮者は、集合指揮位置で左向け止まれの要領で、左足を引きつけて停止し、両手をおろし基本の姿勢をとり、**「集まれ」**と号令する。

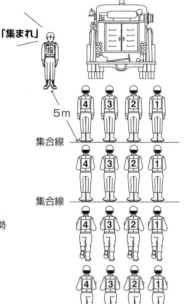

おおむね２歩半で集合線にいたり、右足を左足に引きつけて停止する。

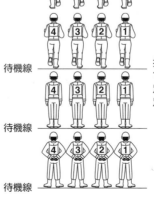

指揮者の**「集まれ」**の号令で基本の姿勢をとり、かけ足行進の要領で集合線に左足から、第１歩を踏み出す。

171

自主整頓要領

2番員を基準に自主整頓を行う。

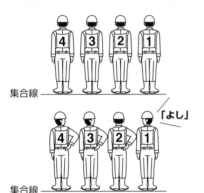

1番員は、基本の姿勢のまま頭のみ2番員の方向に向ける。
2番員は、右手を腰に側方に張り前方を直視する。
3番員と4番員は、右手を腰に側方に張り、2番員の方向に頭を向ける。
1番員は、適宜3番員と4番員を整頓線に入れる。
1番員は、整頓完了後「**よし**」と小声で合図して、頭を正面に向けて基本の姿勢をとる。
各隊員は、1番員の「**よし**」の合図で一斉に手をおろし、基本の姿勢をとる。

点呼

指揮者は、各隊員が集合線に整列完了したならば「**番号**」と号令する。
各隊員は、指揮者の「**番号**」の号令で1番員から順次、各自の番号を呼唱する。

乗車

指揮者は、「**乗車**」と号令し、ポンプ車に正対し、各隊員の乗車を確認した後、乗車する。

各隊員は、指揮者の号令で一斉に乗車する位置に前進して停止した後、4番員の「**よし**」の合図で乗車し、（乗車の要領は、左右いずれの足から乗車してもよいが、乗車側によって足を合わせる。）車両の走行に対応できる姿勢をとる。4番員は、直ちにエンジンを始動させる。

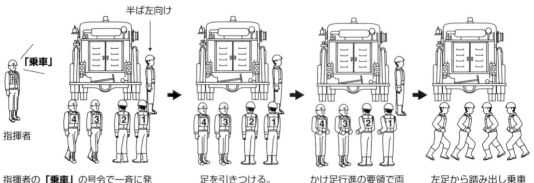

第3節　第1線延長

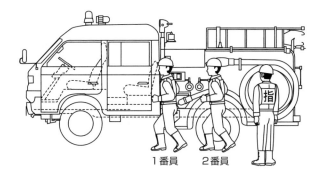

指揮者は、「**乗車**」と号令したならば、直ちに半ば左向け左の要領でポンプ車に正対し、各隊員の乗車状況を監視する。
1番員と2番員は、指揮者の前をかけ足で乗車位置に向かう。

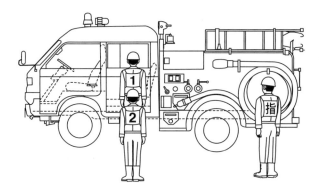

1番員と2番員は、右向け止まれの要領で停止し、おおむね1歩離れる。

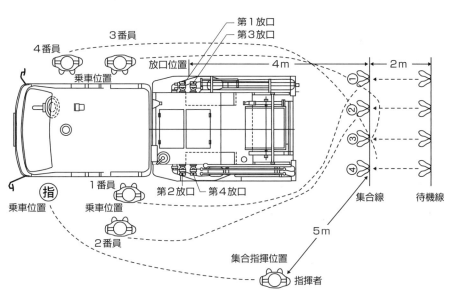

各隊員は、乗車位置に正対して停止する。
指揮者は、各隊員の乗車完了を確認後、自己の乗車する位置に向きを変え、足を引きつけて、かけ足行進の要領で左足から発進し、乗車位置に向かう。

173

❺ 消防ポンプ操法

乗車要領

　4番員の「**よし**」の合図でドアを開け、近くの手すり等を握り乗車してドアを閉める。なお2番員は1番員に引き続いて乗車する。
　ドアの窓ガラスは操法開始に全開にしておくこと。

ポンプ車左側の乗車要領
ドアを左手で開け、左右いずれの足から乗車してもよい。乗車側によっては足を合わせるとよい。

乗車姿勢
各隊員は、近くの手すり等を握り、背筋を伸ばした姿勢をとり、足は正しく床面に置く。4番員は乗車後直ちにエンジンを始動させ、ハンドルを確実に握る。

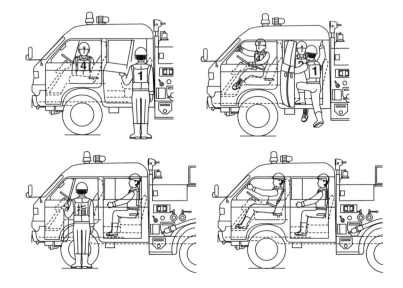

下車

　指揮者は、乗車後、直ちに「**操作始め**」と号令し、4番員の「**よし**」の合図で下車する。
　各隊員は、4番員の「**よし**」の合図により一斉に下車する。4番員は、指揮者の「**操作始め**」の号令により、サイドブレーキを引き、「**よし**」と合図して、ポンプレバーを操作して下車する。

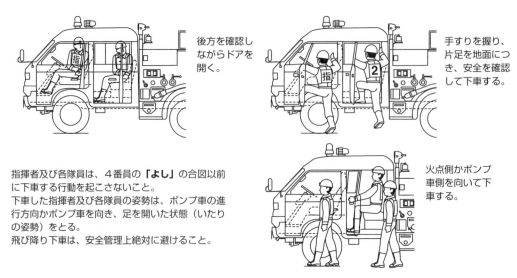

後方を確認しながらドアを開く。

手すりを握り、片足を地面につき、安全を確認して下車する。

指揮者及び各隊員は、4番員の「**よし**」の合図以前に下車する行動を起こさないこと。
下車した指揮者及び各隊員の姿勢は、ポンプ車の進行方向かポンプ車を向き、足を開いた状態（いたりの姿勢）をとる。
飛び降り下車は、安全管理上絶対に避けること。

火点側かポンプ車側を向いて下車する。

指揮者は、下車後、ドアを閉め、直ちに操作指揮位置に移動して停止、吸管操作及びホース延長等を監視する。
1番員は、下車後、ドアを閉め、ポンプ車後方に向きを変え、筒先及びホース積載箇所にかけ足行進の要領で移動する。
2番員は、下車後、1番員と同様にホース積載箇所にかけ足行進の要領で移動する。
3番員は、下車後、ドアを閉め、吸管積載部の左側にかけ足行進の要領で移動する。
4番員は、下車後、ドアを閉め、3番員とともに吸管積載部の左側にかけ足行進の要領で移動する。

指揮者は、操作指揮位置に最短距離を直行し、延長されるホースに対して正対できるように左向け止まれの要領で停止する。操作指揮位置においては、基本の姿勢をとり、頭を適宜右及び左に向けて、ホースの延長及び吸水処置等の操作状況等を監視する。
1番員は、ポンプ車左側に積載してある筒先を右手でノズル付近を、左手は背負いひもの中央を持ち、ノズルを握った右手を頭上に、左手を右わき下にして、頭及び左腕を背負いひもにくぐらせて、ノズルが右肩にくるように、筒先の元金具は左腰の近くになるように背負う。
2番員は、車両後部のホース積載位置にいたり、第2ホースを、右手でめす金具、左手でめす金具の反対側を両手で確実に持ち、吸管操作に支障とならない位置で、しかも第1ホース展張後、搬送に便利なところに置く。
3番員は、吸管積載部の位置で右向け止まれの要領で開脚の状態で停止する。近くの吸管止め金を4番員と協力して両手で確実にはずす。
4番員は、吸管積載部の位置で右向け止まれの要領で開脚の状態で停止する。近くの吸管止め金を3番員と協力して両手で確実にはずす。

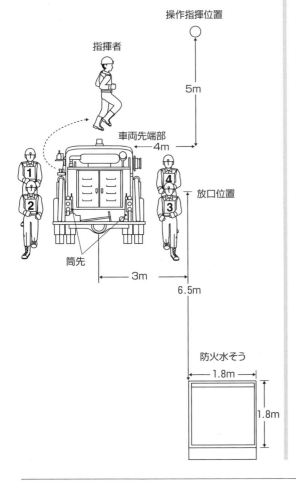

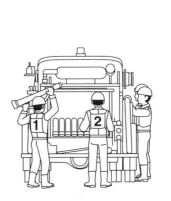

指揮者は、引き続き操作指揮位置で、吸管操作及びホース延長等を監視する。
1番員は、筒先を背負うと同時に、第3ホースのめす金具を右手で、左手でめす金具の反対側を保持し、めす金具が上部斜め前方になるように左肩上に乗せ、めす金具部を左手に持ち替え右手をおろし、左に向きを変え、足を引きつけることなく、かけ足行進の要領でポンプ車左側を通って、第3ホースの延長地点に向かう。
2番員は、第2ホースをポンプ右側の第1ホース展張予定位置付近に置く。
3番員は、引き続き吸管止め金を4番員と協力してはずし、吸管伸長操作の準備を行う。
4番員は、引き続き吸管止め金を3番員と協力してはずし、吸管伸長操作の準備を行う。

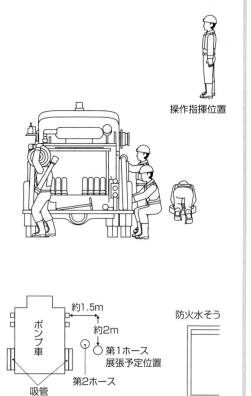

指揮者は、引き続き操作指揮位置で、吸管操作及びホース延長等を監視する。
1番員は、筒先を背負い第3ホースを左肩上に乗せて、第3ホース延長地点に向かう。
2番員は、第1ホースを右手でめす金具、左手でめす金具の反対側を持って、ホース展張に便利な位置に両手で確実に保持して搬送し、めす金具が手前にくるように地面に立てて、第1ホースを置く。
3番員は、4番員からストレーナー部を両手で受け取ると同時に左足を左方へ1歩踏み出し、左足を軸にして身体を右回り回転させて、吸管左側に出て吸管の伸長方向に向きを変える。
4番員は、ストレーナー付近の吸管を3番員に両手で確実に保持して渡す。

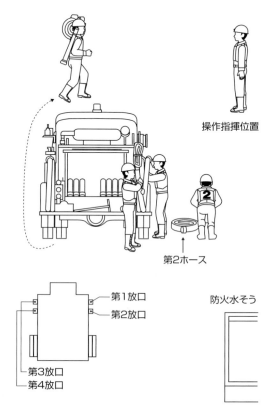

第3節　第1線延長

指揮者は、引き続き操作指揮位置で吸管操作及びホース延長等を監視する。
1番員は、引き続き第3ホース延長地点に向かう。
2番員は、巻かれているめす金具を後方に伸ばし、右足でおす金具付近を踏み、左手はホースに添えて、展張方向を定めておいて、前方へ転がすように展張する。
3番員は、右手は吸管の下から、左手は吸管を左わき下に抱えるように持ち替えながら、4番員の送り出す吸管のよじれをとるためにストレーナー部を適宜、回転させてひきずらないようにストレーナー側に重心をかけながら、一直線になるように4番員と協力して伸長する。

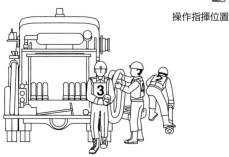

4番員は、吸管が台座に残らないように全部ひき出し、3番員と呼吸を合わせて、よじれをとりながら吸管を送り出す。

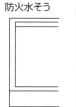

防火水そう

指揮者は、2番員が第1ホースの延長後、おす金具を地面に置くと同時に右向け右を行い、足を引きつけることなく、1番員に先行してかけ足行進の要領で火点指揮位置に移動する。
1番員は、第3ホース延長地点にいたり、左手を前方へ下げると同時に、右手でめす金具を持ち替え、左手でめす金具の反対側を保持し、ホースを回転させるようにして肩からおろす。第3ホースのめす金具近くを右足先で踏み、右手でおす金具を確実に保持し、左手はホースに添えて、展張方向を定めて、前方へ転がして展張する。
2番員は、第1ホースを前方に転がすように展張して、おす金具を搬送に便利な位置に折って静かに置く。
3番員は、4番員と協力して吸管をひきずらないように、また蛇行しないように真っすぐに伸ばす。
4番員は、3番員と協力して吸管をひきずらないように、また蛇行しないように真っすぐに伸ばす。

火点指揮位置

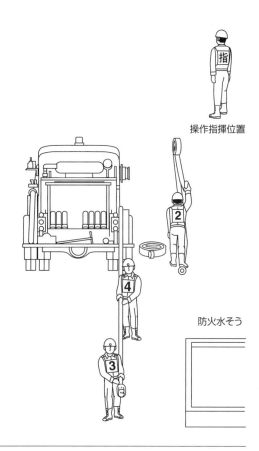

操作指揮位置

防火水そう

177

❺ 消防ポンプ操法

指揮者は、引き続き前進し、火点指揮位置に向かう。
1番員は、第3ホースを前方へ転がして展張する。

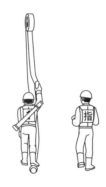

2番員は、右足をホースから離し、めす金具側に向きを変え、めす金具を両手で持ち上げた後、第1放口側に向きを変えながら、左手でめす金具を持ち、右手はホースに添えて余裕ホースを取るようにしながら、右足を大きく1歩踏み込んで、めす金具を両手で持って第1放口に結合する。
3番員は、引き続き吸管の伸長操作を行う。
4番員は、吸管伸長が終わろうとする時点で吸管から手を離さないようにしながら吸管をまたぎ、吸管の左側中央部に移動し、いたりの姿勢で両手で吸管を腰部のところで保持する。

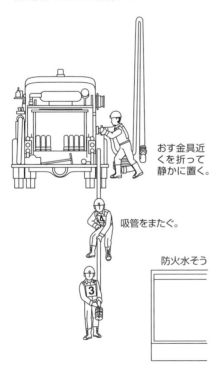

おす金具近くを折って静かに置く。
吸管をまたぐ。
防火水そう

指揮者は、火点指揮位置に先行して、火点側を向いて基本の姿勢をとる。
1番員は、第3ホースを前方へ転がして展張したなら、左足を軸にして身体を右回りに反転させて、同時におす金具を結合しやすい位置（左足近く）に置き、身体を起こしてポンプ車方向を注視し、左手で取っ手近くのプレイパイプを握り、元金具を腹部から頭上へ移動し、背負いひもを右手で持って頭をくぐらせ、右手は筒先のノズルを持ち、左手は、プレイパイプの中央部に持ち替えながら、ホースのおす金具がやや上を向くように左足先で、ホースのおす金具近くをおさえながら、おす金具に筒先を結合する。

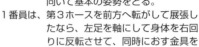
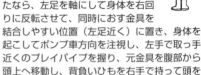

2番員は、第1ホースを第1結合部に結合したなら、完全に爪がかかっているかどうかを両手で引いて確認をする。
第2ホースを折りひざ又は折りひざに準じた姿勢で左肩にかつぎ、第1ホースのおす金具を右手に持ち腰につけて立ち上がり、かけ足で前進し、第2結合地点に向かう。

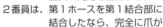

3番員は、4番員の「よし」の合図で吸管投入に便利な位置へ吸管を両手で腰部に抱えるようにしながら、ストレーナー側に重心をかけるように保持して、4番員に合わせて左足から2歩半進み、吸管をその場に置き、右ひざを立てた折りひざの姿勢で控綱を取りはずして右わきに置く。

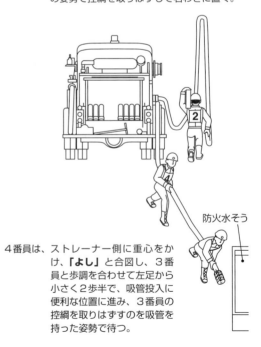

4番員は、ストレーナー側に重心をかけ、「よし」と合図し、3番員と歩調を合わせて左足から小さく2歩半で、吸管投入に便利な位置に進み、3番員の控綱を取りはずすのを吸管を持った姿勢で待つ。

防火水そう

第3節　第1線延長

指揮者は、引き続き基本の姿勢をとり、各隊員の操作状況を監視する。

1番員は、第4結合部の爪がかかっているかどうかを引いて確認するとともに、左手でノズル近くのプレイパイプを持ち、右手で取っ手を握ると同時に、ホースから左足を離して右足を軸に火点側へ1歩踏み込み、基本注水の姿勢をとる。

2番員は、展張ホースの左側に沿って、ホースを延長しながら火点に向かって前進し、第2結合地点にいたり、おす金具を静かに置いて、第2ホースのめす金具が手前にくるように地面に立てて置き、第2ホースを展長する。

3番員は、吸管をその場に置き右ひざを立てた折りひざの姿勢で控綱を取りはずして右わきに置き、右手で控綱の根元と端末を持ち、左手で吸管を保持して立ち上がり、**「よし」**と合図し、右足を半歩前に踏み出し、左手を吸管からはずすと同時に右手の控綱を滑らせ、両手の握力で勢いよく滑り落ちないように保持しながら、静かに投入する。

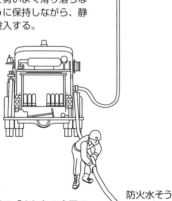

防火水そう

4番員は、3番員の**「よし」**の合図で右足を半歩前に踏み出し、吸管を静かに投入の補助を行う。

吸管控綱

指揮者は、引き続き基本の姿勢をとり、各隊員の操作状況を監視する。

1番員は、引き続き火点側へ1歩踏み込み、基本注水の姿勢を取り、2番員の第3結合部を結合する操作を待つ。

2番員は、第2ホースのおす金具を搬送に便利な位置に折って静かに置き、右足で第1ホースのおす金具を立てて、両手でめす金具を持ち垂直に合わせて、差し込んで結合し、爪がかかっているかどうか引いて確認をする。

3番員は、吸管を投入後、控綱の端末を右手に持ってポンプ車後方に向きを変え、かけ足行進の要領で、吸管の左側に沿ってポンプ車後部右側の控綱結着位置にいたり、車両後部の強固な位置に「もやい結び又は半結び」で結着する。

4番員は、吸口方向へ向きを変え、かけ足行進の要領で吸管接地部をまたいで吸口に正対し、左向け止まれの要領で停止し、吸口コックを両手で全開する。

179

❺ 消防ポンプ操法

指揮者は、引き続き基本の姿勢をとり各隊員の操作状況を監視する。

1番員は、引き続き火点側へ1歩踏み込み、基本注水姿勢をとる。

2番員は、第2ホースを延長したならば、第2ホースと第3ホースを結合し、爪がかかっているかどうか引いて確認する。

3番員は、枕木を左手で左腰部にあてて持ち、枕木の取付位置へ向きを変え搬送し、枕木取付部にいたりの姿勢で両手で取り付ける。
さらにとび口積載位置に右向け止まれの要領で止まり、両手でとび口を積載位置からおろす。

4番員は、右に向きを変え、かけ足行進の要領で発進し、真空ポンプレバー（ボタン）とスロットルレバーが同時に操作できる位置にいたる。

枕木
防火水そう

指揮者は、引き続き基本の姿勢をとり各隊員の操作状況を監視する。

1番員は、2番員が第2ホースを延長し、第3ホースに結合して、基本の姿勢をとったのを見計らい**「放水始め」**と合図する。

2番員は、右足をホースから離すと同時に左足へひきつけ、第3結合部より火点側に向きを変え、基本の姿勢をとる。
1番員の**「放水始め」**を復唱してポンプ車方向にまわれ右をして伝令に向かう。

「放水始め」
「放水始め」

3番員は、とび口をおろすと同時に左に向きを変えてとび口を左わき下に抱えて、かけ足行進の要領で発進し、第1線の延長ホースの左側に沿って最短距離で破壊想定地点に向かう。

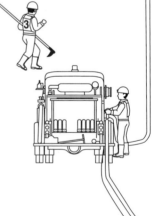

4番員は、いったん基本の姿勢をとった後、右足を横に開いて、2番員が延長したポンプ側の余裕ホースに配意した後、計器の確認が容易で、かつ放口コック、スロットルレバーの操作のできる位置で火点に向かって姿勢を正す。

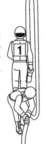

180

第3節 第1線延長

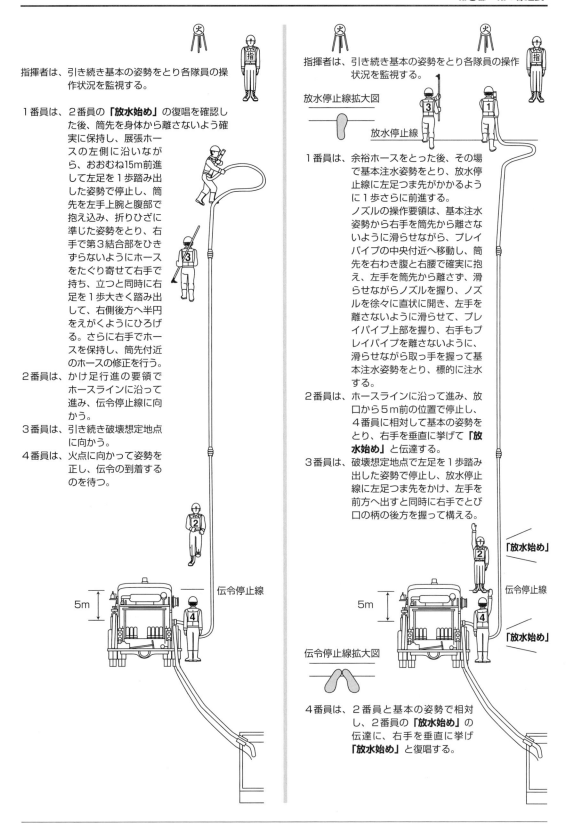

指揮者は、引き続き基本の姿勢をとり各隊員の操作状況を監視する。

1番員は、2番員の**「放水始め」**の復唱を確認した後、筒先を身体から離さないよう確実に保持し、展張ホースの左側に沿いながら、おおむね15m前進して左足を1歩踏み出した姿勢で停止し、筒先を左手上腕と腹部で抱え込み、折りひざに準じた姿勢をとり、右手で第3結合部をひきずらないようにホースをたぐり寄せて右手で持ち、立つと同時に右足を1歩大きく踏み出して、右側後方へ半円をえがくようにひろげる。さらに右手でホースを保持し、筒先付近のホースの修正を行う。

2番員は、かけ足行進の要領でホースラインに沿って進み、伝令停止線に向かう。

3番員は、引き続き破壊想定地点に向かう。

4番員は、火点に向かって姿勢を正し、伝令の到着するのを待つ。

指揮者は、引き続き基本の姿勢をとり各隊員の操作状況を監視する。

放水停止線拡大図

1番員は、余裕ホースをとった後、その場で基本注水姿勢をとり、放水停止線に左足つま先がかかるように1歩さらに前進する。
ノズルの操作要領は、基本注水姿勢から右手を筒先から離さないように滑らせながら、プレイパイプの中央付近へ移動し、筒先を右わき腹と右腰で確実に抱え、左手を筒先から離さず、滑らせながらノズルを握り、ノズルを徐々に直状に開き、左手を離さないように滑らせて、プレイパイプ上部を握り、右手もプレイパイプを離さないように、滑らせながら取っ手を握って基本注水姿勢をとり、標的に注水する。

2番員は、ホースラインに沿って進み、放口から5m前の位置で停止し、4番員に相対して基本の姿勢をとり、右手を垂直に挙げて**「放水始め」**と伝達する。

3番員は、破壊想定地点で左足を1歩踏み出した姿勢で停止し、放水停止線に左足つま先をかけ、左手を前方へ出すと同時に右手でとび口の柄の後方を握って構える。

「放水始め」

伝令停止線

「放水始め」

伝令停止線拡大図

4番員は、2番員と基本の姿勢で相対し、2番員の**「放水始め」**の伝達に、右手を垂直に挙げ**「放水始め」**と復唱する。

181

❺ 消防ポンプ操法

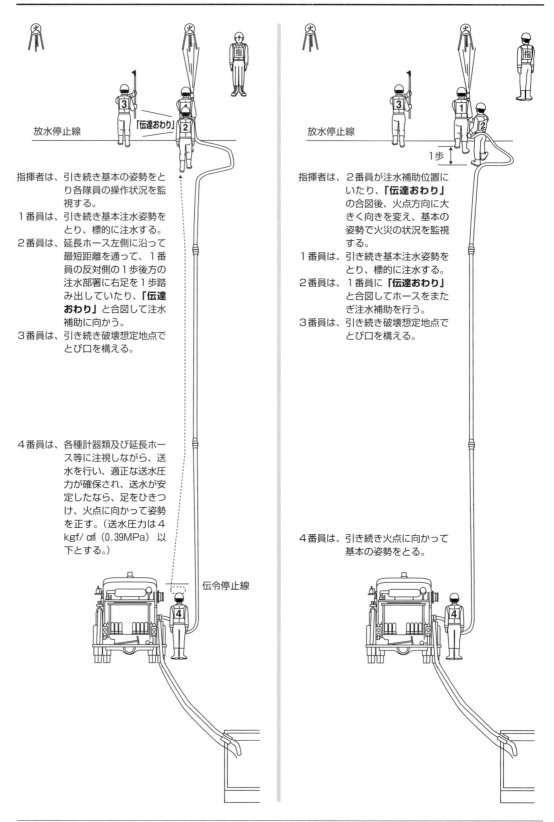

指揮者は、引き続き基本の姿勢をとり各隊員の操作状況を監視する。

1番員は、引き続き基本注水姿勢をとり、標的に注水する。

2番員は、延長ホース左側に沿って最短距離を通って、1番員の反対側の1歩後方の注水部署に右足を1歩踏み出していたり、**「伝達おわり」** と合図して注水補助に向かう。

3番員は、引き続き破壊想定地点でとび口を構える。

4番員は、各種計器類及び延長ホース等に注視しながら、送水を行い、適正な送水圧力が確保され、送水が安定したなら、足をひきつけ、火点に向かって姿勢を正す。(送水圧力は4 kgf/㎠(0.39MPa)以下とする。)

指揮者は、2番員が注水補助位置にいたり、**「伝達おわり」** の合図後、火点方向に大きく向きを変え、基本の姿勢で火災の状況を監視する。

1番員は、引き続き基本注水姿勢をとり、標的に注水する。

2番員は、1番員に **「伝達おわり」** と合図してホースをまたぎ注水補助を行う。

3番員は、引き続き破壊想定地点でとび口を構える。

4番員は、引き続き火点に向かって基本の姿勢をとる。

第4節　第2線延長

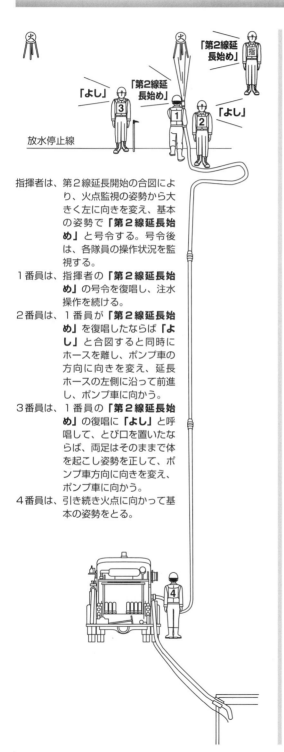

指揮者は、第2線延長開始の合図により、火点監視の姿勢から大きく左に向きを変え、基本の姿勢で**「第2線延長始め」**と号令する。号令後は、各隊員の操作状況を監視する。
1番員は、指揮者の**「第2線延長始め」**の号令を復唱し、注水操作を続ける。
2番員は、1番員が**「第2線延長始め」**を復唱したならば**「よし」**と合図すると同時にホースを離し、ポンプ車の方向に向きを変え、延長ホースの左側に沿って前進し、ポンプ車に向かう。
3番員は、1番員の**「第2線延長始め」**の復唱に**「よし」**と呼唱して、とび口を置いたならば、両足はそのままで体を起こし姿勢を正して、ポンプ車方向に向きを変え、ポンプ車に向かう。
4番員は、引き続き火点に向かって基本の姿勢をとる。

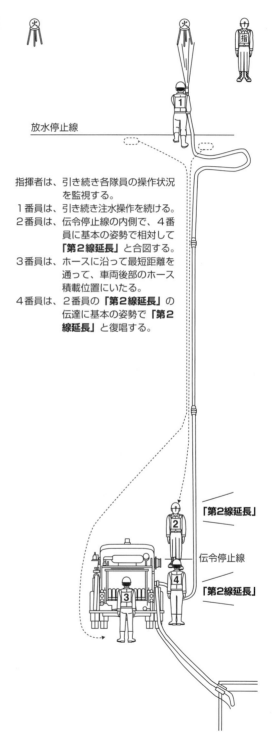

指揮者は、引き続き各隊員の操作状況を監視する。
1番員は、引き続き注水操作を続ける。
2番員は、伝令停止線の内側で、4番員に基本の姿勢で相対して**「第2線延長」**と合図する。
3番員は、ホースに沿って最短距離を通って、車両後部のホース積載位置にいたる。
4番員は、2番員の**「第2線延長」**の伝達に基本の姿勢で**「第2線延長」**と復唱する。

183

❺ 消防ポンプ操法

指揮者は、引き続き各隊員の操作状況を監視する。
1番員は、引き続き注水操作を続ける。
2番員は、4番員の**「第2線延長」**の復唱後、かけ足行進の要領で発進し、ポンプ車右側後部へ右向け止まれの要領でいたり、開脚の状態で4番員から手渡される筒先を、右手はノズル、左手は背負いひもを持って4番員から筒先を受領する。
3番員は、第1線延長時の2番員のホースを搬送する要領に準じて、第2線第2ホースを両手で確実に保持して、第1線延長時の2番員のホースをおろす要領に準じて搬送に便利なところに置く。続いて第1ホースを両手で確実に保持して展張に便利な位置へ搬送する。
4番員は、ポンプ車後部の筒先積載位置の方向にまわれ右をして、足を引きつけることなく発進し、吸管の接地部をまたぎ、第2線筒先積載部にいたり筒先を両手で取りはずして、そのまま右に向きを変え、2番員と相対して、右手で取っ手側、左手でノズル側のプレイパイプを持って、2番員の身の丈に合わせて、水平状態にして渡す。

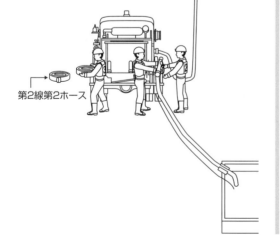

第2線第2ホース

指揮者は、引き続き各隊員の操作状況を監視する。
1番員は、引き続き注水操作を続ける。
2番員は、第1線延長時の1番員に準じた操作をする。筒先の元金具が左腰部にくるように背負い、左に向きを変え、かけ足行進の要領で発進し、吸管の接地部分を横断して、ホース積載位置にいたり、第2線の第3ホースを左肩にかつぎ、右手をおろし、左に向きを変え、かけ足行進の要領で発進し、ポンプ車左側を通って、第3ホース延長地点にいたる。

3番員は、右手でおす金具を下から保持し、右足でめす金具部近くを踏み、左手はホースに添えて前方へ転がすように展張し、おす金具近くを折って延長に便利な位置に火点に向けて静かに置く。

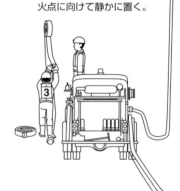

4番員は、筒先を渡した後、右に向きを変え発進し、吸管の接地部をまたぎポンプ車右側を通って、ポンプ車前部にいたる。

第4節　第2線延長

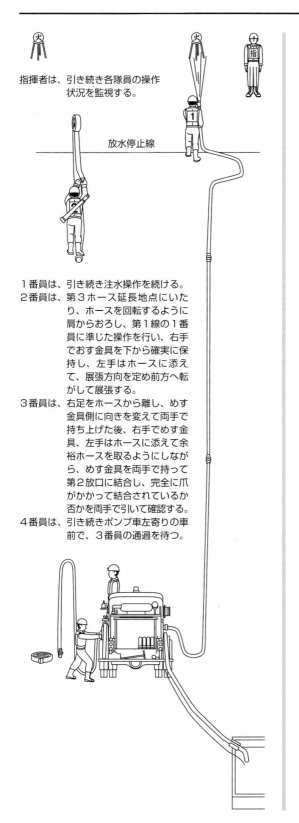

指揮者は、引き続き各隊員の操作状況を監視する。

1番員は、引き続き注水操作を続ける。
2番員は、第3ホース延長地点にいたり、ホースを回転するように肩からおろし、第1線の1番員に準じた操作を行い、右手でおす金具を下から確実に保持し、左手はホースに添えて、展張方向を定め前方へ転がして展張する。
3番員は、右足をホースから離し、めす金具側に向きを変えて両手で持ち上げた後、右手でめす金具、左手はホースに添えて余裕ホースを取るようにしながら、めす金具を両手で持って第2放口に結合し、完全に爪がかかって結合されているか否かを両手で引いて確認する。
4番員は、引き続きポンプ車左寄りの車前で、3番員の通過を待つ。

指揮者は、引き続き各隊員の操作状況を監視する。
1番員は、引き続き注水操作を続ける。

2番員は、右手でおす金具を持ったまま左足を軸に身体を右回りに反転させ、おす金具を左足近くの結合しやすい位置に置き、身体を起こして、ポンプ車方向を注視し、左手で取っ手近くのプレイパイプを握り、元金具を腹部から頭上へ移動し、背負いひもを右手で持って頭をくぐらせ、右手は筒先のノズルを持ち、左手はプレイパイプの中央部に持ち替えながら、ホースのおす金具がやや上を向くように左足先で、ホースのおす金具近くをおさえながら、おす金具に筒先を結合する。
3番員は、第2ホースを折りひざ又は折りひざに準じた姿勢で左肩にかつぎ、第1ホースのおす金具を右手に持ち、腰につけ、展張ホースの左側に沿って、第2結合地点にいたる。

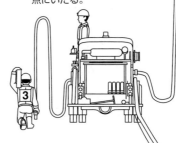

4番員は、引き続きポンプ車左寄りの車前で、3番員の通過を待つ。

185

❺ 消防ポンプ操法

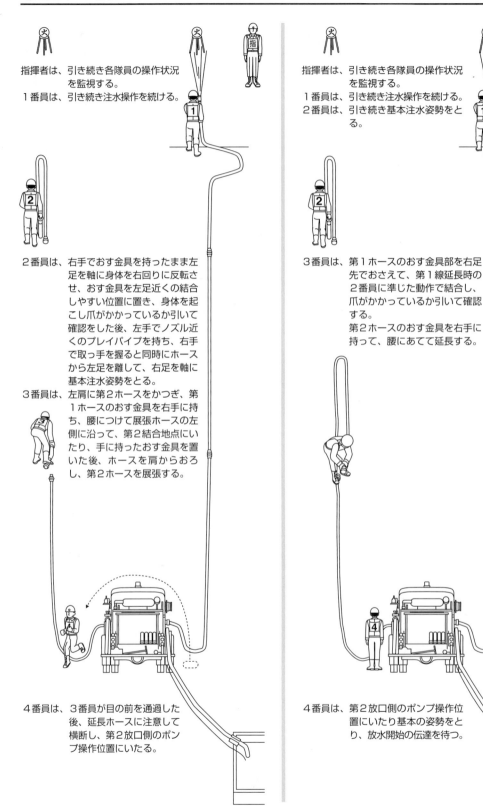

指揮者は、引き続き各隊員の操作状況を監視する。
1番員は、引き続き注水操作を続ける。

2番員は、右手でおす金具を持ったまま左足を軸に身体を右回りに反転させ、おす金具を左足近くの結合しやすい位置に置き、身体を起こし爪がかかっているか引いて確認をした後、左手でノズル近くのプレイパイプを持ち、右手で取っ手を握ると同時にホースから左足を離して、右足を軸に基本注水姿勢をとる。

3番員は、左肩に第2ホースをかつぎ、第1ホースのおす金具を右手に持ち、腰につけて展張ホースの左側に沿って、第2結合地点にいたり、手に持ったおす金具を置いた後、ホースを肩からおろし、第2ホースを展張する。

4番員は、3番員が目の前を通過した後、延長ホースに注意して横断し、第2放口側のポンプ操作位置にいたる。

指揮者は、引き続き各隊員の操作状況を監視する。
1番員は、引き続き注水操作を続ける。
2番員は、引き続き基本注水姿勢をとる。

3番員は、第1ホースのおす金具部を右足先でおさえて、第1線延長時の2番員に準じた動作で結合し、爪がかかっているか引いて確認する。
第2ホースのおす金具を右手に持って、腰にあてて延長する。

4番員は、第2放口側のポンプ操作位置にいたり基本の姿勢をとり、放水開始の伝達を待つ。

186

第4節 第2線延長

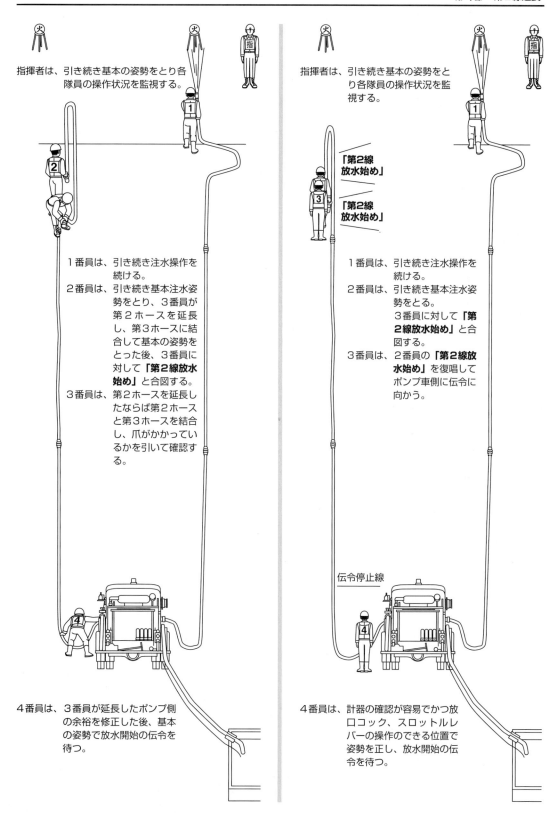

指揮者は、引き続き基本の姿勢をとり各隊員の操作状況を監視する。

1番員は、引き続き注水操作を続ける。
2番員は、引き続き基本注水姿勢をとり、3番員が第2ホースを延長し、第3ホースに結合して基本の姿勢をとった後、3番員に対して**「第2線放水始め」**と合図する。
3番員は、第2ホースを延長したならば第2ホースと第3ホースを結合し、爪がかかっているかを引いて確認する。

4番員は、3番員が延長したポンプ側の余裕を修正した後、基本の姿勢で放水開始の伝令を待つ。

指揮者は、引き続き基本の姿勢をとり各隊員の操作状況を監視する。

「第2線放水始め」
「第2線放水始め」

1番員は、引き続き注水操作を続ける。
2番員は、引き続き基本注水姿勢をとる。
3番員に対して**「第2線放水始め」**と合図する。
3番員は、2番員の**「第2線放水始め」**を復唱してポンプ車側に伝令に向かう。

伝令停止線

4番員は、計器の確認が容易でかつ放口コック、スロットルレバーの操作のできる位置で姿勢を正し、放水開始の伝令を待つ。

187

❺ 消防ポンプ操法

指揮者は、引き続き基本の姿勢をとり各隊員の操作状況を監視する。
1番員は、引き続き注水操作を続ける。

2番員は、3番員の**「第2線放水始め」**の復唱確認後、火点方向におおむね15m前進し、左足を1歩踏み出して停止する。
続いて、筒先を左手上腕と腹部で抱え込み、折りひざ又は折りひざに準じた姿勢をとり、右手で第3結合部をひきずらないように、ホースをたぐり寄せて右手で持ち、立つと同時に右足を1歩大きく後ろにひき、左側後方へ半円形を描くようにひろげ、右手でホースを保持し、後方におおむね1mの注水補助ができる場所をつくり、その場で基本注水姿勢をとり1歩前に出る。

3番員は、まわれ右をしてかけ足行進の要領でホースラインに沿って進み、第2結合部付近をまたいで、ポンプ車の方向に進み、放口から5mの車前で停止し、4番員に相対して基本の姿勢をとり、右手を垂直に挙げて、**「第2線放水始め」**と伝達する。

4番員は、3番員と相対し、3番員が**「第2線放水始め」**の合図を行った後、右手を垂直に挙げ**「第2線放水始め」**と復唱し、右手をおろして放口側に右足を1歩踏み出して、スロットルと放口を同時に操作し、各種計器を注視しながら適正圧力を確保する。

指揮者は、2番員が注水補助位置にいたり**「伝達おわり」**の合図後、火点方向に大きく向きを変え、基本の姿勢で火災の状況を監視する。
1番員は、引き続き注水操作を続ける。
2番員は、余裕ホースを取った後、基本注水姿勢から第1線延長の1番員に準じた操作を行い、ノズルを開放後、基本注水姿勢をとる。
3番員は、4番員が復唱し、右手をおろしてから右手をおろし、火点方向にまわれ右をして発進し、延長ホースの右側に沿って最短距離で、2番員の反対側、1歩後方にいたり、**「伝達おわり」**と合図する。

4番員は、適正な圧力で送水し、圧力が安定した時点で右足を引きつけて火点に向かって姿勢を正す。

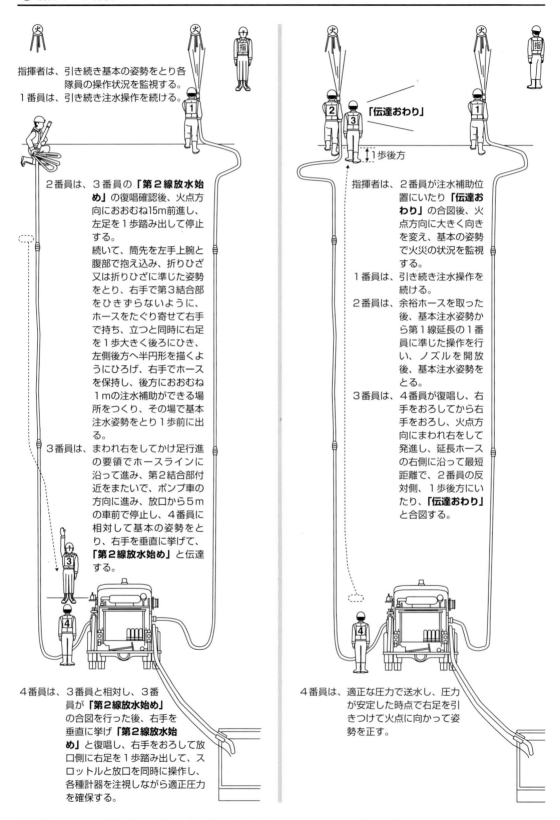

第4節　第2線延長

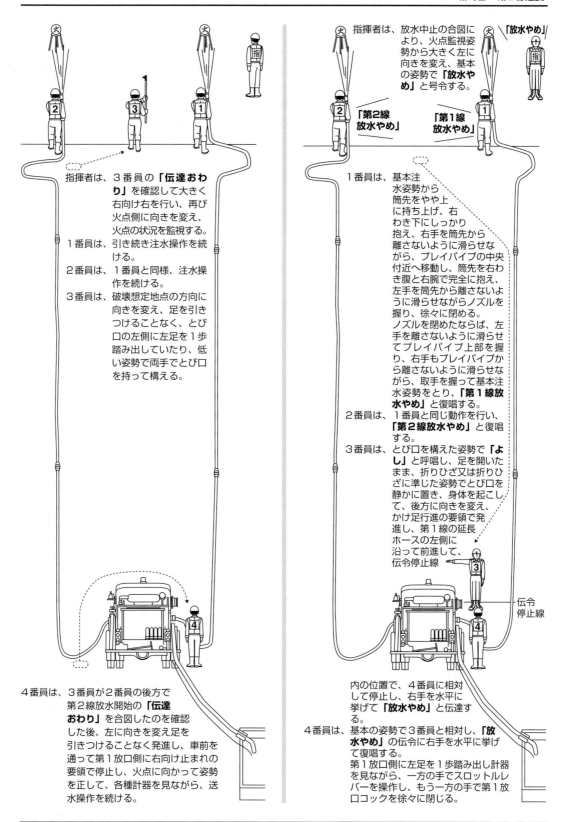

189

❺ 消防ポンプ操法

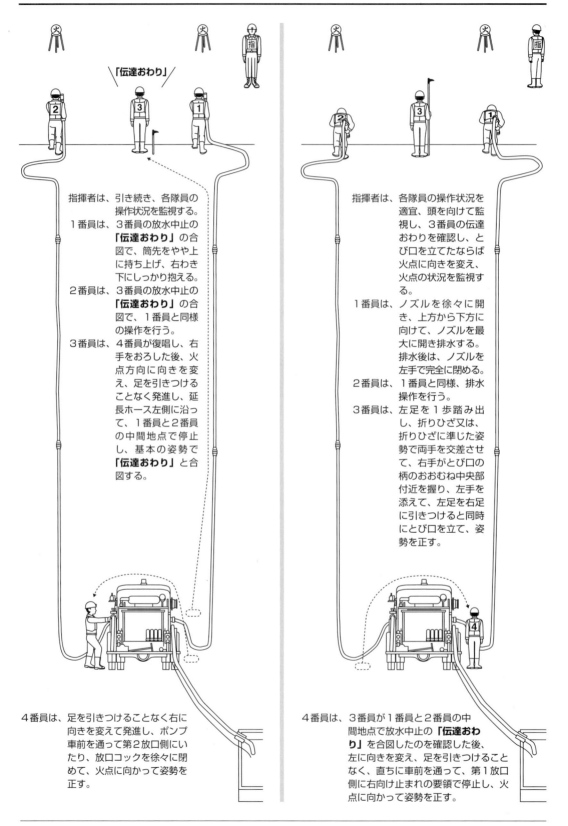

「伝達おわり」

指揮者は、引き続き、各隊員の操作状況を監視する。
1番員は、3番員の放水中止の**「伝達おわり」**の合図で、筒先をやや上に持ち上げ、右わき下にしっかり抱える。
2番員は、3番員の放水中止の**「伝達おわり」**の合図で、1番員と同様の操作を行う。
3番員は、4番員が復唱し、右手をおろした後、火点方向に向きを変え、足を引きつけることなく発進し、延長ホース左側に沿って、1番員と2番員の中間地点で停止し、基本の姿勢で**「伝達おわり」**と合図する。

4番員は、足を引きつけることなく右に向きを変えて発進し、ポンプ車前を通って第2放口側にいたり、放口コックを徐々に閉めて、火点に向かって姿勢を正す。

指揮者は、各隊員の操作状況を適宜、頭を向けて監視し、3番員の伝達おわりを確認し、とび口を立てたならば火点に向きを変え、火点の状況を監視する。
1番員は、ノズルを徐々に開き、上方から下方に向けて、ノズルを最大に開き排水する。排水後は、ノズルを左手で完全に閉める。
2番員は、1番員と同様、排水操作を行う。
3番員は、左足を1歩踏み出し、折りひざ又は、折りひざに準じた姿勢で両手を交差させて、右手がとび口の柄のおおむね中央部付近を握り、左手を添えて、左足を右足に引きつけると同時にとび口を立て、姿勢を正す。

4番員は、3番員が1番員と2番員の中間地点で放水中止の**「伝達おわり」**を合図したのを確認した後、左に向きを変え、足を引きつけることなく、直ちに車前を通って、第1放口側に右向け止まれの要領で停止し、火点に向かって姿勢を正す。

190

第4節　第2線延長

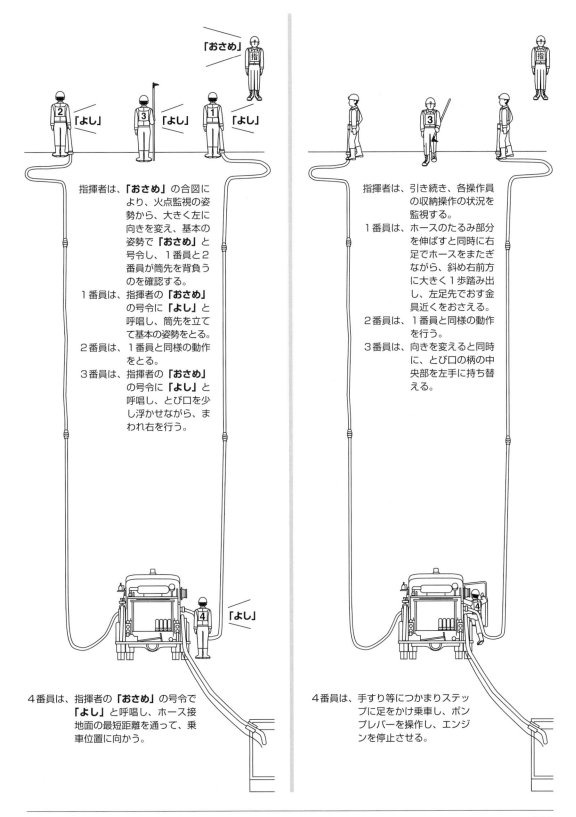

指揮者は、「おさめ」の合図により、火点監視の姿勢から、大きく左に向きを変え、基本の姿勢で「おさめ」と号令し、1番員と2番員が筒先を背負うのを確認する。
1番員は、指揮者の「おさめ」の号令に「よし」と呼唱し、筒先を立てて基本の姿勢をとる。
2番員は、1番員と同様の動作をとる。
3番員は、指揮者の「おさめ」の号令に「よし」と呼唱し、とび口を少し浮かせながら、まわれ右を行う。

4番員は、指揮者の「おさめ」の号令で「よし」と呼唱し、ホース接地面の最短距離を通って、乗車位置に向かう。

指揮者は、引き続き、各操作員の収納操作の状況を監視する。
1番員は、ホースのたるみ部分を伸ばすと同時に右足でホースをまたぎながら、斜め右前方に大きく1歩踏み出し、左足先でおす金具近くをおさえる。
2番員は、1番員と同様の動作を行う。
3番員は、向きを変えると同時に、とび口の柄の中央部を左手に持ち替える。

4番員は、手すり等につかまりステップに足をかけ乗車し、ポンプレバーを操作し、エンジンを停止させる。

191

❺ 消防ポンプ操法

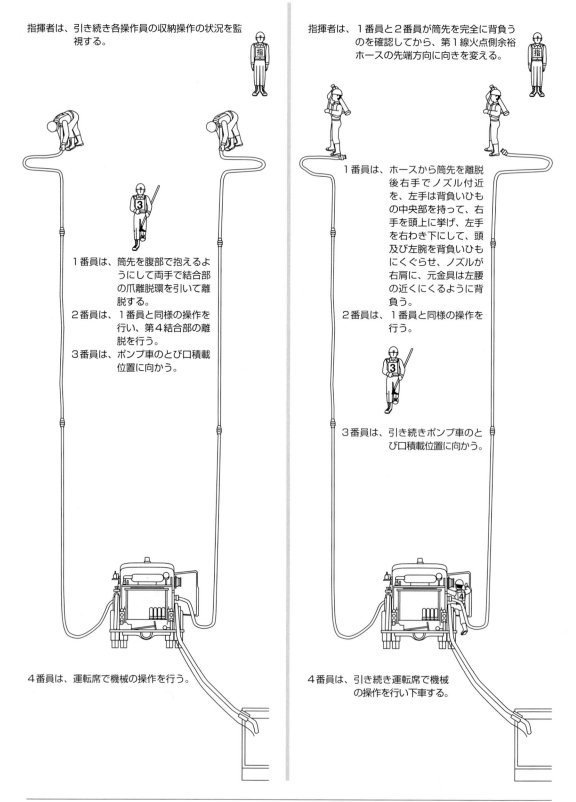

第4節　第2線延長

指揮者は、かけ足行進の要領で延長ホースの右側を前進し、第2結合部に向かう。

1番員は、かけ足行進の要領で延長ホースに沿って前進し、第3結合部に右向け止まれの要領で停止する。

2番員は、1番員と同様の動作をとる。
3番員は、最短距離でとび口の積載位置にいたり左向け止まれの要領で停止する。
とび先がポンプ車に触れないように、両手でとび口を持ち上げ、元の位置におさめ、取付けブラケットに確実におさめる。
4番員は、手すり等を活用して下車位置の安全を確認してから、ポンプ車の進行方向を向くようにして、足を開いた状態で下車する。下車後、第1放口に向きを変え、かけ足行進の要領で発進し、第1放口付近にいたりホース内側で、めす金具を両手で持ち指先で放口の爪離脱環を手前に引いて離脱する。

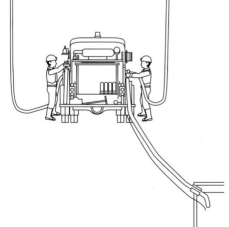

指揮者は、右向け止まれの要領で第2結合部にいたりホースに正対し、両足を平行に開いた姿勢で止まる。

1番員は、第3結合部付近にいたりの姿勢で止まり、左足でおす金具をおさえ、両手で爪離脱環を手前に引き離脱する。
2番員は、1番員と同様の操作を行う。
3番員は、吸管枕木の位置にいたる。
4番員は、結合部を離脱後、めす金具部を両手で保持し、余裕ホースがおおむね一直線になるよう伸長する。
ホースはひきずらないようめす金具部を若干持ち上げるように伸長し、後方の障害物に気をつける。

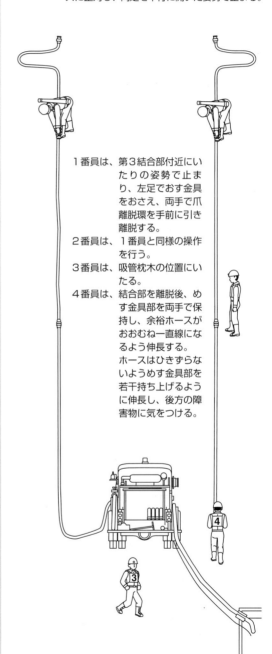

❺ 消防ポンプ操法

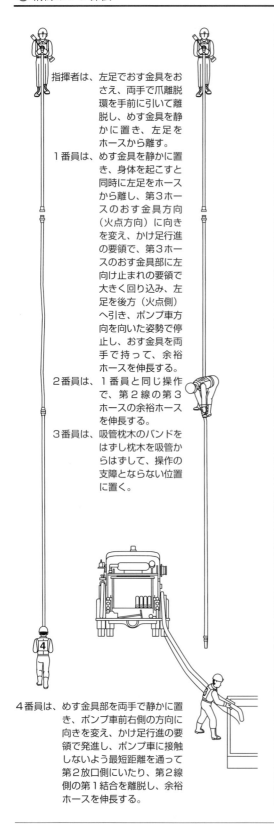

指揮者は、左足でおす金具をおさえ、両手で爪離脱環を手前に引いて離脱し、めす金具を静かに置き、左足をホースから離す。

1番員は、めす金具を静かに置き、身体を起こすと同時に左足をホースから離し、第3ホースのおす金具方向（火点方向）に向きを変え、かけ足行進の要領で、第3ホースのおす金具部に左向け止まれの要領で大きく回り込み、左足を後方（火点側）へ引き、ポンプ車方向を向いた姿勢で停止し、おす金具を両手で持って、余裕ホースを伸長する。

2番員は、1番員と同じ操作で、第2線の第3ホースの余裕ホースを伸長する。

3番員は、吸管枕木のバンドをはずし枕木を吸管からはずして、操作の支障とならない位置に置く。

4番員は、めす金具部を両手で静かに置き、ポンプ車前右側の方向に向きを変え、かけ足行進の要領で発進し、ポンプ車に接触しないよう最短距離を通って第2放口側にいたり、第2線側の第1結合を離脱し、余裕ホースを伸長する。

指揮者は、第1線の第2結合部を離脱後、かけ足行進の要領でホースを横断し、第2線の第2結合部に足を開いた、いたりの姿勢で止まり、第1線と同様の操作を行い、結合部を離脱しその場に静かに置く。

1番員は、ホースのおす金具から中腰の姿勢で、ホース内の残水を押し出すように、できる限り凹凸の出ないようにうず巻きに巻く。

2番員は、1番員と同様の操作を行い、ホースをうず巻きに巻く。

3番員は、かがめた身体を起こし、控綱を両手でたぐりながらストレーナー方向に移動し、左足を後方に引き、右手で根元近くを持ち、4番員と協力し「**よし**」と合図して吸管を水利から引き上げる。

4番員は、吸管投入位置からおおむね2mの吸管左側の位置にいたり吸管に面する。3番員が控綱の根本近くを持った時点で、左足を後方に半歩引き、3番員の動作に合わせながら両手で、吸管を持ち上げると同時にストレーナー方向に向きを変える。

第4節 第2線延長

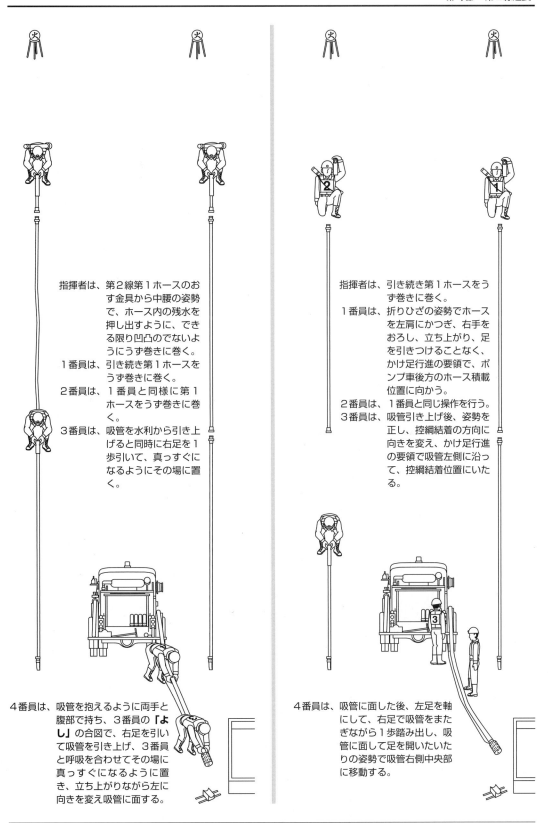

指揮者は、第2線第1ホースのおす金具から中腰の姿勢で、ホース内の残水を押し出すように、できる限り凹凸のでないようにうず巻きに巻く。
1番員は、引き続き第1ホースをうず巻きに巻く。
2番員は、1番員と同様に第1ホースをうず巻きに巻く。
3番員は、吸管を水利から引き上げると同時に右足を1歩引いて、真っすぐになるようにその場に置く。

4番員は、吸管を抱えるように両手と腹部で持ち、3番員の「よし」の合図で、右足を引いて吸管を引き上げ、3番員と呼吸を合わせてその場に真っすぐになるように置き、立ち上がりながら左に向きを変え吸管に面する。

指揮者は、引き続き第1ホースをうず巻きに巻く。
1番員は、折りひざの姿勢でホースを左肩にかつぎ、右手をおろし、立ち上がり、足を引きつけることなく、かけ足行進の要領で、ポンプ車後方のホース積載位置に向かう。
2番員は、1番員と同じ操作を行う。
3番員は、吸管引き上げ後、姿勢を正し、控綱結着の方向に向きを変え、かけ足行進の要領で吸管左側に沿って、控綱結着位置にいたる。

4番員は、吸管に面した後、左足を軸にして、右足で吸管をまたぎながら1歩踏み出し、吸管に面して足を開いたいたりの姿勢で吸管右側中央部に移動する。

195

指揮者は、折りひざの姿勢で右手でめす金具、左手でホースの反対側を持って、めす金具が上部斜め前方にくるように左肩の上に乗せてかつぎ、めす金具部を右手から左手に持ち替え、左手でめす金具部を確実に保持すると同時に右手をおろす。

1番員は、ポンプ車後部のホース積載位置にいたり、まず、ホースを両手でおろし、元の位置におさめ、筒先をおろして、元の位置におさめる。
2番員は、1番員と同様の操作を行う。
3番員は、吸管左側に沿って、控綱結着の位置にいたり、左足1歩前のいたりの姿勢で結着を解き、ストレーナー方向に向きを変え、収納に便利なように順次、控綱を輪状にする。
4番員は、移動後、3番員の控綱の処理状況を見守る。

指揮者は、立ち上がり、かけ足行進の要領で、ポンプ車後部のホース積載位置にいたり、左手を前方へ下げると同時に右手でめす金具を持ち替え、左手でホースの反対側を保持して、両手でおろし、元の位置におさめる。

1番員は、ポンプ車の左側を通り、第2ホースの方向にかけ足行進の要領で向かう。
2番員は、1番員と同様の動作を行う。
3番員は、ストレーナー部にいたり、右ひざを立てた折りひざの姿勢をとり、控綱をストレーナー部に解けないように取りつける。
4番員は、引き続き、3番員の控綱の処理状況を見守る。

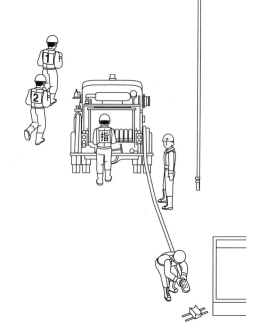

第4節　第2線延長

指揮者は、両手をおろした後、左に向きを変え、ポンプ車左側の最短距離を通って、操作指揮位置に左向け止まれの要領で停止して、基本の姿勢で監視する。

指揮者は、引き続き操作指揮位置で、各操作員の操作状況を監視する。
1番員は、ホースのおす金具から中腰の姿勢でうず巻きに巻く。
2番員は、1番員と同様の操作を行う。

1番員は、第2ホースのおす金具部に左向け止まれの要領で回り込み、右足を後方（火点側）に引き、ポンプ車方向を向いた姿勢で停止する。
2番員は、1番員と同様の動作を行う。
3番員は、控綱取付後、吸管から手を離すことなく両手と腰部で抱え、立ち上がって、4番員の「よし」の合図で、4番員と協力しながら、後足から2歩半で後退し、一直線になるように真っすぐに伸ばし、静かに置く。

3番員は、吸管を直伸した後、左に向きを変え吸管に面し、その場で姿勢を正した後、左足を軸に右足で吸管をまたぎながら、大きく1歩踏み出し、ストレーナー部の先端からおおむね2mの位置に、180度向きを変えるように移動し、いたりの姿勢で止まり、ストレーナー側に向きを変え、ストレーナー部の方向に左ひざを立てた折りひざの姿勢をとり、右手で結合部寄り、左手でストレーナー部寄りの吸管を保持し、4番員が排出する残水を持つ。

最短距離　　操作指揮位置

操作指揮位置

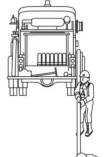

4番員は、3番員が控綱を取り付けた後、吸管を両手で持ち上げると同時にストレーナー方向に向きを変え、吸管を両手と腰部で保持し、「よし」と合図し、ひきずらないように体重を若干ストレーナー側にかけて、後足から2歩半で一直線となるように真っすぐに伸ばし、3番員と協力して静かに置く。

4番員は、身体を起こして吸口方向に向きを変え、発進して吸管積載位置へ左向け止まれの要領で停止し、ストレーナー方向に向きを変え、吸口付近から吸口の部位より高くなるように、吸管を抱え込むようにして両手と腹部で保持して、順次、移動しながら押し出すように3番員の部署付近まで移動しながら排水する。

指揮者は、引き続き操作指揮位置で、各操作員の操作状況を監視する。
1番員は、ホースをうず巻きに巻いた後、左肩にかつぎ、ポンプ車後部のホース積載位置にかけ足行進の要領で向かう。
2番員は、1番員と同様の操作を行う。
3番員は、排水操作を2回実施した後、立ち上がると同時に左手でストレーナー部を、右手で吸管をおさえて輪状をつくり、ストレーナー部を右手に持ち替えて、積載部に合わせて輪状を右側につくりながら、輪状の吸管を両手で押すように転がし、4番員に確実に手渡す。

指揮者は、引き続き操作指揮位置で、各操作員の操作状況を監視する。
1番員は、ポンプ車後部のホース積載位置にいたり、ホースを両手でおろし、積載位置におさめる。
2番員は、1番員と同様の操作を行う。
3番員は、吸管止め金を4番員と協力して両手で確実に静かにかける。
4番員は、排水操作後、吸管積載部に移動し、3番員から手渡しされた吸管を順次、積載して、最後に3番員からストレーナー部を受け取り、元の位置に積載し、吸管止め金をかける。

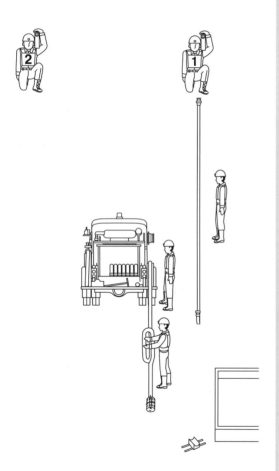

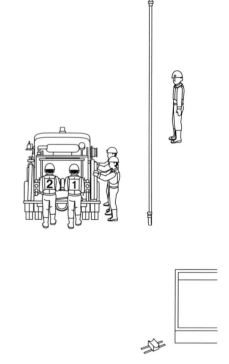

4番員は、2回排水操作を実施した後、吸管積載部に移動し、3番員から手渡しされた吸管を順次よじれぐせがつかないように正しく輪状にして積載する。

第4節　第2線延長

指揮者は、引き続き操作指揮位置で、各操作員の操作状況を監視する。
1番員は、第3ホースを収納後、その場で服装点検をし、集合線上へ移動する。
2番員は、1番員と同様の動作をとる。
3番員は、枕木を右ひざを立てた折りひざの姿勢で両手で持ち上げた後、左手に持ち替え左腰部につけ、右手を離して、立ち上がって向きを変え、元の位置におさめ、その場で服装点検をし、集合線上へ移動する。
4番員は、吸管積載後、吸口コックを両手で完全に閉める。吸口コック閉止後、右に向きを変えて発進し、第1線第1ホースのおす金具部に右向け止まれの要領で回り込み、右足を後方（火点側）に引き、ポンプ車方向を向いた姿勢で停止し、ホースのおす金具から中腰の姿勢で、ホース内の残水を押し出すようにしながら、凹凸が出ないようにうず巻きに巻く。

指揮者は、全隊員の収納操作終了後、自分自身の服装点検を行い、集合指揮位置へ移動する。
1番員は、集合線上で基本の姿勢をとる。
2番員は、1番員と同様の動作をとる。
3番員は、1番員と同様の動作をとる。
4番員は、ホースを巻き終わった後、折りひざの姿勢で左肩にかつぎ、ポンプ車後部のホース積載位置におさめ、扉を閉め、その場で服装点検した後、集合線上へ移動する。

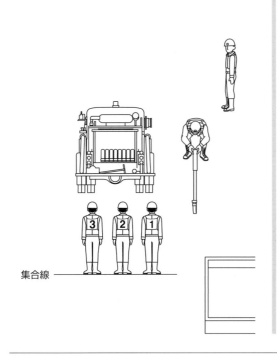

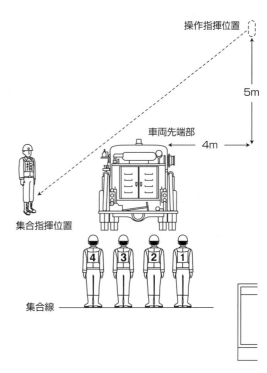

199

❺ 消防ポンプ操法

点検報告

各隊員は、集合線に整列した後に、自主整頓を行う。　　各隊員は、2番員を基準に自主整頓を行う。

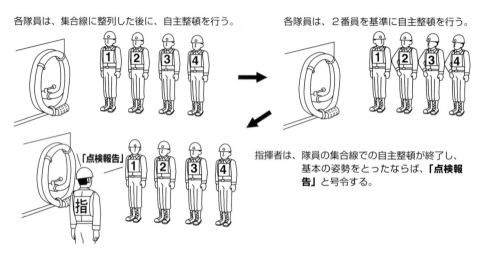

指揮者は、隊員の集合線での自主整頓が終了し、基本の姿勢をとったならば、**「点検報告」**と号令する。

各隊員は、指揮者の方向に半ば左向け左を行い、基本の姿勢で**「1番員異常なし」**と報告する。

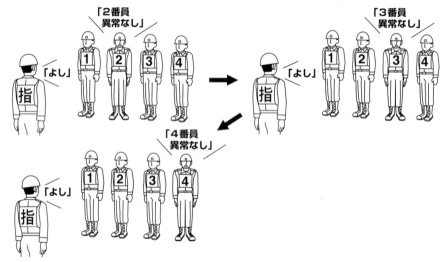

各隊員は、指揮者の**「よし」**の呼唱後、半ば右向け右を行い正面に復す。

終了報告

指揮者は、開始報告の要領に準じて、**「ポンプ車操法を終了しました。」**と報告し、集合指揮位置へ戻る。

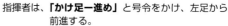

退場

指揮者は、「**右向け右**」の号令をかけたのち、1番員の1.5mの前に移動する。

指揮者は、「**かけ足一進め**」と号令をかけ、左足から前進する。

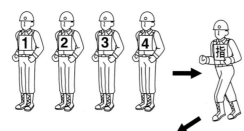

指揮者は、「**かけ足一止まれ**」と号令をかけた後、「**左向け一左**」の号令をかけて旧正面に復す。

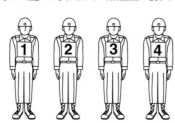

解散

指揮者は、基本の姿勢で「**わかれ**」と号令し、各隊員は挙手注目の敬礼を行うのに対し答礼を行う。

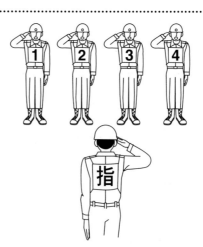

第5節　小型ポンプ操法

　小型ポンプは、動力消防ポンプのうち人力によって運搬できるもので、小型動力消防ポンプ積載車に積載されて火災現場等に搬送されるタイプのものが多く、操作も比較的容易であることから災害活動時に多用されている。
　構造は、エンジン、主ポンプ、呼び水装置（真空ポンプ）、放口、計器等からなり、始動と揚水を別個に操作する機種と、これらを自動的に操作する全自動式のものとがある。

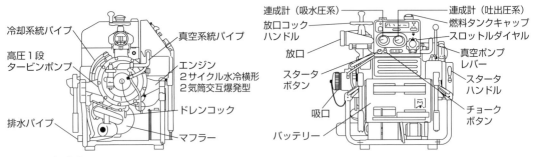

○エンジン始動
　従来型のものは、燃料コックを開にして、次にティクラーを作動させて、チョークボタンを閉にしてから、スロットルを始動位置にしておいて、セルスタータで起動又はリコイルスタータを引いてチョークボタンを開にするとエンジンが始動したが、最新式のものは、燃料コックを開にしてから、スロットルを始動位置にあわせ、セルスタータで起動又はリコイルスタータを引くとエンジンが始動するようになっている。

諸元

総合呼称	V40BS形、V40B形
検定級別	B－3級（届出番号P105A001）

エンジン関係

型式	横形2気筒水冷2サイクル
呼称	2WT72BA型
内径×行程×気筒	72mm×68mm×2
総排気量	554c.c.
出力（検定）	40PS（32PS＝23.5kW）
タンク容量・消費量	約11ℓ・13ℓ／Hr（規格放水時）
点火方式	C.D.イグニッション式
潤滑方式	燃料、潤滑油混合式（ガソリン50：オイル1）
始動方式	〔セルスタータ式、リコイルスタータ式、ロープ式〕リコイルスタータ式、ロープ式
チョーク式	オートチョーク

注：〔　〕内はV40BSを示す。

ポンプ関係

型式	片吸込1段タービンポンプ、4翼偏心固定式真空ポンプ付
口径　吸水側	76mm（呼び75）
吐出側	63.5mm（呼び65）
ノズル規格	27.5mm
口径　高圧	21.0mm
ポンプ回転速度　規格	4050r.p.m.
高圧	4450r.p.m.
水量　　　規格	1.169㎥／min、5.5kgf／㎠
圧力　　　高圧	0.815㎥／min、8.0kgf／㎠
真空性能	約9m（640mm Hg以上）

総合

全長×全幅×全高	約682mm×約605mm×約754mm
重量	約75kg〔約86kg〕
照明装置　投光器	12V、35Wコンセント
蓄電池容量	〔12V、26Ah〕

○揚水
　まず、タービンポンプのドレンコックを閉じてから、吸口に吸管を結合しておいてストレーナ部を水利に投入する。エンジンを始動して、真空ポンプレバーで真空ポンプを作動させ、吸管及びタービンポンプ内の空気を抜き取ると、大気圧で押されている水がタービンポンプ内に揚水され、連成計の指針が振れるとともに排水パイプから冷却水が噴出すると揚水が完了する。
○定位
　小型ポンプ操法開始に先立ち、機械器具及び隊員等の配置は右のとおりである。

小型ポンプ操法の定位

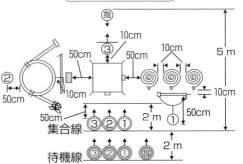

待機・集合等

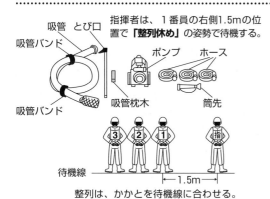

各隊員は、待機線上に一列に横隊の隊形で**「整列休め」**の姿勢で待機する。この場合2番員がポンプの中央になるようにする。

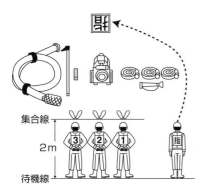

指揮者は、操法開始の合図により基本の姿勢をとり、半ば右向けを行い、足を引きつけて基本の姿勢をとって、かけ足行進の要領で発進し、集合指揮位置に向かう。

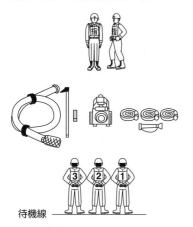

指揮者は、集合指揮位置で左向け止まれの要領で、左足を引きつけて停止し、両手をおろし基本の姿勢をとり、**「集まれ」**と号令する。

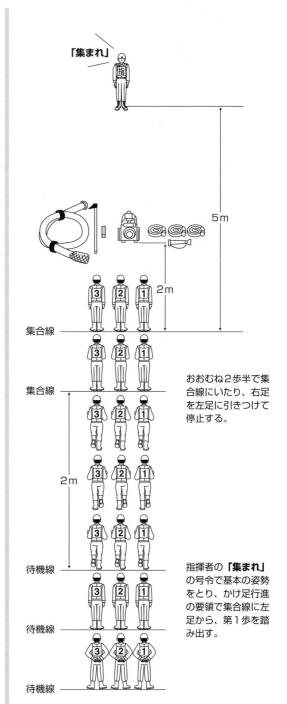

おおむね2歩半で集合線にいたり、右足を左足に引きつけて停止する。

指揮者の**「集まれ」**の号令で基本の姿勢をとり、かけ足行進の要領で集合線に左足から、第1歩を踏み出す。

自主整頓要領

2番員を基準に自主整頓を行う。

- 1番員は、基本の姿勢のまま頭のみ2番員の方向に向け整頓する。
- 2番員は、右手を腰に側方に張り前方を直視する。
- 3番員は、右手を腰に側方に張り、2番員の方向に頭を向け整頓する。
- 1番員は、適宜3番員を整頓線に入れる。
- 1番員は、整頓完了後**「よし」**と小声で合図して、頭を正面に向けて基本の姿勢をとる。
- 各隊員は、1番員の**「よし」**の合図で一斉に手をおろし、基本の姿勢をとる。

点呼

指揮者は、各隊員が集合線に整列完了したならば**「番号」**と号令する。

各隊員は、指揮者の**「番号」**の号令で1番員から順次、各自の番号を呼唱する。

開始報告要領

指揮者は、報告受領者の方向に向きを変え、かけ足行進の要領で発進し、報告受領者の前方5mの位置で相対して停止し挙手注目の敬礼を行い、**「○○消防署・○○消防団・○○自衛消防隊、ただいまから小型ポンプ操法を開始します。」**と報告し、挙手注目の敬礼を行い、集合指揮位置の方向に向きを変え（回れ右）、かけ足行進の要領で発進し、集合指揮位置にいたり各隊員に相対して停止する。

各隊員は、指揮者の開始報告中は基本の姿勢をとる。

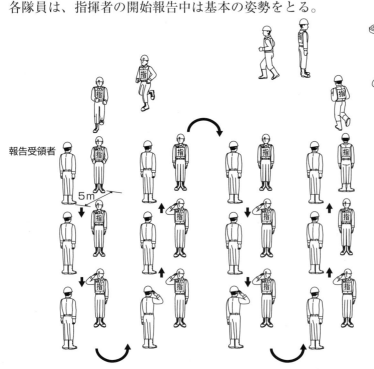

かけ足行進の要領で、報告受領者の前方5mの位置で停止して、基本の姿勢をとり、挙手注目の敬礼を行う。これに対し、報告受領者が答礼し終わって、基本の姿勢になったなら、手をおろし**「○○消防署・○○消防団・○○自衛消防隊、ただいまから小型ポンプ操法を開始します。」**と基本の姿勢で言語は明瞭に行う。

開始報告終了後、報告受領者に挙手注目の敬礼を行い、まわれ右又は右（左）向きをして、集合指揮位置にかけ足行進の要領で戻る。

第5節　小型ポンプ操法

想定付与

　指揮者は、「火点は前方の標的・水利はポンプ右側後方防火水そう、手びろめによる二重巻ホース1線延長」と号令する。
　各隊員は、基本の姿勢をとり指揮者の想定を受ける。

　　指揮者は、各隊員に想定を付与する場合には、基本の姿勢のままで言語を明瞭に行い、火点あるいは水利を指差しながらの号令は行わない。
　　各隊員は、基本の姿勢で指揮者の想定を受ける。火点や水利の方向に頭等は動かさない。

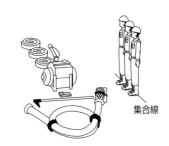

定位

　指揮者は、「定位につけ」と号令し、各隊員の行動を見守る。
　1番員は、半ば右向けをし、かけ足行進の要領で筒先に正対できるように左向け止まれの要領で停止する。
　2番員は、度の深い左向けをし、かけ足行進の要領で吸管のおおむね中央部左側に右向け止まれの要領で火点に向かって停止する。
　3番員は、かけ足行進の要領でポンプの左側に沿って前進し、ポンプ前方中央部に左向け止まれの要領で火点に向かって停止する。

　　指揮者は、「定位につけ」と号令し、基本の姿勢で各隊員の行動を見守る。

　　各隊員は、指揮者の「定位につけ」の号令で一斉に行動する。

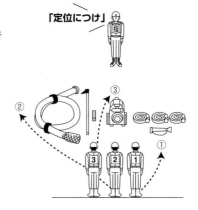

　　1番員は、半ば右向けをする。
　　2番員は、度の深い左向けをする。
　　3番員は、基本の姿勢か、又はわずかに右へ向きを変える。

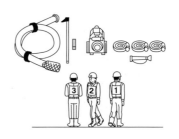

205

❺ 消防ポンプ操法

1番員は、左足をひきつけて基本の姿勢をとる。
2番員は、右足をひきつけて基本の姿勢をとる。
3番員は、基本の姿勢のままか又は左足をひきつけて基本の姿勢をとる。

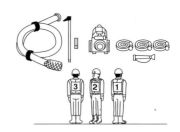

各隊員は、一斉にかけ足行進の姿勢をとる。

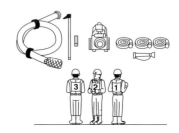

各隊員は、左足から第1歩を踏み出す。
2番員は、3番員の後方を通るように発進する。

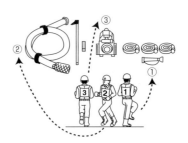

1番員は、左向け止まれをする。
2番員は、右向け止まれをする。
3番員は、左向け止まれをする

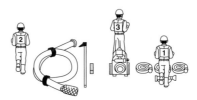

各隊員は、両手を腰にあてたまま停止する。

各隊員は、定位で基本の姿勢をとる。

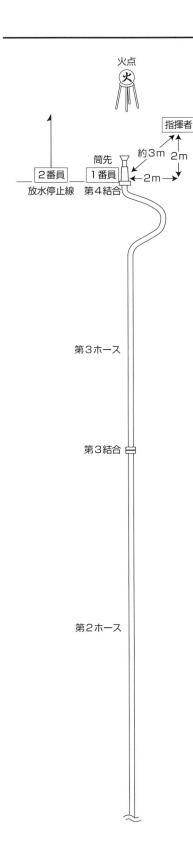

各操作員の動作

指揮者
　各隊員が定位についたならば、ただちに**「操作始め」**と号令し、3番員の**「よし」**の合図により半ば左に向きを変え、筒先位置にいたり、筒先を背負い、ホース1本（第3ホース）を左肩にかつぎ、第1ホースと第2ホースの延長距離を考慮しながら火点に向かって前進し、第3ホース延長位置にいたり、ホースを金具が手前になるようにおろして地面に立てて、前方へ展張し、左足を軸に体を右回りに反転させ、第3ホースおす金具をその場に置き、筒先をおろして左足先でホースのおす金具付近を押さえ、第3ホースと筒先を結合、確認して左手でノズルの近くのプレイパイプを持ち、右手で取手を握ると同時にホースから左足を離して火点側へ一歩踏み込み、1番員に**「放水始め」**と号令し、火点に向かっておおむね15m前進し、約5mの余裕ホースをとり基本注水姿勢をとった後、筒先保持の安全確保に配慮して、ノズルを徐々に開き基本注水の姿勢をとる。**「放水始め」**の号令は、1番員が第2ホースを延長し、第3ホースに結合して姿勢を正した時点において行うこと。

1番員
　3番員の**「よし」**の合図を確認後、筒先の元金具部の位置付近に左足を一歩踏み出し、第1ホースを持って展長に便利な位置で、ホースを地面に立てて前方へ展張する。約2mの余裕ホースをとった後、めす金具を両手で持って放口に結合、確認した後、第2ホースを左肩にかつぎ、第1ホースのおす金具を右手に持って延長しながら、火点に向かって前進する。第2結合地点にいたり、第1ホースおす金具をその場に置き、第2ホースを金具が手前になるように置いて地面に立てて前方に展張し、第2ホースおす金具をその場に置く。第1ホースのおす金具近くを右足先で押さえ、第2ホースのめす金具を両手で持って第1ホースと第2ホースを結合、確認して、つづいて第2ホースおす金具を右手に持って延長しながら火点に向かって前進し、第3結合地点にいたり、第2ホースと第3ホースの結合、確認をしてから姿勢を正す。つづいて指揮者の**「放水始め」**を復唱し、回れ右をし、（右足をひきつけることなく）ポンプ方向に進み伝令を行う。
　放水開始の伝達要領は、ポンプ前2mの位置で3番員に相対して停止し、右手を垂直に上げて**「放水始め」**と3番員に伝達し、3番員の復唱を受けた後、右手をおろし、回れ右をして（右足をひきつけることなく）発進し、指揮者の一歩後方にいたり、（左足を1歩踏み出した姿勢）で**「伝達終わり」**と合図する。

2番員
　3番員の**「よし」**の合図により右向け右の要領で向きを変え、ストレーナー側に移動して吸管バンドをはずす。ストレーナー部付近の吸管を3番員と協力して両手で腰部まで持ち上げ、吸管がよじれないようにポンプ後方に伸長する。ついで3番員の2歩後方の位置にいたり、吸管をまたいで両手で吸管を持ち、両足で吸管を支え3番員の吸管結合の補助を行い、3番員の**「よし」**の合図で左足を軸にして180度右に回転し、ストレーナー部の左側にいたり、吸管を両手で腰部まで持ち上げ、3番員の**「よし」**の合図で3番員と協力して吸管を水利の投入に便利な位置まで進み、吸管をその場に置き、吸管控綱を解いて**「よし」**と合図して吸管控綱を送り出しながら、3番員と協力して吸管を水利に投入した後、吸管控綱をポンプの一部にもやい結びで結着し、まくら木を吸管が水利にかかった位置（曲折部）に取り付ける。
　吸管伸長後、とび口右側にいたり、折りひざの姿勢でとび口の柄中央部を左手に持ち、これを左脇下に抱えると同時に姿勢を正す。（足をひきつけることなく）延長ホースの左側に沿って放水停止線にいたり、とび口を構える。

❺ 消防ポンプ操法

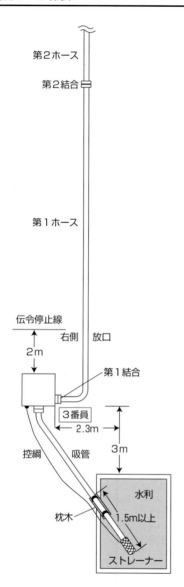

3番員

指揮者の**「操作始め」**の号令で**「よし」**と合図し、左向け左の要領で左に向きを変え、（足をひきつけることなく）吸管バンドの位置にいたり、吸管バンドをはずす。結合金具近くの吸管を両手で腰部まで持ち上げ、2番員と協力し吸管をよじれないようにして、結合金具が吸口に結合しやすい位置にくるよう搬送してその場に置く。つづいて、吸口に面して吸口覆冠をはずし、吸管を両足で支え2番員の補助で吸口に結合し、**「よし」**と合図する。ついで左足を軸にして180度右に回転し、かけ足行進の要領で吸管中央部左側の位置にいたり、吸管を両手で腰部まで持ち上げ**「よし」**と合図して、2番員と協力して吸管を水利に投入できる便利な位置まで進み、2番員の**「よし」**の合図で吸管を水利に投入した後、ポンプにいたる。真空ポンプレバー及びスロットルダイヤルを操作して吸水し、火点に向かって姿勢を正し、余裕ホースに配慮して**「放水始め」**の伝達を受ける。

1番員の**「放水始め」**の伝達に右手を垂直に上げて**「放水始め」**と復唱し、手をおろして放口コックを開き、スロットルダイヤルを操作して所定の圧にしてから、その場で火点に向かって姿勢を正す。

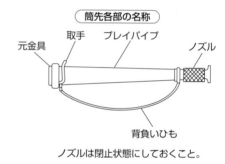

ノズルは閉止状態にしておくこと。

第5節 小型ポンプ操法

指揮者は、各隊員が定位についたならば、ただちに**「操作始め」**と号令する。

3番員は、指揮者の**「操作始め」**の号令で**「よし」**と合図する。

水利
（簡易水そう）

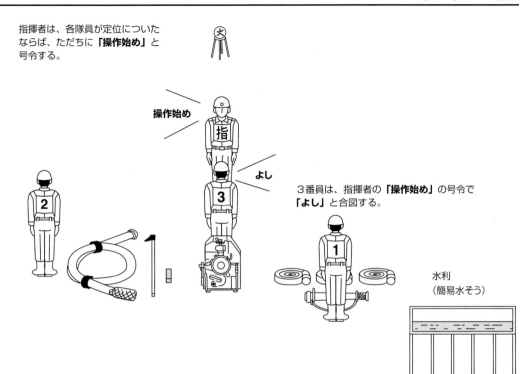

2番員は、3番員の**「よし」**の合図で度の深い右向け右の要領でストレーナー側に向きを変える。足はひきつけない。

指揮者は、3番員の合図で半ば左向け左の要領で左に向きを変える。
後足はひきつけない。

3番員は、指揮者の**「操作始め」**の号令で**「よし」**と合図した後、吸管側に左向け左の要領で左に向きを変える。
後足はひきつけない。

1番員は、3番員の**「よし」**の合図を確認後、筒先の元金具部の位置付近に左足を一歩踏み出す。

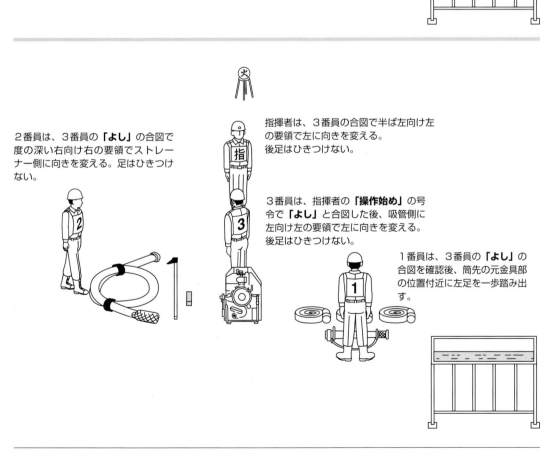

209

❺ 消防ポンプ操法

各操作員は、かけ足行進の要領で発進する。

指揮者は、ホースの外側を通って、筒先の位置付近にいたる。

1番員は、左足を一歩踏み出した状態で手前のホースを持つ。

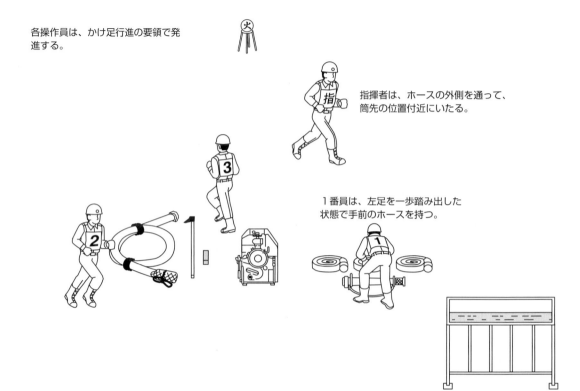

3番員は、右足を立てて折りひざの姿勢で吸口接続側の吸管バンドを両手ではずす。

2番員は、右足を立てて折りひざの姿勢でストレーナー側の吸管バンドを両手ではずす。

指揮者は、折りひざの姿勢で右手でノズル（回転部分以外）、左手で背負いひも中央部を握る。

1番員は、右手でめす金具、左手でめす金具の反対側を持って、ホースを両手で確実に保持しながら、展張に便利な位置に運ぶ。

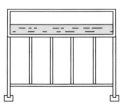

210

第5節 小型ポンプ操法

3番員は、2番員とタイミングを合わせて両手で吸管を腰部まで持ち上げる。

指揮者は、折りひざの姿勢で、右手でノズル（回転部分以外）を、左手で背負いひもの中央部を握る。

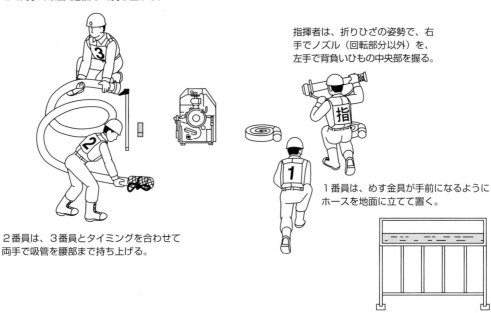

1番員は、めす金具が手前になるようにホースを地面に立てて置く。

2番員は、3番員とタイミングを合わせて両手で吸管を腰部まで持ち上げる。

2番員と3番員は、吸管がよじれないように伸長しながらポンプの後方に搬送する。

指揮者は、左手を右脇下にして、頭及び左腕を背負いひもにくぐらせる。

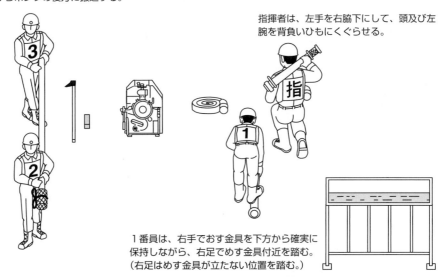

1番員は、右手でおす金具を下方から確実に保持しながら、右足でめす金具付近を踏む。（右足はめす金具が立たない位置を踏む。）

❺ 消防ポンプ操法

2番員と3番員は、吸管を吸口に結合しやすい位置に静かに置く。

指揮者は、ノズルが右肩部に取手部が左腰部になるようにかつぎ、右手でめす金具、左手はめす金具の反対側を持つ。

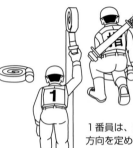

1番員は、左手をホースに添えて展張方向を定めておいて、前方へころがすように展張する。

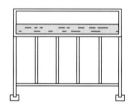

2番員と3番員は、その場に立ち上がりポンプ方向に向きを変えて吸口に正対する。

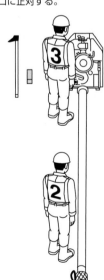

指揮者は、めす金具が上になるように左肩上に乗せ、めす金具を右手から左手に持ち変えて確実に保持する。

1番員は、ホースを前方へ展張する。

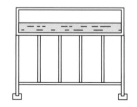

第5節　小型ポンプ操法

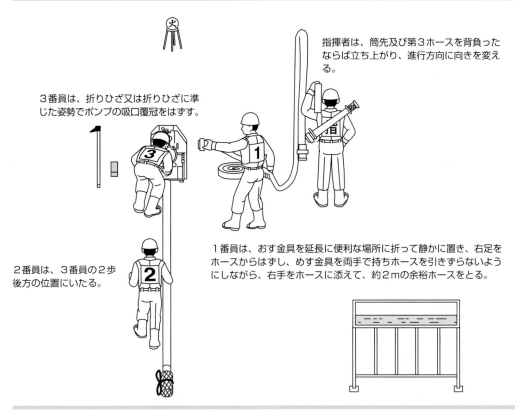

指揮者は、筒先及び第3ホースを背負ったならば立ち上がり、進行方向に向きを変える。

3番員は、折りひざ又は折りひざに準じた姿勢でポンプの吸口覆冠をはずす。

1番員は、おす金具を延長に便利な場所に折って静かに置き、右足をホースからはずし、めす金具を両手で持ちホースを引きずらないようにしながら、右手をホースに添えて、約2mの余裕ホースをとる。

2番員は、3番員の2歩後方の位置にいたる。

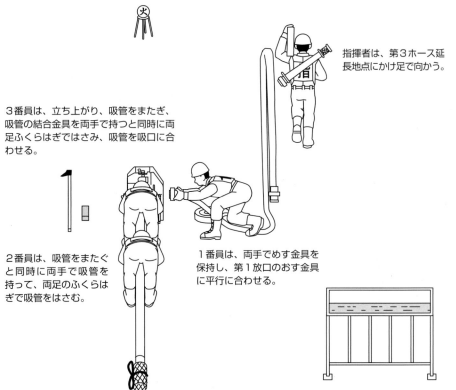

指揮者は、第3ホース延長地点にかけ足で向かう。

3番員は、立ち上がり、吸管をまたぎ、吸管の結合金具を両手で持つと同時に両足ふくらはぎではさみ、吸管を吸口に合わせる。

1番員は、両手でめす金具を保持し、第1放口のおす金具に平行に合わせる。

2番員は、吸管をまたぐと同時に両手で吸管を持って、両足のふくらはぎで吸管をはさむ。

213

❺ 消防ポンプ操法

指揮者は、第3ホース延長地点にいたる。

3番員は、結合完了と同時に**「よし」**と合図し、両手、両足を吸管から離すと同時に左足を軸に右足を後方にひき、吸管をまたぎ、ストレーナー方向に向きを変える。

2番員は、3番員の**「よし」**の合図で両手両足を吸管から離すと同時に左足を軸に右足を後方に引き、吸管をまたぎ、ストレーナー方向に向きを変える。

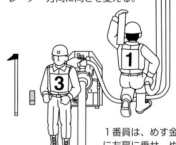

1番員は、めす金具が上になるように左肩に乗せ、めす金具を右手から左手に持ち変え、確実に保持し、第1ホースのおす金具を右手で握って腰に確実に保持する。

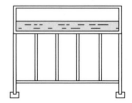

指揮者は、第3ホース延長地点にいたる。

3番員は、両手で吸口に結合する。

2番員は、左手を吸管の下側、右手を吸管の上に添えて吸管結合の補助をする。

1番員は、第1放口にめす金具を差し込み結合し、爪が完全にかかっているかどうかを両手でひいて確認してから、折りひざ又は折りひざに準じた姿勢で第2ホースを持つ。

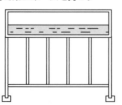

214

第5節 小型ポンプ操法

指揮者は、第3ホースの延長地点で左足を前に出して停止し右手をおろす。

1番員は、展張ホース左側に沿って第1ホースを延長する。

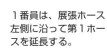

3番員は、かけ足行進の要領で吸管左側中央部付近にいたり停止する。

2番員は、かけ足行進の要領でストレーナー部の左側にいたり停止する。

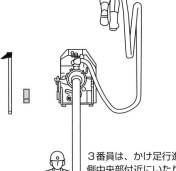

指揮者は、左手を下げながら右手でめす金具部を持ち変え、左手はホース反対側を持って回転するようにして肩から静かにおろし、右手でおす金具を下方から確実に持ち、右足でめす金具付近を踏み、左手をホースに添えて展張方向を見定める。

1番員は、第2結合位置にいたり、おす金具をその場に静かに置く。

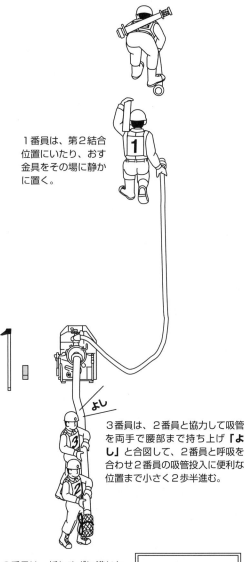

3番員は、2番員と協力して吸管を両手で腰部まで持ち上げ「**よし**」と合図して、2番員と呼吸を合わせ2番員の吸管投入に便利な位置まで小さく2歩半進む。

2番員は、折りひざに準じた姿勢で吸管を両手で腰部まで持ち上げ、3番員の「**よし**」の合図で3番員と呼吸を合わせて左足から吸管投入に便利な位置まで2歩半進む。

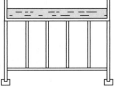

215

❺ 消防ポンプ操法

指揮者は、前方へころがすように展張する。

1番員は、第2ホースのめす金具を右手で持ち、めす金具部の反対側を左手で持って回転させるようにして左肩から静かに置いて立て、右手でおす金具を下方から保持し、右足でめす金具付近を踏み、左手はホースに添える。

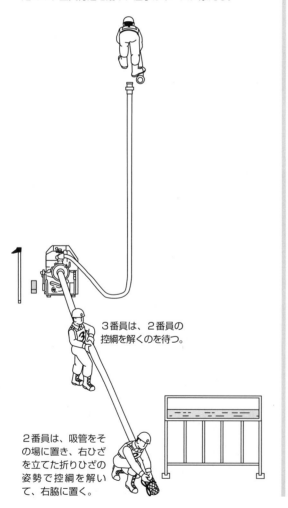

3番員は、2番員の控綱を解くのを待つ。

2番員は、吸管をその場に置き、右ひざを立てた折りひざの姿勢で控綱を解いて、右脇に置く。

指揮者は、右手でおす金具を持ったまま左足を軸に身体を右回りに反転させ、同時におす金具を左足近くに置き身体を起こしてポンプ方向を見ながら、左手で取手の近くのプレイパイプを持ち、元金具を腹部から頭上へ移動する。

1番員は、展張方向を定め、前方へころがすように展張し、第2ホースのおす金具を搬送に便利な位置に折って静かに置く。

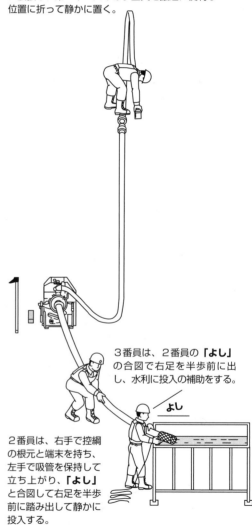

3番員は、2番員の「よし」の合図で右足を半歩前に出し、水利に投入の補助をする。

2番員は、右手で控綱の根元と端末を持ち、左手で吸管を保持して立ち上がり、「よし」と合図して右足を半歩前に踏み出して静かに投入する。

第5節　小型ポンプ操法

指揮者は、背負いひもを右手で持って頭をくぐらせて、右手はノズル（回転部分以外）を持ち、左手はプレイパイプの中央部に持ち変え、ホースのおす金具がやや上を向くように左足先でホース金具付近を押さえ、おす金具に筒先を合わせる。

1番員は、右足で第1ホースのおす金具を立て、両手で第2ホースのめす金具を持ち、第1ホースのおす金具に合わせる。

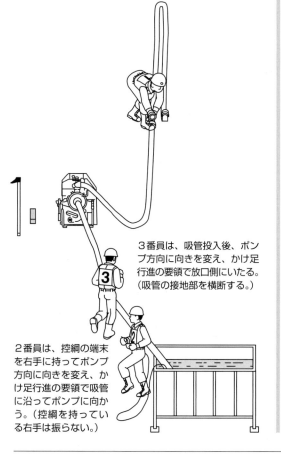

3番員は、吸管投入後、ポンプ方向に向きを変え、かけ足行進の要領で放口側にいたる。（吸管の接地部を横断する。）

2番員は、控綱の端末を右手に持ってポンプ方向に向きを変え、かけ足行進の要領で吸管に沿ってポンプに向かう。（控綱を持っている右手は振らない。）

指揮者は、筒先を差し込み結合し、爪がかかっているかをひいて確認して、左手をノズル近くのプレイパイプ上部に持ち変え、右手で取手を握ると同時に、ホースから左足を離して右足を軸に火点側へ一歩踏み込み、基本注水姿勢をとる。

1番員は、めす金具を差し込み結合し、爪がかかっているかどうかひいて確認して、右足をホースから離すと同時に姿勢を前方へ向きを変え、おす金具を持って立ち上がり、おす金具を右手で握り腰にあて、展張ホース左側に沿って延長する。

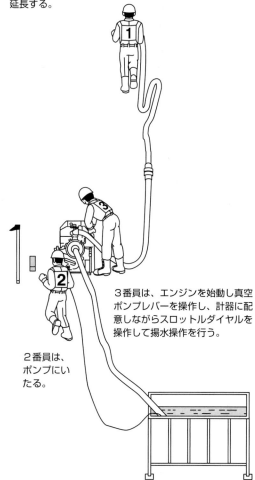

3番員は、エンジンを始動し真空ポンプレバーを操作し、計器に配意しながらスロットルダイヤルを操作して揚水操作を行う。

2番員は、ポンプにいたる。

217

❺ 消防ポンプ操法

指揮者は、基本注水姿勢をとりつづける。

指揮者は、1番員が第2ホースを延長し、第3ホースに結合して、基本の姿勢をとった後**「放水始め」**と合図する。

1番員は、第3結合地点にいたり、右足でおす金具を立て、第3ホースのめす金具を両手で持って結合する。

1番員は、右足をホースから離しながら左足に右足をひきつけながら、火点に向きを変え基本の姿勢をとる。
（基本の姿勢をとる位置は第3結合部より火点寄りとする。）

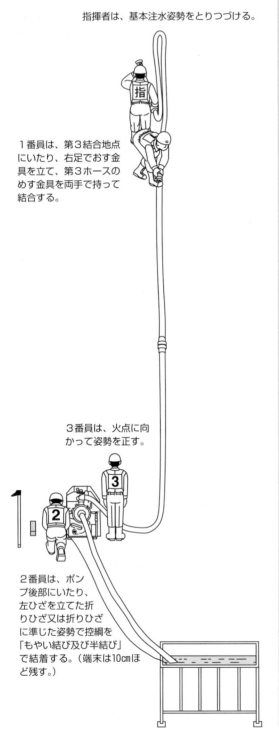

3番員は、火点に向かって姿勢を正す。

2番員は、控綱結着後、立ち上がると同時に右足を一歩踏み出したいたりの姿勢で枕木の右側にいたり、右ひざを立てた折りひざの姿勢で枕木を左手で左腰部にあてて持つ。

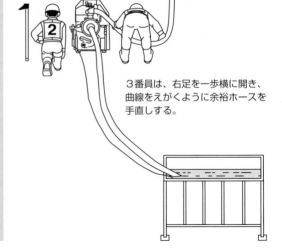

2番員は、ポンプ後部にいたり、左ひざを立てた折りひざ又は折りひざに準じた姿勢で控綱を「もやい結び及び半結び」で結着する。（端末は10cmほど残す。）

3番員は、右足を一歩横に開き、曲線をえがくように余裕ホースを手直しする。

第5節　小型ポンプ操法

指揮者は、1番員の**「放水始め」**の復唱を確認後、筒先を身体から離さないように保持して、展張ホースの左側に沿いながらおおむね15m前進して左足を一歩踏み出した姿勢で停止する。

指揮者は、立つと同時に右足を一歩大きく踏み出し、右側後方へ半円形を描くようにひろげおおむね5mの余裕ホースをとる。

筒先を左手上腕と腹部で抱え込み折りひざ又は折りひざに準じた姿勢をとり、右手で第3結合部を引きずらないようにホースをたぐり寄せ右手で持つ。

1番員は、指揮者の**「放水始め」**を復唱してポンプ方向に回れ右を行い、ホースラインに沿ってかけ足行進の要領で進む。

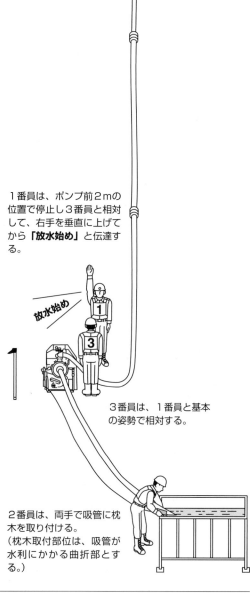

1番員は、ポンプ前2mの位置で停止し3番員と相対して、右手を垂直に上げてから**「放水始め」**と伝達する。

3番員は、1番員と基本の姿勢で相対する。

2番員は、両手で吸管に枕木を取り付ける。
（枕木取付部位は、吸管が水利にかかる曲折部とする。）

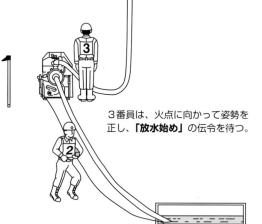

3番員は、火点に向かって姿勢を正し、**「放水始め」**の伝令を待つ。

2番員は、立ち上がり後方に向きを変え、かけ足行進の要領で水利の枕木取付部まで枕木を搬送する。

219

❺ 消防ポンプ操法

指揮者は、右手でホースを保持し筒先付近のホースの修正を行い、その場で基本注水姿勢をとり一歩前に出る。

指揮者は、基本注水の姿勢をとりつづける。

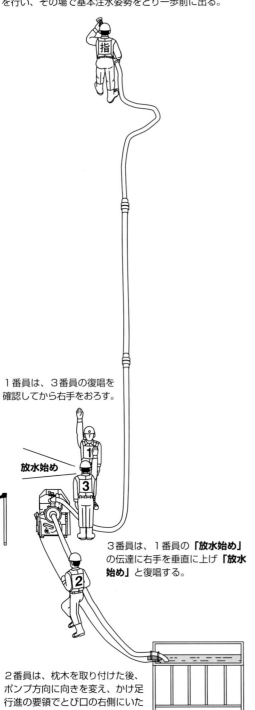

1番員は、3番員の復唱を確認してから右手をおろす。

放水始め

3番員は、1番員の**「放水始め」**の伝達に右手を垂直に上げ**「放水始め」**と復唱する。

2番員は、枕木を取り付けた後、ポンプ方向に向きを変え、かけ足行進の要領でとび口の右側にいたる。

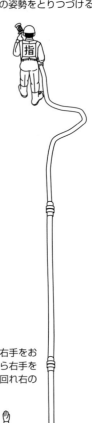

1番員は、3番員の右手をおろすのを確認してから右手をおろし、火点方向に回れ右の要領で発進する。

2番員は、とび口の右側にいたり右足を一歩踏み出して停止する。

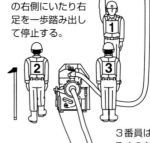

3番員は、伝達の合図の右手をおろすのを確認してから、左足を斜め前方に一歩踏み出す。

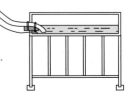

第5節　小型ポンプ操法

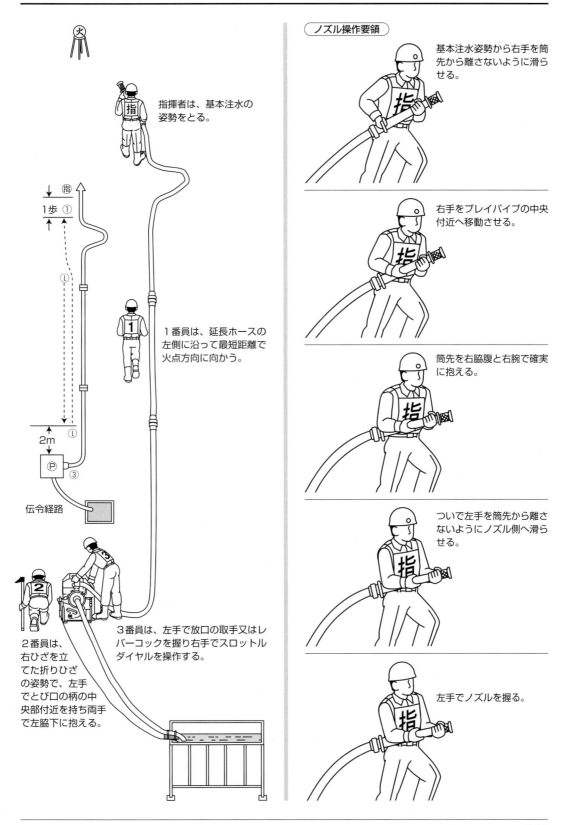

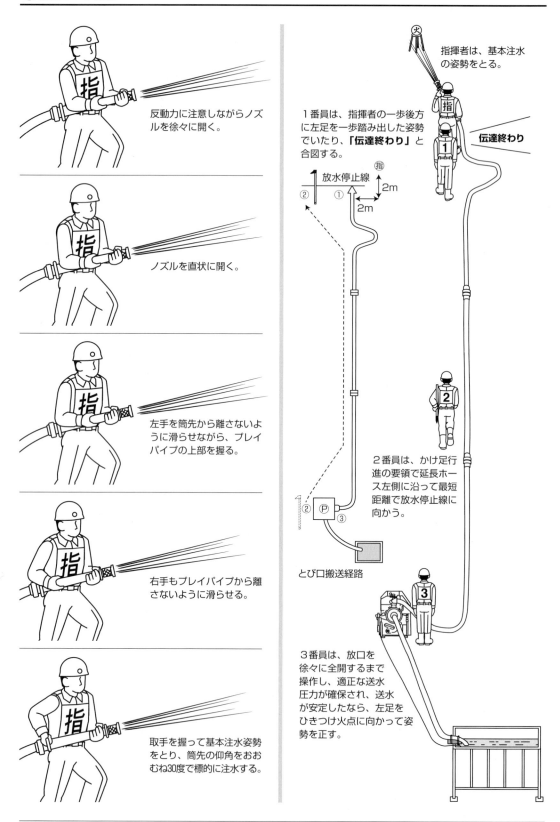

第5節 小型ポンプ操法

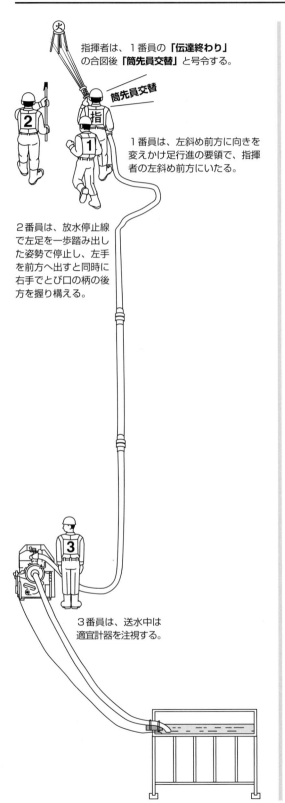

指揮者は、1番員の**「伝達終わり」**の合図後**「筒先員交替」**と号令する。

1番員は、左斜め前方に向きを変えかけ足行進の要領で、指揮者の左斜め前方にいたる。

2番員は、放水停止線で左足を一歩踏み出した姿勢で停止し、左手を前方へ出すと同時に右手でとび口の柄の後方を握り構える。

3番員は、送水中は適宜計器を注視する。

筒先員交替要領

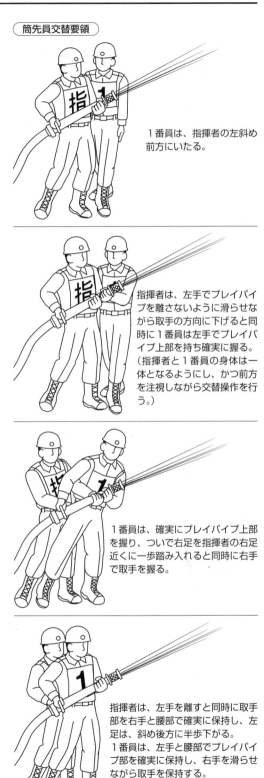

1番員は、指揮者の左斜め前方にいたる。

指揮者は、左手でプレイパイプを離さないように滑らせながら取手の方向に下げると同時に1番員は左手でプレイパイプ上部を持ち確実に握る。（指揮者と1番員の身体は一体となるようにし、かつ前方を注視しながら交替操作を行う。）

1番員は、確実にプレイパイプ上部を握り、ついで右足を指揮者の右足近くに一歩踏み入れると同時に右手で取手を握る。

指揮者は、左手を離すと同時に取手部を右手と腰部で確実に保持し、左足は、斜め後方に半歩下がる。
1番員は、左手と腰部でプレイパイプ部を確実に保持し、右手を滑らせながら取手を保持する。

223

❺ 消防ポンプ操法

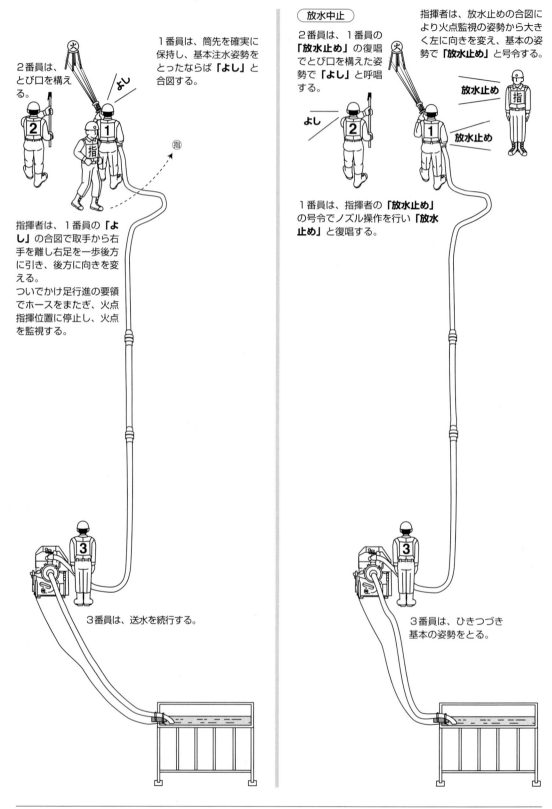

2番員は、とび口を構える。

1番員は、筒先を確実に保持し、基本注水姿勢をとったならば「よし」と合図する。

指揮者は、1番員の「よし」の合図で取手から右手を離し右足を一歩後方に引き、後方に向きを変える。
ついでかけ足行進の要領でホースをまたぎ、火点指揮位置に停止し、火点を監視する。

（放水中止）
2番員は、1番員の「放水止め」の復唱でとび口を構えた姿勢で「よし」と呼唱する。

指揮者は、放水止めの合図により火点監視の姿勢から大きく左に向きを変え、基本の姿勢で「放水止め」と号令する。

1番員は、指揮者の「放水止め」の号令でノズル操作を行い「放水止め」と復唱する。

3番員は、送水を続行する。

3番員は、ひきつづき基本の姿勢をとる。

第5節　小型ポンプ操法

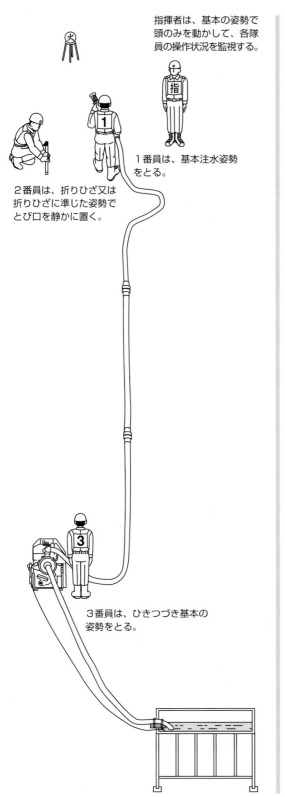

指揮者は、基本の姿勢で頭のみを動かして、各隊員の操作状況を監視する。

1番員は、基本注水姿勢をとる。

2番員は、折りひざ又は折りひざに準じた姿勢でとび口を静かに置く。

3番員は、ひきつづき基本の姿勢をとる。

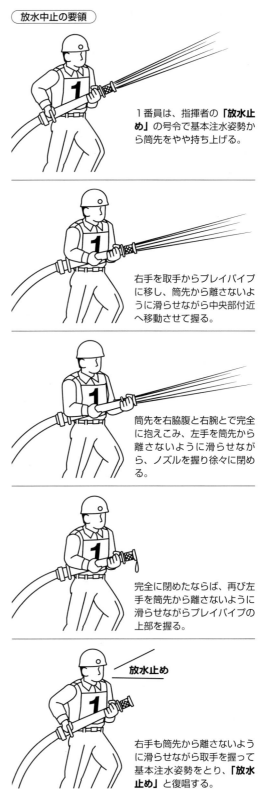

放水中止の要領

1番員は、指揮者の**「放水止め」**の号令で基本注水姿勢から筒先をやや持ち上げる。

右手を取手からプレイパイプに移し、筒先から離さないように滑らせながら中央部付近へ移動させて握る。

筒先を右脇腹と右腕とで完全に抱えこみ、左手を筒先から離さないように滑らせながら、ノズルを握り徐々に閉める。

完全に閉めたならば、再び左手を筒先から離さないように滑らせながらプレイパイプの上部を握る。

右手も筒先から離さないように滑らせながら取手を握って基本注水姿勢をとり、**「放水止め」**と復唱する。

❺ 消防ポンプ操法

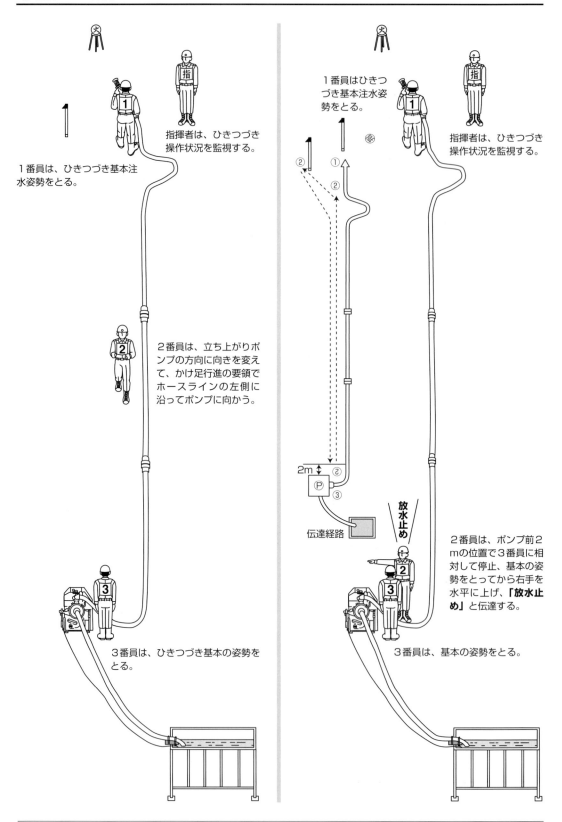

第5節 小型ポンプ操法

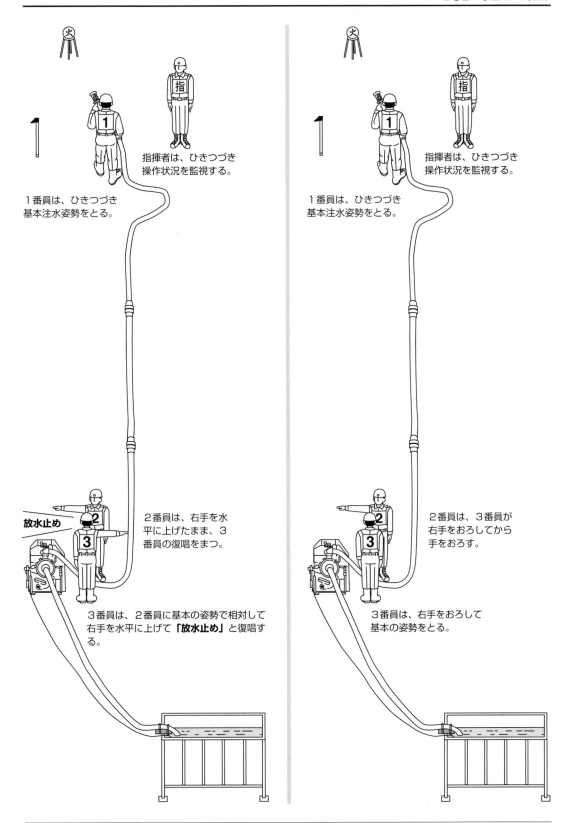

❺ 消防ポンプ操法

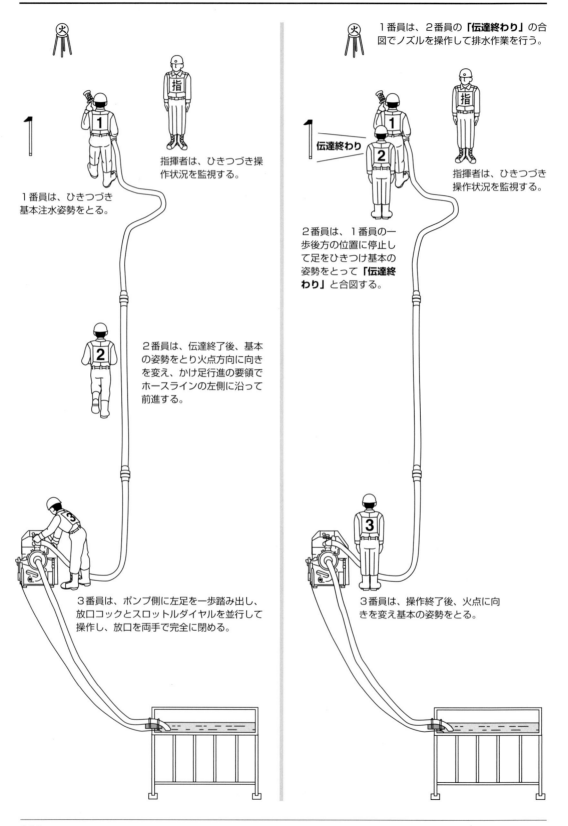

1番員は、ひきつづき基本注水姿勢をとる。

指揮者は、ひきつづき操作状況を監視する。

2番員は、伝達終了後、基本の姿勢をとり火点方向に向きを変え、かけ足行進の要領でホースラインの左側に沿って前進する。

3番員は、ポンプ側に左足を一歩踏み出し、放口コックとスロットルダイヤルを並行して操作し、放口を両手で完全に閉める。

1番員は、2番員の**「伝達終わり」**の合図でノズルを操作して排水作業を行う。

指揮者は、ひきつづき操作状況を監視する。

2番員は、1番員の一歩後方の位置に停止して足をひきつけ基本の姿勢をとって**「伝達終わり」**と合図する。

3番員は、操作終了後、火点に向きを変え基本の姿勢をとる。

第5節　小型ポンプ操法

排水操作要領

1番員は、2番員の**「伝達終わり」**の合図で基本注水姿勢から筒先をやや上に持ち上げ、右手を取手からプレイパイプに移し、筒先から離さないように滑らせながら、中央部付近へ移動して握る。

左手は、滑らせながらノズルを握り、筒先を確実に保持しながら、ノズルを徐々に開く。

ノズルは最大に開き、上方から次第に筒先を下方に向けて排水し、排水が終わったならば、再びノズルを左手で完全に閉める。

左手でプレイパイプ中央付近、右手でノズル部を握り**「よし」**と呼唱する。

「よし」と呼唱すると同時に、左足を右足にひきつけ、同時に筒先を右足脇に立てて姿勢を正す。

指揮者はひきつづき操作状況を監視する。

1番員は、ノズルを操作して排水作業を行う。

2番員は、**「伝達終わり」**の合図後、放水停止線の方向に向きを変え、かけ足行進の要領でとび口の左側中央部付近に左足を一歩踏み出した姿勢で停止する。

3番員は、ひきつづき火点に向き基本の姿勢をとる。

229

❺ 消防ポンプ操法

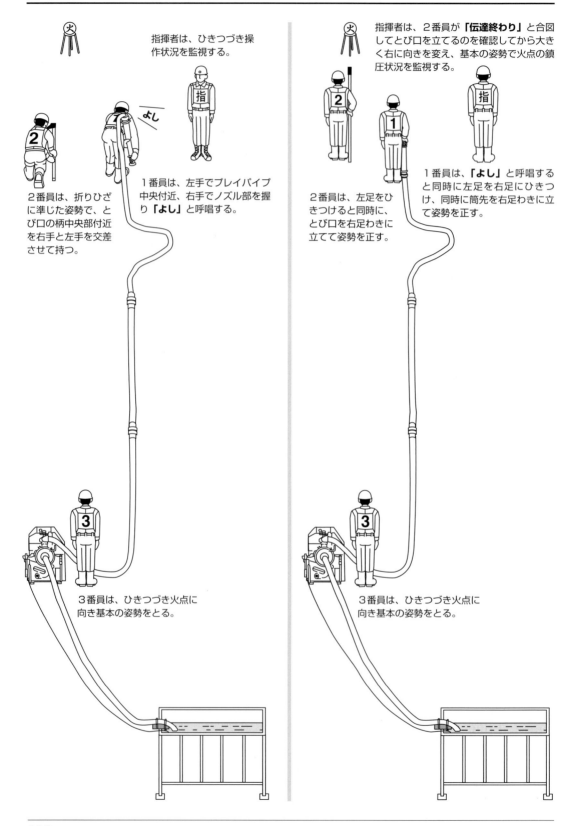

指揮者は、ひきつづき操作状況を監視する。

1番員は、左手でプレイパイプ中央付近、右手でノズル部を握り**「よし」**と呼唱する。

2番員は、折りひざに準じた姿勢で、とび口の柄中央部付近を右手と左手を交差させて持つ。

3番員は、ひきつづき火点に向き基本の姿勢をとる。

指揮者は、2番員が**「伝達終わり」**と合図してとび口を立てるのを確認してから大きく右に向きを変え、基本の姿勢で火点の鎮圧状況を監視する。

1番員は、**「よし」**と呼唱すると同時に左足を右足にひきつけ、同時に筒先を右足わきに立て姿勢を正す。

2番員は、左足をひきつけると同時に、とび口を右足わきに立てて姿勢を正す。

3番員は、ひきつづき火点に向き基本の姿勢をとる。

第5節 小型ポンプ操法

収納要領

指揮者は、火点監視の姿勢から納めの合図を確認したならば、1番員の方向に向きを変え基本の姿勢で**「おさめ」**と号令する。

1番員は、指揮者の**「おさめ」**の号令で筒先を立てた姿勢で**「よし」**と呼唱する。

2番員は、指揮者の**「おさめ」**の号令で**「よし」**と呼唱し、とび口を少し浮かし回れ右をする。

3番員は、指揮者の**「おさめ」**の号令で**「よし」**と呼唱し、放口に左足を一歩踏み出す。

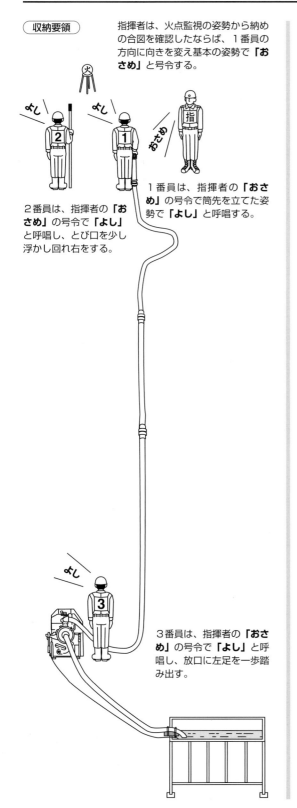

2番員は、向きを変えると同時にとび口柄の中央部付近を左手で持ち、とび口搬送姿勢と同じ要領で左脇下に抱える。

1番員は、ホースのたるみ部分をのばすと同時に右足でまたぎながら、斜め右前方に大きく一歩踏み出す。

指揮者は、各隊員の収納操作状況を監視する。

3番員は、エンジンを停止し、めす金具を両手で持ち、指先で放口の爪離脱環を手前に引いて離脱する。

とび口の搬送経路

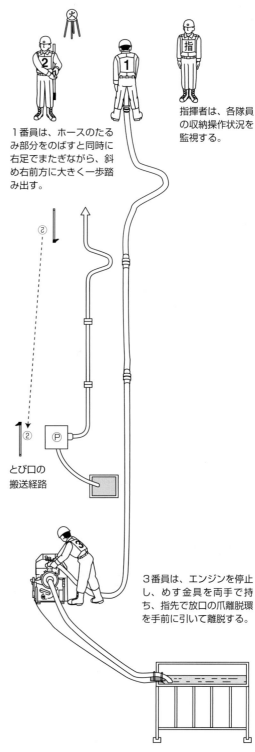

❺ 消防ポンプ操法

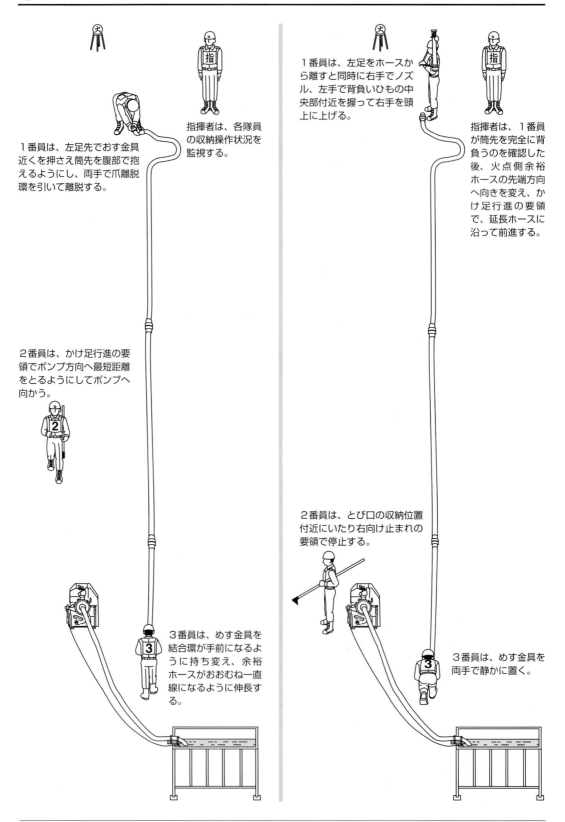

第5節 小型ポンプ操法

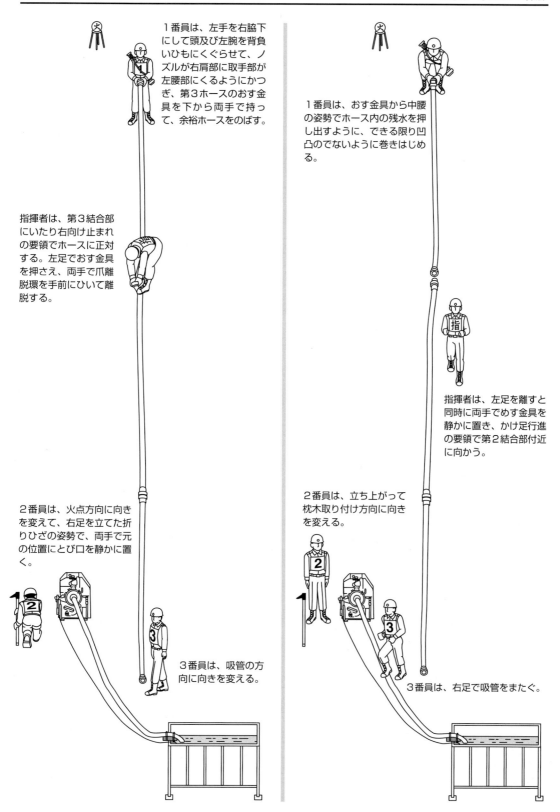

❺ 消防ポンプ操法

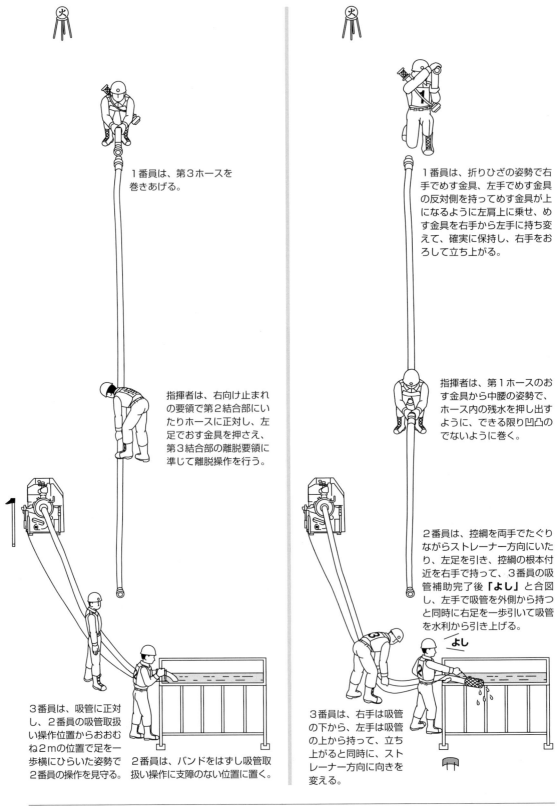

第5節　小型ポンプ操法

1番員は、右手をおろして立ち上がる。

1番員は、かけ足行進の要領でホース収納位置に向かう。

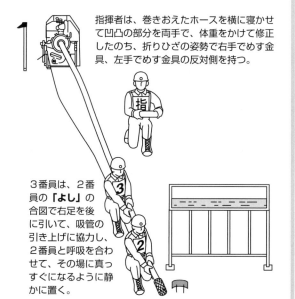
指揮者は、巻きおえたホースを横に寝かせて凹凸の部分を両手で、体重をかけて修正したのち、折りひざの姿勢で右手でめす金具、左手でめす金具の反対側を持つ。

3番員は、2番員の「よし」の合図で右足を後に引いて、吸管の引き上げに協力し、2番員と呼吸を合わせて、その場に真っすぐになるように静かに置く。

2番員は、3番員と共同で吸管を引き上げ、真っすぐになるようにしてその場に静かに置く。

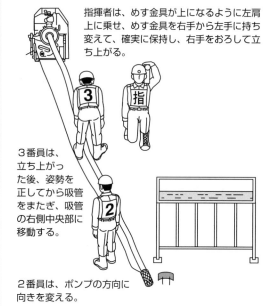
指揮者は、めす金具が上になるように左肩上に乗せ、めす金具を右手から左手に持ち変えて、確実に保持し、右手をおろして立ち上がる。

3番員は、立ち上がった後、姿勢を正してから吸管をまたぎ、吸管の右側中央部に移動する。

2番員は、ポンプの方向に向きを変える。

235

❺ 消防ポンプ操法

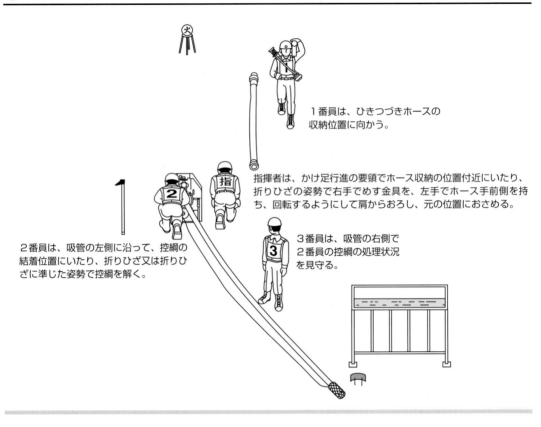

1番員は、ひきつづきホースの収納位置に向かう。

指揮者は、かけ足行進の要領でホース収納の位置付近にいたり、折りひざの姿勢で右手でめす金具を、左手でホース手前側を持ち、回転するようにして肩からおろし、元の位置におさめる。

2番員は、吸管の左側に沿って、控綱の結着位置にいたり、折りひざ又は折りひざに準じた姿勢で控綱を解く。

3番員は、吸管の右側で2番員の控綱の処理状況を見守る。

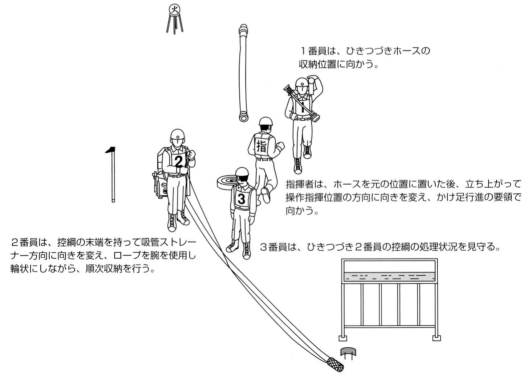

1番員は、ひきつづきホースの収納位置に向かう。

指揮者は、ホースを元の位置に置いた後、立ち上がって操作指揮位置の方向に向きを変え、かけ足行進の要領で向かう。

2番員は、控綱の末端を持って吸管ストレーナー方向に向きを変え、ロープを腕を使用し輪状にしながら、順次収納を行う。

3番員は、ひきつづき2番員の控綱の処理状況を見守る。

236

第5節　小型ポンプ操法

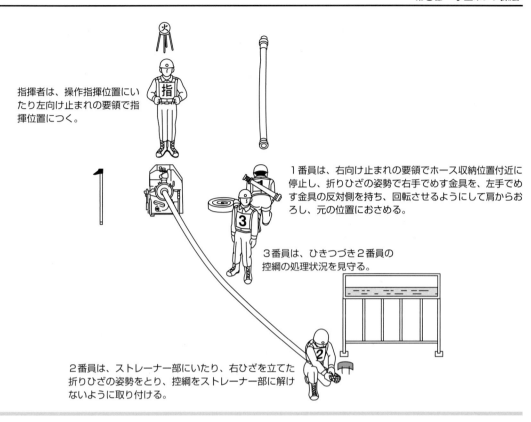

指揮者は、操作指揮位置にいたり左向け止まれの要領で指揮位置につく。

1番員は、右向け止まれの要領でホース収納位置付近に停止し、折りひざの姿勢で右手でめす金具を、左手でめす金具の反対側を持ち、回転させるようにして肩からおろし、元の位置におさめる。

3番員は、ひきつづき2番員の控綱の処理状況を見守る。

2番員は、ストレーナー部にいたり、右ひざを立てた折りひざの姿勢をとり、控綱をストレーナー部に解けないように取り付ける。

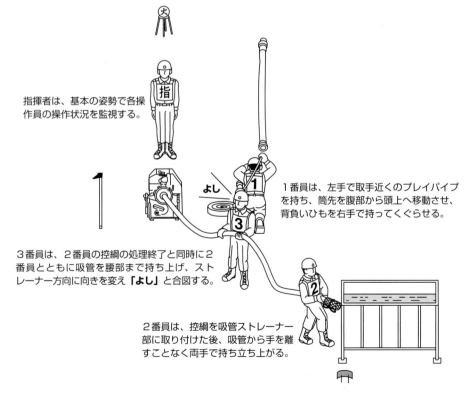

指揮者は、基本の姿勢で各操作員の操作状況を監視する。

1番員は、左手で取手近くのプレイパイプを持ち、筒先を腹部から頭上へ移動させ、背負いひもを右手で持ってくぐらせる。

3番員は、2番員の控綱の処理終了と同時に2番員とともに吸管を腰部まで持ち上げ、ストレーナー方向に向きを変え「**よし**」と合図する。

2番員は、控綱を吸管ストレーナー部に取り付けた後、吸管から手を離すことなく両手で持ち立ち上がる。

237

❺ 消防ポンプ操法

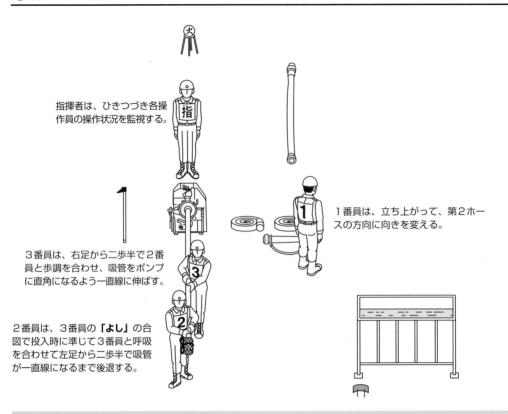

指揮者は、ひきつづき各操作員の操作状況を監視する。

3番員は、右足から二歩半で2番員と歩調を合わせ、吸管をポンプに直角になるよう一直線に伸ばす。

2番員は、3番員の「よし」の合図で投入時に準じて3番員と呼吸を合わせて左足から二歩半で吸管が一直線になるまで後退する。

1番員は、立ち上がって、第2ホースの方向に向きを変える。

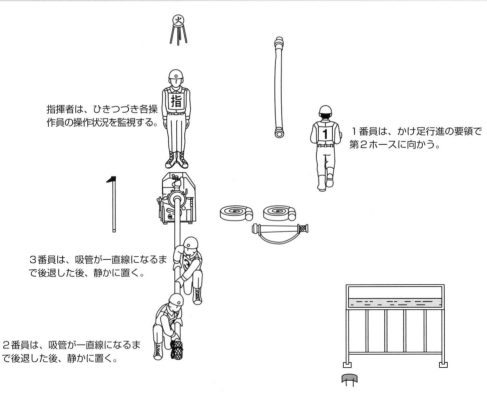

指揮者は、ひきつづき各操作員の操作状況を監視する。

3番員は、吸管が一直線になるまで後退した後、静かに置く。

2番員は、吸管が一直線になるまで後退した後、静かに置く。

1番員は、かけ足行進の要領で第2ホースに向かう。

第5節　小型ポンプ操法

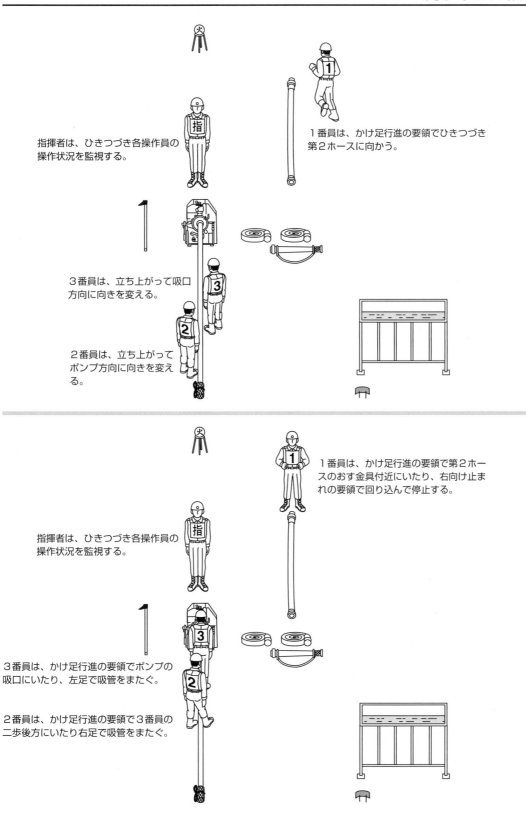

❺ 消防ポンプ操法

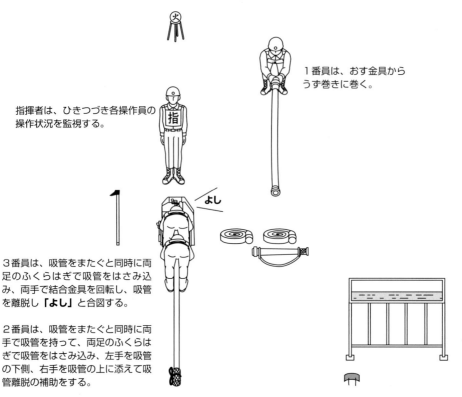

指揮者は、ひきつづき各操作員の操作状況を監視する。

1番員は、おす金具からうず巻きに巻く。

3番員は、吸管をまたぐと同時に両足のふくらはぎで吸管をはさみ込み、両手で結合金具を回転し、吸管を離脱し「よし」と合図する。

2番員は、吸管をまたぐと同時に両手で吸管を持って、両足のふくらはぎで吸管をはさみ込み、左手を吸管の下側、右手を吸管の上に添えて吸管離脱の補助をする。

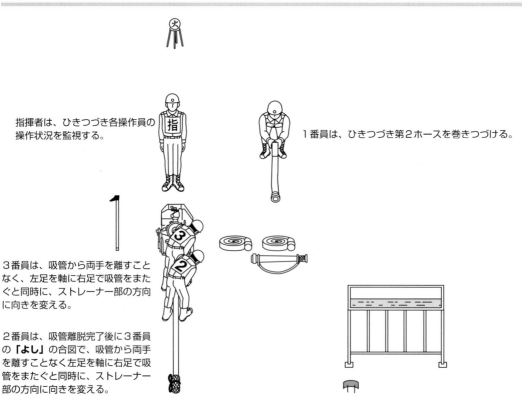

指揮者は、ひきつづき各操作員の操作状況を監視する。

1番員は、ひきつづき第2ホースを巻きつづける。

3番員は、吸管から両手を離すことなく、左足を軸に右足で吸管をまたぐと同時に、ストレーナー部の方向に向きを変える。

2番員は、吸管離脱完了後に3番員の「よし」の合図で、吸管から両手を離すことなく左足を軸に右足で吸管をまたぐと同時に、ストレーナー部の方向に向きを変える。

240

第5節　小型ポンプ操法

指揮者は、ひきつづき各操作員の操作状況を監視する。

1番員は、ひきつづき第2ホースを巻きつづける。

3番員は、左手は結合金具部分を抱え、右手は結合金具からおおむね1m付近の吸管を持ち、2番員と協力しながら吸管を持ち上げストレーナー側へ残水を送り出す。

2番員は、両手で交互に吸管をたぐりながらストレーナー部のおおむね1m手前まで進み、3番員から送り出されてくる残水を排水する。

指揮者は、ひきつづき各操作員の操作状況を監視する。

1番員は、ひきつづき第2ホースを巻きつづける。

3番員は、ひきつづき2番員と協力し排水操作を2回行う。

2番員は、吸管をその場に置いて、3番員の方向に向きを変え、かけ足行進の要領で発進し、3番員のおおむね一歩手前で右向け止まれの要領で停止する。

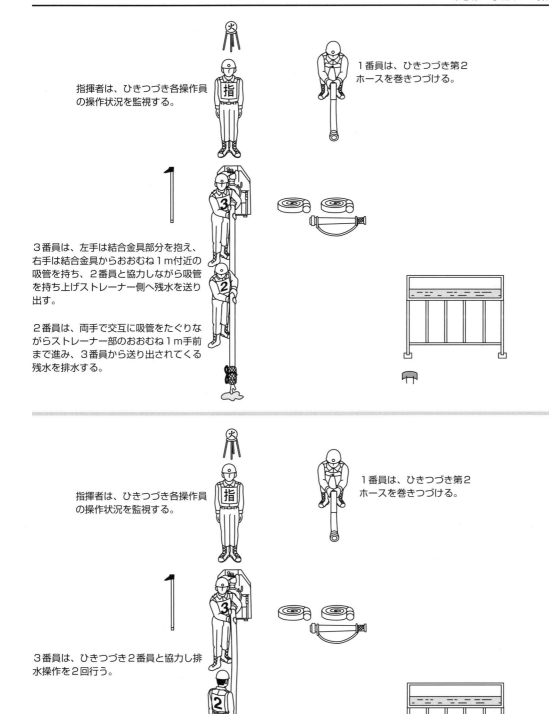

241

❺ 消防ポンプ操法

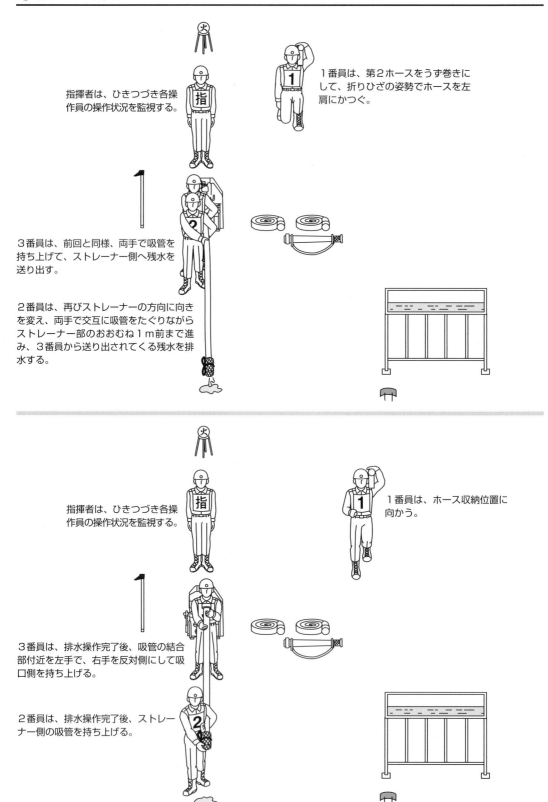

第5節 小型ポンプ操法

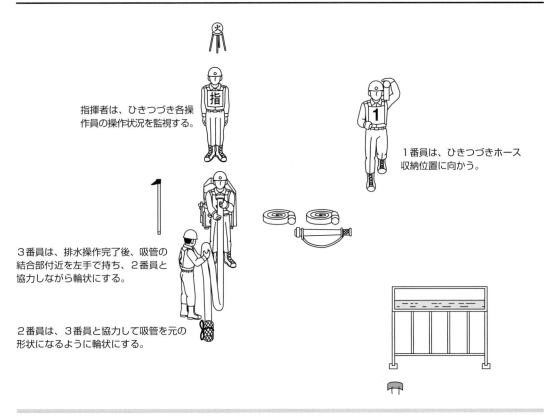

指揮者は、ひきつづき各操作員の操作状況を監視する。

1番員は、ひきつづきホース収納位置に向かう。

3番員は、排水操作完了後、吸管の結合部付近を左手で持ち、2番員と協力しながら輪状にする。

2番員は、3番員と協力して吸管を元の形状になるように輪状にする。

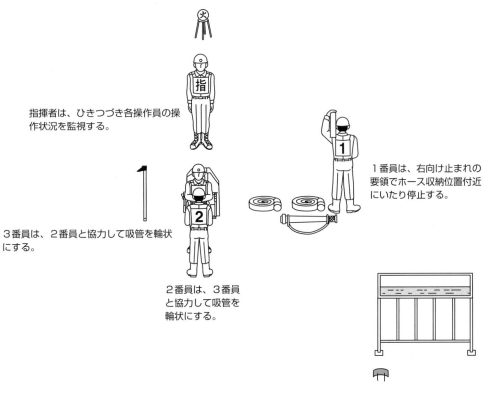

指揮者は、ひきつづき各操作員の操作状況を監視する。

1番員は、右向け止まれの要領でホース収納位置付近にいたり停止する。

3番員は、2番員と協力して吸管を輪状にする。

2番員は、3番員と協力して吸管を輪状にする。

243

❺ 消防ポンプ操法

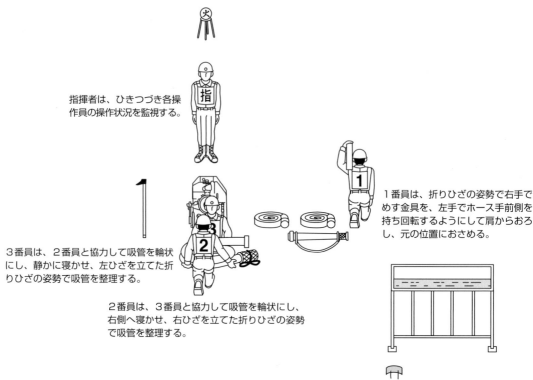

指揮者は、ひきつづき各操作員の操作状況を監視する。

3番員は、2番員と協力して吸管を輪状にし、静かに寝かせ、左ひざを立てた折りひざの姿勢で吸管を整理する。

2番員は、3番員と協力して吸管を輪状にし、右側へ寝かせ、右ひざを立てた折りひざの姿勢で吸管を整理する。

1番員は、折りひざの姿勢で右手でめす金具を、左手でホース手前側を持ち回転するようにして肩からおろし、元の位置におさめる。

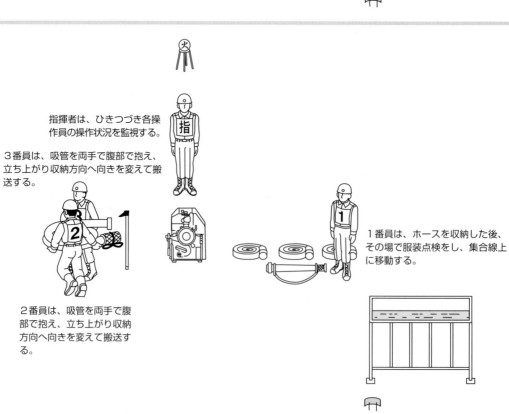

指揮者は、ひきつづき各操作員の操作状況を監視する。

3番員は、吸管を両手で腹部で抱え、立ち上がり収納方向へ向きを変えて搬送する。

2番員は、吸管を両手で腹部で抱え、立ち上がり収納方向へ向きを変えて搬送する。

1番員は、ホースを収納した後、その場で服装点検をし、集合線上に移動する。

244

第5節 小型ポンプ操法

指揮者は、ひきつづき各操作員の操作状況を監視する。

3番員は、吸管を収納位置へ搬送し、右ひざを立てた折りひざの姿勢で、その場に静かに置き、折りひざの姿勢で結合環側の吸管バンドを取り付ける。

2番員は、吸管を収納位置へ搬送し、左ひざを立てた折りひざの姿勢で、その場に静かに置き、ストレーナー側の吸管バンドを取り付ける。

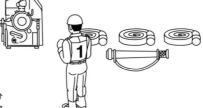

1番員は、集合線にかけ足行進の要領で右向け止まれの要領で回り込み、基本の姿勢をとる。

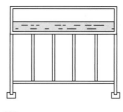

指揮者は、ひきつづき各操作員の操作状況を監視する。

3番員は、立ち上がり左に向きを変える。

2番員は、立ち上がり枕木の方向に向きを変える。

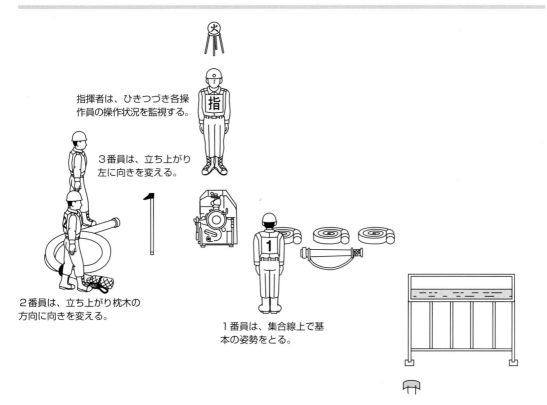

1番員は、集合線上で基本の姿勢をとる。

245

❺ 消防ポンプ操法

指揮者は、ひきつづき各操作員の操作状況を監視する。

  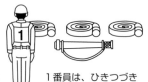

3番員は、かけ足行進の要領で吸口に左向け止まれの要領で回り込み、折りひざまたは折りひざに準じた姿勢で吸口覆環を両手で取り付ける。

1番員は、ひきつづき基本の姿勢をとる。

2番員は、かけ足行進の要領で枕木の位置付近にいたり、右足を立てた折りひざの姿勢で、枕木を両手で持って、左腰部に保持し、右手を離し立ち上がり収納位置の方向へ向きを変える。

指揮者は、ひきつづき各操作員の操作状況を監視する。

 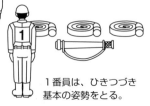

3番員は、立ち上がって集合線の方向へ度の深い左向きをする。

2番員は、かけ足行進の要領で枕木収納位置付近にいたり、折りひざの姿勢で枕木を両手で静かに置く。

1番員は、ひきつづき基本の姿勢をとる。

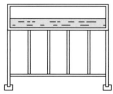

246

第5節　小型ポンプ操法

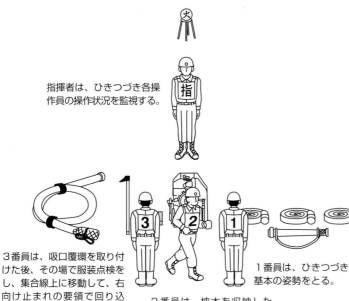

指揮者は、ひきつづき各操作員の操作状況を監視する。

3番員は、吸口覆環を取り付けた後、その場で服装点検をし、集合線上に移動して、右向け止まれの要領で回り込み、基本の姿勢をとる。

2番員は、枕木を収納した後、その場で服装点検をし、集合線上に移動して、左向け止まれの要領で回り込み、基本の姿勢をとる。

1番員は、ひきつづき基本の姿勢をとる。

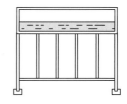

指揮者は、操作状況監視位置で**「右向け右」**の号令をかけた後、1番員の1.5m前方に移動する。

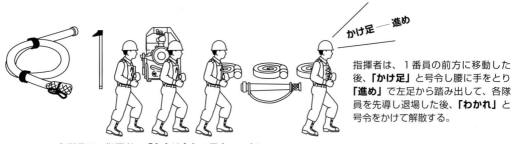

各隊員は、指揮者の**「右向け右」**の号令で一斉に右向け右をして、指揮者の**「かけ足」**の号令で両手を腰にとり**「進め」**の号令で左足から踏み出して退場した後、**「わかれ」**の号令で解散する。

指揮者は、1番員の前方に移動した後、**「かけ足」**と号令し腰に手をとり**「進め」**で左足から踏み出して、各隊員を先導し退場した後、**「わかれ」**と号令をかけて解散する。

247

4訂版
イラストでわかる消防訓練マニュアル

平成13年 8 月10日	初 版 発 行	
平成17年 4 月25日	2 訂版発行	
平成23年 2 月10日	3 訂版発行	
平成28年10月 1 日	4 訂版発行	
令和 5 年10月 1 日	4 訂版 7 刷発行	

編　著／消防教育訓練研究会　菊地　勝也

発行者／星沢　卓也

発行所／東京法令出版株式会社

112－0002	東京都文京区小石川5丁目17番3号	03(5803)3304
534－0024	大阪市都島区東野田町1丁目17番12号	06(6355)5226
062－0902	札幌市豊平区豊平2条5丁目1番27号	011(822)8811
980－0012	仙台市青葉区錦町1丁目1番10号	022(216)5871
460－0003	名古屋市中区錦1丁目6番34号	052(218)5552
730－0005	広島市中区西白島町11番9号	082(212)0888
810－0011	福岡市中央区高砂2丁目13番22号	092(533)1588
380－8688	長 野 市 南 千 歳 町 1005 番 地	

［営業］TEL 026(224)5411　FAX 026(224)5419
［編集］TEL 026(224)5412　FAX 026(224)5439
https://www.tokyo-horei.co.jp/

© KATSUYA KIKUCHI Printed in Japan. 2001
　本書の全部又は一部の複写、複製及び磁気又は光記録媒体への入力等は、著作権法上での例外を除き禁じられています。これらの許諾については、当社までご照会ください。
　落丁本・乱丁本はお取り替えいたします。
ISBN978-4-8090-2531-0